职业院校电子商务
网实一体 特色系列教材

丛书主编 刘春青

刘春青 梁海波 主编

网络营销

（第2版）

清华大学出版社
北京

内 容 简 介

"网络营销"是职业教育电子商务专业的核心课程之一。本书通过翔实的案例和清晰直观的操作步骤，介绍网络营销的应用技能，目的是帮助读者熟悉网络营销工作岗位的任职要求及具体工作任务，以便快速掌握网络营销技能。

本书按照网络营销业务工作流程及企业中网络营销岗位设置的需求，围绕网络运营、网络文案、网络推广、网络营销发展动态涉及的网络营销核心工作，在讲解核心知识点的同时，精心设计了 26 个实训，每个实训指引清晰，技术经典实用并具有前瞻性；每个任务还配有一定量的理实一体化习题，以满足不同层次读者的学习需求。

本书可作为职业院校电子商务专业、计算机专业、市场营销专业及其他商贸类专业学习网络营销的教材，也可作为电子商务、网络营销爱好者以及创业者的自学用书。

本书封面贴有清华大学出版社防伪标签，无标签者不得销售。
版权所有，侵权必究。举报：010-62782989，beiqinquan@tup.tsinghua.edu.cn。

图书在版编目(CIP)数据

网络营销/刘春青，梁海波主编. —2 版. —北京：清华大学出版社，2021.8(2024.8重印)
职业院校电子商务"网实一体"特色系列教材
ISBN 978-7-302-57403-3

Ⅰ.①网… Ⅱ.①刘… ②梁… Ⅲ.①网络营销－职业教育－教材 Ⅳ.①F713.365.2

中国版本图书馆 CIP 数据核字(2021)第 021158 号

责任编辑：孟毅新
封面设计：傅瑞学
责任校对：赵琳爽
责任印制：丛怀宇

出版发行：清华大学出版社
网　　址：https://www.tup.com.cn，https://www.wqxuetang.com
地　　址：北京清华大学学研大厦 A 座　　邮　编：100084
社 总 机：010-83470000　　邮　购：010-62786544
投稿与读者服务：010-62776969，c-service@tup.tsinghua.edu.cn
质量反馈：010-62772015，zhiliang@tup.tsinghua.edu.cn
课件下载：https://www.tup.com.cn，010-83470410

印 装 者：三河市君旺印务有限公司
经　　销：全国新华书店
开　　本：185mm×260mm　　印　张：16　　字　数：367 千字
版　　次：2014 年 1 月第 1 版　2021 年 8 月第 2 版　印　次：2024 年 8 月第 2 次印刷
定　　价：49.00 元

产品编号：085445-01

前 言

近年来,电子商务随着互联网的广泛应用得到了迅猛的发展,我国的电子商务正进入高速发展阶段。根据中国互联网络信息中心发布的统计数据显示,截至2020年3月底,中国网民数量达9.04亿,较2018年年底增长7508万;互联网普及率较2018年提升4.9%,达到了64.5%;手机网民数量达到8.97亿,较2018年年底增加7992万;我国网购用户数量达到7.10亿,占整体网民的78.6%;使用网上支付的用户数量也大幅攀升,数量达到7.68亿,与2018年年底相比增长1.68亿;手机在线支付网民数量达到7.65亿,较2018年增长了1.82亿。此外,手机购物、手机团购和手机网上银行等也有较大幅度增长。

与发达国家相比,我国网络购物的渗透率仍然较低,网络购物的增长还远没有触顶,尤其是对于即将成为未来网民增长重要群体的中年人群,还有较大的渗透空间,未来网络购物用户和市场增长空间十分巨大。

社会调查实践数据显示,绝大多数企业已步入电子商务行列,并开展了不同层次的网络营销活动,各种网络推广方式层出不穷,且得到了广泛深入的应用,取得了显著成效。国家政策正在大力支持电子商务的发展,商务部已经对电子商务专业人才给予了极大重视。随着我国电子商务的急剧发展,电子商务人才严重短缺,其中网络营销方向的人才缺口相当惊人。

本书为适应经济发展对电子商务网络营销人才的需求而编写。本书按照"理实一体、情境设计、行动导向、任务驱动"的原则,根据现代企业网络营销工作中的岗位设置、任务分工及业务流程的要求,介绍网络营销工作岗位的职位描述及任职要求,重点对主流的网络营销工具进行介绍,并且围绕网络营销及其发展动态的核心工作(包括网络运营、网络文案、网络推广等)精心设计了26个实训,力求实现内容上的先进性和适用性、技术上的前沿性和代表性、实训上的可操作性与可拓展性。本书在内容选择上主次分明,重点突出、循序渐进、文字精练、步骤清晰、通俗易懂。学习者通过任务驱动式练习,可以快捷、直接、简单地掌握网络营销的核心技能。

本书由多位企业的网络营销专家亲自执笔撰写,确保学习内容与企业真实应用同步,而且把企业真实的网络营销工作提炼出来作为实训项目,辅以必要的理实一体化习题,帮助训练者提升综合竞争力。

本书由刘春青、梁海波担任主编。全书编写分工如下:潘晓丹、曾春负责项目一的编写;梁海波、孙令、廖兴锋负责项目二的编写;彭丞、桂冠、利莉负责项目三的编写;潘晓丹、曾春、蓝魏、广州市一呼百应网络技术有限公司蓝祥赢、钟雪梅、廖卓萍负责项目四的编写;广州市金圣斯皮具有限公司胡佳、广州市菲星数码科技有限公司黄雁冰负责项目五的编写。

在本书的编写过程中,我们参阅、借鉴并引用了大量国内外有关网络营销和电子商务等方面的书刊资料和研究成果,浏览了许多相关网站,并得到了有关学校和企业的支持,在此一并表示感谢。本书可作为职业院校电子商务专业、计算机专业、市场营销专业及其他商贸类专业学习网络营销的教材,也可作为电子商务、网络营销爱好者、创业者的自学用书。

由于编者水平有限,书中难免有不足之处,恳请广大读者批评指正。

编 者

2021 年 3 月

目录

项目一 网络营销及其职业认知 1
    任务 网络营销及其岗位、职业素养认知 1
        一、网络营销认知 2
        二、网络营销岗位认知 3
        三、网络营销职业素养认知 5
        实训 网络营销岗位认知 8
        任务测评 9
    项目小结 10

项目二 网络运营 11
    任务一 网络消费行为分析 11
        一、网络用户、网民与网络消费者 12
        二、网络消费者购买动机 13
        三、影响网络消费者购买行为的因素 14
        四、网络消费者购买决策的过程 15
        五、网络消费行为引导 17
        实训 了解动机的类型及其产生的影响因素 18
        任务测评 20
    任务二 网络市场调研 20
        一、网络市场调研概述 22
        二、网络市场调研的优点 22
        三、网络市场调研策略与方法 23
        四、在线问卷调查 25
        五、网络调研问卷的发布与统计 27
        六、调查报告的撰写 27
        实训 学生服装消费情况调查问卷表设计 29
        任务测评 30

任务三 网络市场细分 ······ 31
一、网络目标市场的概念 ······ 31
二、网络市场细分的概念及标准 ······ 32
三、网络市场细分的方法及程序 ······ 34
四、网络目标市场定位 ······ 35
实训 网络目标市场细分实训 ······ 37
任务测评 ······ 38

任务四 网络分销 ······ 39
一、传统渠道代理制的线上延伸 ······ 39
二、网络分销的特点与趋势 ······ 40
实训 淘宝分销——寻找供应商 ······ 42
任务测评 ······ 43

任务五 网络营销策略 ······ 43
一、网络消费者的需求与欲望 ······ 45
二、满足需求和欲望的成本 ······ 49
三、方便购买策略 ······ 51
四、沟通策略 ······ 53
实训 网络营销策略体验 ······ 55
任务测评 ······ 56

项目小结 ······ 57

项目三 网络文案 ······ 58
任务一 网络商务信息处理 ······ 58
一、网络商务信息概述 ······ 59
二、网络商务信息的分级 ······ 59
三、利用网络收集商务信息 ······ 60
四、网络商务信息的处理和加工 ······ 63
五、网络商务信息的存储 ······ 64
六、网络商务信息的发布 ······ 64
实训 新款连衣裙采购信息的收集 ······ 65
任务测评 ······ 66

任务二 软文写作 ······ 67
一、软文概述 ······ 68
二、软文写作方法 ······ 70
三、软文应用 ······ 73
实训 商品推广软文写作 ······ 75
任务测评 ······ 76

任务三 促销活动方案策划 ······ 77

  一、促销与促销策略 ································ 78
  二、促销活动策划 ··································· 79
  实训　撰写促销活动方案 ························ 80
  任务测评 ··· 82
 任务四　商品描述 ··· 82
  一、商品描述概述 ··································· 83
  二、商品描述文案 ··································· 83
  三、商品标题编写中常见的问题及建议 ·· 84
  四、商品详细文案 ··································· 84
  实训　撰写商品描述文案 ························ 85
  任务测评 ··· 89
 任务五　网络广告文案策划 ························ 90
  一、网络广告 ·· 91
  二、广告创意 ·· 91
  三、广告文案 ·· 92
  四、广告策划 ·· 94
  实训　设计广告文案 ······························· 94
  任务测评 ··· 96
 项目小结 ··· 97

项目四　典型网络推广模式 ····················· 98
 任务一　网络推广认知 ································ 98
  一、网络推广概述 ··································· 99
  二、无站点网络推广 ······························· 101
  三、基于站点网络推广 ··························· 101
  四、信息流推广 ······································ 102
  五、网络推广与传统推广的区别 ··········· 102
  实训　网络推广的应用 ·························· 104
  任务测评 ··· 106
 任务二　社会化营销 ··································· 107
  一、博客营销 ·· 108
  二、微博营销 ·· 109
  三、会员制营销 ······································ 110
  四、SNS 营销 ·· 111
  五、社区营销 ·· 111
  实训　网店社区营销活动 ······················ 114
  任务测评 ··· 116
 任务三　搜索引擎优化和竞价排名 ··········· 117

一、搜索引擎优化概述 ………………………………………………… 119
　　二、搜索引擎优化与其他推广方式的优势比较 ………………………… 119
　　三、搜索引擎的工作原理 ………………………………………………… 119
　　四、影响搜索引擎排名的因素 …………………………………………… 120
　　五、搜索引擎竞价排名 …………………………………………………… 125
　　实训　淘宝商品标题优化 ………………………………………………… 129
　　任务测评 …………………………………………………………………… 130
任务四　网络广告推广 …………………………………………………… 131
　　一、网络广告概述 ………………………………………………………… 131
　　二、网络广告的类型 ……………………………………………………… 132
　　三、网络广告的策划 ……………………………………………………… 132
　　四、网络广告收费方式 …………………………………………………… 135
　　实训　牛仔裤服装网络广告策划 ………………………………………… 136
　　任务测评 …………………………………………………………………… 137
任务五　口碑营销 ………………………………………………………… 138
　　一、论坛营销概述 ………………………………………………………… 139
　　二、问答类平台营销 ……………………………………………………… 140
　　三、评价类平台营销 ……………………………………………………… 141
　　实训　论坛营销的实施 …………………………………………………… 142
　　任务测评 …………………………………………………………………… 144
任务六　数据化营销 ……………………………………………………… 145
　　一、数据化营销概述 ……………………………………………………… 146
　　二、提升二次购买率 ……………………………………………………… 147
　　三、提高客单价 …………………………………………………………… 148
　　四、提升转化率 …………………………………………………………… 149
　　五、客单件和客单价 ……………………………………………………… 150
　　实训　淘宝店数据化营销 ………………………………………………… 151
　　任务测评 …………………………………………………………………… 152
任务七　视频营销 ………………………………………………………… 153
　　一、视频营销概述 ………………………………………………………… 154
　　二、视频营销的表现形式 ………………………………………………… 155
　　三、视频营销的策略 ……………………………………………………… 156
　　四、视频营销的技巧 ……………………………………………………… 157
　　五、视频营销的发展趋势 ………………………………………………… 157
　　实训　微电影的投放与推广 ……………………………………………… 158
　　任务测评 …………………………………………………………………… 159
任务八　其他方式推广 …………………………………………………… 160
　　一、网络事件推广 ………………………………………………………… 162

二、数据库推广 163
　　三、病毒式推广 164
　　四、即时通信营销 165
　　五、网络危机公关 166
　　实训　病毒式推广 167
　　任务测评 169
　任务九　网络整合营销 170
　　一、网络整合营销概述 171
　　二、网络整合营销步骤 171
　　三、网络整合营销原则 172
　　四、网络整合营销案例 173
　　实训　网络整合营销实战 174
　　任务测评 175
　任务十　网络推广效果评估 176
　　一、网络推广效果的评估标准 177
　　二、网络推广效果评估的方法 178
　　三、转化率 180
　　四、独立IP访问量(UV) 181
　　五、页面访问量(PV) 182
　　六、其他评价指标 182
　　实训　网络推广效果评估 183
　　任务测评 184
　项目小结 185

项目五　网络营销发展动态 187
　任务一　认识O2O 187
　　一、O2O概述 188
　　二、O2O的优点 188
　　三、O2O的开展方式 189
　　四、O2O的项目计划书(纲要) 189
　　实训　O2O项目认知 190
　　任务测评 191
　任务二　联合营销 192
　　一、联合营销的概念 192
　　二、联合营销的特征 193
　　三、联合营销的类型 193
　　四、联合营销的优缺点 194
　　五、联合营销的基本步骤 194

实训　制作联合营销销售页面 ··· 195
　　任务测评 ··· 197
任务三　移动营销 ··· 198
　　一、移动营销的概念 ··· 199
　　二、移动营销的利弊 ··· 199
　　三、移动营销的分类 ··· 200
　　四、移动营销的特点 ··· 200
　　五、移动营销的应用领域 ··· 201
　　六、移动营销的工具 ··· 201
　　七、移动营销的实施方法和步骤 ··· 203
　　八、移动营销的12R定律 ··· 204
　　实训　移动营销之短信营销 ··· 206
　　任务测评 ··· 208
任务四　C2B营销 ··· 209
　　一、C2B营销概述 ··· 210
　　二、C2B营销的特点 ··· 211
　　三、C2B营销的模式 ··· 211
　　四、C2B营销的优势 ··· 212
　　五、C2B营销的实施方法和步骤 ··· 212
　　实训　C2B营销实训之团购营销 ··· 213
　　任务测评 ··· 215
任务五　微信营销 ··· 216
　　一、微信营销概述 ··· 217
　　二、微信个人号营销 ··· 221
　　三、微信公众号营销 ··· 226
　　四、开微信小商店销售 ··· 234
　　五、微信视频号营销 ··· 236
　　六、微信小程序 ··· 239
　　实训　微信营销——个人微信设置 ··· 241
　　任务测评 ··· 242
项目小结 ··· 244

参考文献 ··· 245

网络营销及其职业认知

阿霞就读于某校电子商务专业,在校期间学习过许多实用的专业课程,特别是"网络营销"课程。网络营销是电子商务中的重要环节,涉及电子商务行业的重要工作岗位。阿霞和她的同学积极参与网络营销技能比赛及企业实践活动,所以对中小企业的网络营销业务及网络营销部门岗位工作有所了解。某日,阿霞在"淘工作"网站看到了金圣斯皮具有限公司发布的招聘信息,有网络运营、网络文案、网络推广等岗位,于是阿霞投放了简历并很快接到了公司的面试通知。鉴于阿霞在面试过程中对应聘岗位的深刻认知和对工作计划的详尽阐述,最终成为3名入围者之一。

入围者试用期为一个月,在期满后要通过理论知识和实践考核才能被正式录用为公司员工。为了成为公司的正式员工,阿霞制订了详细的学习计划,主要是复习网络营销相关理论知识,并了解工作岗位的具体职责,然后将这些知识与自己的工作实际联系起来,于是她打开课本……

任务　网络营销及其岗位、职业素养认知

网络营销及其职业认知能力标准如表1.1.1所示。

表1.1.1　网络营销及其职业认知能力标准

能力标准		
技　能	知　识	职业素养
1. 能总结、提炼网络营销在工作中的应用情况 2. 能准确表述网络营销岗位类别、职位描述及任职要求 3. 能准确表述网络营销岗位应具备的职业素养和职业操守 4. 能设计一份以网络营销为主的招聘广告牌	1. 理解网络营销的概念 2. 掌握网络营销的基本职能 3. 掌握网络营销与传统营销的区别 4. 掌握网络营销人才需求的岗位工作任务和任职素质要求 5. 理解网络营销职业道德素质要求	1. 具有诚信的职业道德 2. 具有创新意识 3. 具有团队协作意识

学习任务

(1) 能通过多种方式查询资料,并能准确表述企业招聘职位信息。
(2) 能根据各岗位职业要求设计网络营销岗位招聘广告牌。
(3) 能准确地口头表述网络营销各个工作岗位的类别和具体工作要求。
(4) 能准确地表述从事网络营销岗位应具备的职业素养和职业操守。
(5) 能依据所应聘的工作岗位制订相应的工作计划。
(6) 能通过角色模拟的方式强化网络营销及其岗位认知。

在信息化时代,随着新技术新领域的诞生与兴起,国家制定了"互联网+"行动计划,推动移动互联网、云计算、大数据、物联网等与现代制造业结合,促进电子商务、工业互联网和互联网金融健康发展,引导互联网企业拓展国际市场。迅速发展的网络销售与传统行业的实体销售之间的博弈日益加深,并表现出强大的生命力,催发了对网络营销人才的大量需求。每年我们都要到多家企业开展电子商务调研,了解到企业大量招聘具有丰富经验的网络营销类人才,以满足公司迅速扩大的市场规模。搜索招聘广告时,我们发现网络运营、数据分析、网络销售顾问、文案编辑、网络营销推广都是热招的岗位。同时,一些房产、卖场、家电、电视购物、信息技术与网络科技等众多行业与领域也都在积极招聘网络营销人才,以期通过网络渠道拓展市场。

那么,如何快速成为网络营销方面的专业人员,并且拥有网络营销的实战经验,在未来的职场中占有一席之地呢?理清网络营销的概念和职能,并熟悉网络营销各个岗位工作的具体职责是进入网络营销门槛的第一件事。

一、网络营销认知

1. 网络营销概念

网络营销是以国际互联网为载体,利用数字化信息和网络媒体的交互性来辅助营销目标实现的一种新型的营销方式。它贯穿于企业营销活动的全过程,包括寻找新客户、服务老客户、网络消费者行为分析、网络市场调研、网络市场细分、网络分销、网络服务和网络沟通等电子商务活动的各个环节。

2. 网络营销的基本职能

网络营销的基本职能可从两个方面来体现。

对企业而言,网络营销有利于企业扩大市场范围,提高市场占有率。国际互联网覆盖了全球市场,而企业的市场覆盖范围扩大、产品销量增大有利于提高企业的市场占有率。

网络营销有利于企业与顾客的良好沟通。首先,在互联网时代,消费者希望付出较小的成本完成购物,并在购物的同时享受网络带来的乐趣。网络营销简化了购物环境,节省了消费者的时间和精力,提高了买卖双方的交易效率。其次,消费者可以根据自己的需求收集相应的信息如产品、厂家等,通过比较作出购买决定。企业还可以通过制作调查表来了解顾客的意见,或让顾客参与产品设计、开发、生产,使生产真正做到以顾客为中心,从而提升企业竞争力。

对消费者而言，网络营销能更好地为消费者提供服务，满足消费者个性化需求。网络营销是以消费者为导向的，因此消费者可以不受时空的限制，利用互联网寻求满意的商品和服务，甚至根据自己的需求进行产品定制及购物。

网络营销可提高消费者购物效率。信息社会生活的快节奏要求消费者用在实体商店购物的时间越来越短，而网络购物可使消费者在获得大量信息和得到乐趣的同时，在办公室或者家中点击鼠标即可轻松地完成购物。这种互动性的个性化服务，缩短了消费者购物的整个过程，提高了消费者购物的效率。

3. 网络营销与传统营销的区别

传统营销是以实体市场的线下交易为主的，而网络销售是以虚拟市场的在线交易为主的。网络营销与传统营销是构成企业整体营销战略的重要组成部分。网络营销是在网络环境下对传统营销的拓展和延伸，它与传统营销有着内在的必然联系，但在手段、方式、工具、渠道与便利性以及营销策略方面有着本质的区别。

（1）产品与需求方面。网络营销把消费者的需求摆在首位，而传统营销则考虑的是企业能提供什么样的产品。

（2）价格与成本方面。网络营销更多地考虑了消费者为满足需求愿意付出多少钱，而传统营销是根据产品生产成本进行定价，即向消费者要多少钱。

（3）渠道与便利性方面。网络营销渠道首先考虑在顾客购物等交易过程中如何为顾客提供方便，而不是先考虑销售渠道的选择和策略；传统营销渠道是要经过批发商、代理商等多层次多渠道来实现营销目的。

（4）营销策略方面。网络营销是一对一的双向沟通，是由消费者主导的，便于扩大消费者的随机购买率和重复购买频率，缩短消费者的购买决策时间，以达到销量的提升；而传统营销是一对多的、单向的，是以卖方为主导的。

二、网络营销岗位认知

网络营销岗位的专业人才非常紧缺。网络营销又称互联网营销，未来整个互联网都是互联网营销渠道。随着互联网技术发展的成熟以及联网成本的低廉，互联网就如"万能胶"，将企业、团体、组织以及个人跨时空联结在一起，使彼此之间信息交换变得"唾手可得"，这正是网络营销最重要、最本质的体现。网络营销从业人员必须能熟练地运用各种网络工具，具备一定的市场营销能力，全面了解自己服务的行业，能根据市场变化为企业量身订制合理的营销方案。

企业关于网络营销部门岗位一般会设置运营经理、运营专员、网络编辑员、SEO专员、网站推广员、网络营销文案策划、网站美工等，企业可根据内部管理机制进行岗位的相应增减。运营专员、网站编辑和网络推广/网站推广专员等是基础性岗位。

1. 运营专员

运营专员岗位主要负责网络运营部产品、品牌、创意、推广文案的撰写和网站专题活动的策划，对网站销售力和传播力负责。

从事这项工作，要求熟悉商城或网店的运营环境、交易规则，精通网上销售的各个环节，负责产品页及首页的页面编辑、图片编辑；负责商城或网店日常维护，能独立操作商品陈列,以增强网店吸引力,从而提升产品的销量;参与商城或网店的整体规划、营销和客户关系管理等系统经营性工作;分析网络会员的购物习惯和购物心理,能根据客户网购心理需求,对售前售后服务进行有效页面支持;负责策划、执行活动方案,优化活动效果。运营专员岗位任职标准见表1.1.2。

表1.1.2 运营专员岗位任职标准

序号	标准	级别
1	有网站、网上商城成功运营经验	优先
2	具有淘宝等网店独立运营经验	优先
3	有1年以上淘宝网店工作经验,或有开店经验	基本
4	有较好的审美能力、文字功底	基本
5	具有良好的项目管理能力、沟通能力、创新能力、团队合作精神和较强的责任心	基本

2. 网站编辑

网站编辑岗位主要负责网络运营部资讯、专题等网站内容和推广文案的撰写执行,定期对网站资讯内容及产品进行编辑、更新和维护工作,对网站销售力和传播力负责。

从事这项工作,要求具有一定的文案写作能力,可以独立进行文章的编写。该岗位负责操作网站后台,进行网页文章发布、产品描述的日常更新;对图片或软文内容进行剪切整合处理、格式转换等工作;根据有限的产品资料,配合公司的美工给出图文并茂的产品描述;配合企划、推广人员进行专题策划和实施,根据提供的主题资料策划出宣传活动的文案;结合公司情况撰写公司的企业文化以及管理制度。

这项工作还包括软文营销、撰写时尚类信息和对产品的软文宣传、视频直播,具体包括微博类(如新浪微博、腾讯微博、今日头条、掌柜说等)、BBS类(如淘帮派、母婴类亲子论坛等)的软文推广,以及抖音视频直播等。

网站编辑岗位任职要求见表1.1.3。

表1.1.3 网站编辑岗位任职要求

序号	标准	级别
1	能够熟练运用Photoshop等编辑和制图软件,会使用Dreamweaver优先	优先
2	具有较强的逻辑思维分析能力,语言表达、策划能力,具有扎实的文字功底、独立撰写方案的能力	基本
3	具有较强的信息搜索能力,能举一反三地从各种渠道搜索信息	基本
4	工作高效,态度积极,责任心强,工作细心,能承受较强工作压力,具有良好的沟通能力和协调能力,有团队合作精神	基本
5	具有较强的时尚敏感度(如对女装、童装等时尚信息捕捉敏锐)	参考
6	在校学生,专业不限,热爱网站编辑工作	参考
7	具备良好的创新能力	参考

3. 网络推广/网站推广专员

网络推广/网站推广专员岗位主要负责网络运营、创意文案、推广文案的撰写及发布,媒介公关和广告投放等工作,负责提升网站有效流量。

从事这项工作,需要熟悉各种网络推广工具的使用,含搜索引擎营销推广、网站联盟推广、视频营销推广、论坛社区营销推广等;也包括平台内营销推广,如淘宝营销工具中的直通车、淘宝客、淘宝活动、淘江湖、钻石展位等,找到性价比高、有效地推广方式,以提高网站的访问量。该岗位负责商城或网店等各类促销活动的制订策划与实施,通过店铺推广,提高店铺流量、产品点击率和转化率;进行各种优化工作,包括产品类目排名优化(如关键词、人气宝贝、浏览量等)、标题优化、店铺流量优化、转化率优化、数据研究统计等;多种营销工具的优化和整合运用(例如竞价排名、搭配套餐、关联营销、秒杀、限时打折、团购等);负责店铺广告图片的主题策划,与美工协同完成广告图片的设计和投放;运用其他网络推广工具如百度、谷歌等进行网络推广。

网络推广/网站推广专员岗位任职标准见表1.1.4。

表1.1.4 网络推广/网站推广专员岗位任职标准

序号	标　　准	级别
1	熟悉搜索引擎优化SEO技术	优先
2	1年以上宣传推广工作经验	基本
3	精通网络营销规则,熟悉网络会员购物习惯和购物心理	基本
4	熟悉各种网络营销推广工具的运用	基本
5	具有良好的策划推广能力和项目执行能力	基本
6	热爱电子商务工作,努力勤奋,思维活跃,有良好的创新和团队合作精神	基本

企业开展网络营销活动不仅需要以上这些岗位运作,还需要SEO专员、网页美工、网站程序员、网站客服等多个岗位通力合作。例如,在开展网络营销活动前要对市场有深入的调查分析与把握。市场策划岗位要求应聘者要有较强的谈判与沟通能力,能够独立策划产品的整体广告营销方案,还要随时监控所负责合作项目的运营情况,提交运营分析报告。

开展电子商务、网络营销业务的企业,在工作岗位及人员的最终配备方面,需要根据企业的实际情况而定,业务较多的企业往往会一岗多人,业务相对较少的企业往往是一人多岗。

特别是近期市场对于开展网络营销业务的企业提出了新的要求,追求"小而美",即企业看似规模小,然而经营思路灵活,业务开展顺畅,员工工作到位,企业整体运营状况良好。

三、网络营销职业素养认知

职业是指个人在社会从事的作为主要经济来源的工作。职业素养是指职业内在的规范和要求,是在职业过程中表现出来的综合品质,一般包含职业道德、职业技能、职业行为、职业作风和职业意识等方面。

网络营销职业素养的培养,是伴随在网络营销这个特定的职业教育环境、特定网络营销工作岗位及特定的工作管理制度下,逐步形成的一种职业道德素养,依附于娴熟的网络营销职业技能和规范的网络营销职业行为。

1. 培养诚信的网络商务意识

培养诚信的网络商务意识，让天下没有难做的生意。诚信务实是每个从事网络营销工作人员的一项最基本的职业素养，包括忠诚于企业，时刻维护企业形象和声誉；不泄露客户信息、不追求任何虚假成绩；奉行"言必行、行必果"的处事原则。

柳州市某职业院校电子商务专业学生阿萍，刚拿到毕业证的她经过慎重思考来到上海一家经营育婴产品的厂家从事网店运营的工作。经过几年工作经验的积累，她开始创办自己的淘宝网店。后来，她在淘宝网上注册会员，3 天后，通过实名认证，正式创办了一个名叫"靓宝贝孕妈屋"的网店，从此开始了网上创业。时至今日，她的网店生意越做越大，现经营着两家网上分店，业务遍及全国。在不到一年的时间里，她的月营业额平均可达 5 万元左右，网上顾客评价诚信度评价已达 4.8 颗星。开网店的人有很多，为什么她能取得这样的业绩呢？这是诚信经营为她获得了更多的客户。

有一次王妈妈在出差前给宝宝买了几件衣服，出差回来已经是一个月后了，打开包裹发现有件尺码不合适，有件颜色发错了。时间都过了那么久，不抱希望的王妈妈还是给客服留言并说明了情况。本月订单早已结算完毕，客服在看到留言后很为难并向阿萍请示如何处理。阿萍让录单员重新整理并迅速给客户回复致歉并承诺给王妈妈换货。这件事让王妈妈非常感动，自此以后王妈妈成了该店的常客，还经常介绍朋友来光顾。

2. 培养爱岗敬业的精神

培养爱岗敬业的精神，首先，要从乐业、勤业和精业做起。乐业，即树立职业理想；勤业，即强化职业责任；精业，即提高职业技能。其次，作为职业人要随时以客户为尊，树立客户优质印象，想客户之所想，急客户之所急。

日本东京贸易公司负责网上订票的一位工作人员，经常给德国某家公司的商务经理购买往来于东京、大阪之间的火车票。不久，这位经理发现了一件趣事：每次乘车，去的时候他的座位总是靠列车右边窗口，返回时靠左边窗口。经理问工作人员其中缘故，她笑答："在去大阪时，富士山在你右边，在返回东京时，山又出现在你的左边。我想，外国人应该都很喜欢日本富士山的景色，所以我替你买了不同位置的车票。"一桩小事使这位德国经理深受感动，促使他把与这家公司的贸易额由 400 万马克提高到了 1200 万马克。

3. 树立团结合作的意识

树立团结合作的意识，即要求网络营销工作团队中每个人追求目标一致、气氛和谐；能够发扬团队主人翁精神，齐心协力争创一流业绩。个人之所以要加入一个组织，为的是通过组织的力量来达到个人的目标，完成自己的事业，实现自我价值。

日本著名跨国公司"松下电器"的创始人松下幸之助先生曾说过："我希望我的员工要像企业家那样思考，而不能只像个被雇来干活的人。"这是一种职业和工作态度。工作是为了自己，所以要为自己而把工作做好。如果你在内心深处觉得自己是在为别人工作，那么你必然会产生倦怠情绪，必定缺乏积极性，没有责任感，不懂得感恩，这样的工作态度既不利于企业的发展，也不利于个人的成长。

企业管理者希望通过减少成本（包括人员工资）来获得更多利润，而员工则希望得到更多报酬。公司需要有诚信、有能力、有责任感的员工，业务才能发展；而员工必须借助公司的发展平台才能获得物质报酬和精神满足。员工努力，公司才能发展；公司发展，员工才能得到提升。所以,企业管理者在用人时,不仅看中员工个人的能力,更看中员工的个人品质和工作态度,而其中最重要的就是对企业的诚信与责任。因为能力可以后天培养,而诚信与责任却需要发自内心,只有那些既有能力又具备诚信与责任的人才是企业最需要和重视的人才。

拓展视野

1. 电子商务和网络营销的区别

电子商务和网络营销既有区别又有联系:电子商务的核心是电子化交易,强调交易方式和交易全过程的各个环节;而网络营销是以互联网为平台的营销活动,主要研究的是在交易前的各种宣传推广。电子商务的重点是实现了电子化交易;而网络营销的重点在于互联网环境下的宣传和推广。电子商务可看作网络营销的高级阶段,而企业在开展电子商务前可开展不同层次的网络营销活动。

2. 电子商务工作招聘信息平台

求职招聘网站推荐:

(1) 淘工作网,http://zhaopin.taobao.com。

(2) 前程无忧网,http://www.51job.com。

(3) 58同城网,http://www.58.com。

(4) 智联招聘网,http://www.zhaopin.com。

3. 金圣斯国际集团简介及网络营销岗位招聘情况

金圣斯国际集团(www.kingsons.com.cn)成立于1997年,总部设在广州市花都区,旗下拥有深圳电子厂、上海分公司,拥有员工1000多人,厂房面积超过35000平方米。该集团与世界众多知名企业建立了长期合作伙伴的关系,业务遍及105个国家和地区,拥有一批技术过硬的专业人才,科技创新专利成果20多项,多次获得由政府部门颁发的"中国著名品牌""守合同重信用企业""广州市民营科技企业""广州市用户满意产品"等荣誉,是全球笔记本电脑外设产品技术领军企业之一。

作为行业的坐标,金圣斯国际集团在成为"北京2008奥运会合作商""广州2010亚运会电脑包供应商"的同时,又加大力度发展电子商务,勇夺"全球十大网商"称号,并于2010年8月拔得阿里巴巴《天下网商》坐拥中国001号头筹。该集团核心文化和信念是"创新永无止境",集团精神是"诚信、团结、奉献、拼搏、创新",集团远景是"致力于成为全球数码外设产品的领跑者"。

招聘职位:电商渠道运营主管

岗位职责

(1) 负责京东、淘宝、当当等店铺的日常营运管理,会店铺诊断,能及时发现店铺运营的问题及提出解决方案。

(2) 与各电商平台的运营人员保持良好互动,争取活动资源。

(3) 制订和实施店铺运营计划,针对不同平台的特点策划相应的主题活动。

(4) 懂得数据分析,能根据数据研究分析用户、客户的需求,深度研究竞争对手优劣势及动态,提炼出有利于自身产品改进的意见及运营策略,提高订单转换率。

(5) 协调美工或其他人员,能快速有效地提高单个产品或者整体效果。

(6) 负责开拓具有潜力的电商分销平台。

任职要求

(1) 有一年以上的京东、淘宝、当当店中店运营经验,熟悉这些平台的销售模式。

(2) 熟悉电商行业现状,对互联网和电子商务发展趋势有敏锐的洞察力、创新意识及良好的分析判断能力,有很高的商业敏感度;有清晰的电子商务项目运营思路,能针对不同业务阶段制订有效的运营策略。

(3) 对数据敏感,有数据分析能力,能够独立策划并执行相关推广活动。

(4) 思维敏捷,想象力丰富,视野开阔,有较强的执行力。

(5) 有良好的工作和学习方法,擅长对纷繁的工作进行统筹与规划。

(6) 具备分销渠道的开拓谈判能力。

(7) 会使用 Photoshop、Dreamweaver 等工具,会用代码编辑店铺。

实训 网络营销岗位认知

实训场景

阿霞从网上看到在广州某皮具有限公司发布的招聘信息中有网络运营、网络文案、网络推广等岗位招聘,于是阿霞及其他同学一起参加了面试。公司要求面试人员介绍对所应聘岗位的认知和对应岗位的工作计划,以及需要具备怎样的技能及素养才能胜任该岗位。公司通过面试者的现场表现进行评分筛选,最终确定入围者。

实训内容

(1) 招聘广告牌的制作。

(2) 模拟招聘现场,开展招聘工作。

(3) 表述网络营销的概念及其应用情况。

(4) 描述网络营销工作岗位的类别和相应的工作任务、任职标准。

(5) 表述从事网络营销岗位应具备的职业素养和职业操守。

实训目的

(1) 掌握网络营销各岗位的具体工作职责及任职标准。

(2) 了解网络营销工作人员应具备的职业素养和职业操守。

成果形式

招聘广告牌、面试发言稿。

实训方法

任务驱动。

实训准备

联网计算机、色卡纸、彩色笔等。

实训步骤

步骤1 打开 IE 浏览器,在地址栏输入 http://zhaopin.taobao.com,打开淘工作网商招聘平台,在"快捷职位搜索"栏中选择职位分类、工作模式及工作地点,或者在"按关键字搜索职位"栏中直接输入"网络营销"来查找网络营销方面的职位。

步骤2 根据对网络营销职位的认知,筛选出网络运营、网络文案和网络推广等方面的岗位,制作招聘广告牌,并张贴于实训室(制作形式不限,如使用色卡纸、POP 广告等)。

步骤3 模拟现场招聘的场景,学生根据兴趣选择岗位并到指定岗位前等待面试,确保每个方向的候试人员相对均等。

步骤4 担任人事经理角色的学生要求扮演面试的学生分别介绍对应聘岗位的认知和工作任务,以及应具备何种技能与素质才能胜任该岗位,如果上任将怎样开展工作。

步骤5 面试者根据经理提出的要求回答问题,人事经理对面试者进行综合评价记录。

步骤6 经理宣布面试结果。

步骤7 教师对整个实训项目开展情况进行点评、总结、反思,并提出改进措施。

实训评价

对整个实训执行过程进行评价,特别是对实训过程中所取得的成果进行评价。评价主体包括实训本人、实训小组、指导教师及第三方,可以邀请本专业合作企业的专业人员、电子商务行业协会机构专业人士等担当第三方参与评分,然后填写网络营销岗位认知实训评价表(见表 1.1.5)。

表 1.1.5 网络营销岗位认知实训评价表

评价项目	招聘广告牌的制作(25%)	现场面试的表述(50%)	职业素养(25%)
评价标准	A. 非常合理 B. 合理 C. 不合理	A. 流畅、详细、精准 B. 简明、扼要、基本到位 C. 表述不流畅、脱离主题	A. 大有提升 B. 略有提升 C. 没有提升
分项得分			
总分			

说明:
1. 各评价项目按百分制打分
2. 可以邀请合作企业专业人员、电商协会等机构专业人士担当第三方参与评分
3. 各标准对应的分数范围:A. 80~100 分 B. 60~79 分 C. 60 分以下

任务测评

一、判断题

1. 网络营销和传统营销属于整个市场营销活动中的一部分。(　　)
2. 网络营销岗位只包括网络编辑、网站推广、网络运营这些岗位。(　　)

3. 网络营销是促进电子商务活动的重要环节。　　　　　　　　　　(　　)
4. 网络营销活动是虚拟网络环境下的营销活动。　　　　　　　　　(　　)
5. 开展网络营销需要一定的网络环境。　　　　　　　　　　　　　(　　)

二、简述题

通过百度、谷歌等搜索引擎,使用"网络营销"关键词查询,了解网络营销的含义,并阐述自己对网络营销行业的理解。

项 目 小 结

本项目主要讲述三个方面内容：一是网络营销内容的认知,包含网络营销概念、网络营销的基本职能、网络营销与传统营销的区别；二是网络营销岗位内容的认知,重点介绍网络营销主要集中的工作岗位,即运营专员、网站编辑员(网络编辑、网络营销文案策划)和网络推广员(网站推广专员)；三是网络营销职业素养认知,重点是培养诚信的网络商务意识、爱岗敬业的精神和树立团队合作的意识。

网络运营

 项目情境

阿霞很快完成了对网络营销及其职业认知的学习,对网络营销有了整体的了解,也了解到网络营销专员需要掌握网络运营、网络文案写作、网络推广及优化等岗位技能,意识到诚实守信对网络营销人员的重要性。

阿霞迫切希望自己尽快成长为一个网络营销专才,并掌握网络运营方面的网络消费者行为分析、网络市场调研、网络市场细分、网络分销和网络营销策略制订的专业知识和技能。于是,阿霞迫不及待地开始学习网络运营,提升网络营销应用水平,以期采用更有针对性的方式促进公司产品的销售。

任务一 网络消费行为分析

 能力标准

网络消费行为分析能力标准见表2.1.1。

表 2.1.1 网络消费行为分析能力标准

能力标准		
技 能	知 识	职业素养
1. 能区分网络用户、网民和网络消费者 2. 能预测消费者动机行为 3. 能引导消费者消费	1. 理解网络用户、网民、网络消费者的概念 2. 了解动机的概念及网络消费者购买动机的类型 3. 了解网络消费者购买行为的类型、特征以及影响因素 4. 了解网络消费者的购买决策过程 5. 掌握引导消费者的基本策略	1. 培养良好的判断能力 2. 培养良好的逻辑思维能力

 工作流程

(1)区分和识别网络用户、网民与网络消费者。
(2)确定网络消费者的购买动机。
(3)分析影响网络消费者购买行为的因素。

(4) 了解网络消费者购买决策的过程。
(5) 网络消费者行为的导向。

学习任务

(1) 理解网络用户、网民、网络消费者的概念及相互关系。
(2) 了解动机的基本概念。
(3) 了解网络消费者购买动机的类型。
(4) 了解网络消费者购买行为的类型和特征。
(5) 理解网络消费者购买行为的影响因素。
(6) 了解网络消费者的购买决策过程。
(7) 掌握引导消费者的基本策略。

阿霞所在的公司对网络运营非常重视,因为通过网络运营可以更好地利用网络平台,实现产品的销售目标,为公司的经营和发展提供重要支持。阿霞懂得网络运营的直接客户是网络消费者,因此做好网络运营的第一步就是要研究网络消费者。网络消费者是网民的一部分,研究网民的基本特征,有利于研究网络消费者的特点和购买动机;研究网络消费者购买行为的决策过程以及影响因素,有利于把潜在消费者变为现实消费者。

为了胜任网络运营部的工作,阿霞着重从网络用户、网络消费者等开始潜心研究消费者购买行为等相关内容。

一、网络用户、网民与网络消费者

1. 网络用户

网络用户是指通过接入网络进行国际联网的个人、法人和其他组织,可以分为互联网上的法人用户和个人用户。个人用户和法人用户是网络市场的两股主要推动力量,构成了网上活动或网上交易的主体。

2. 网民

网民在我国一般是指在半年内使用过互联网的 6 周岁及以上年龄的中国公民,是构成网络用户中的个人用户,是一个巨大的潜在消费群体。其类别可分为手机网民、电脑网民、农村网民、城镇网民等群体。

2019 年 1 月,中国互联网络信息中心(CNNIC)发布了第 43 次《中国互联网络发展状况统计报告》,报告显示,截至 2018 年 12 月底,我国网民数量达 8.29 亿,其中包括 8.17 亿手机网民,互联网普及率为 59.6%。我国网民的总体规模高居世界总量第一,我国互联网的普及率总体水平有了较大的上升。

3. 网络消费者

网络消费者是指通过互联网在网上市场进行消费和购物等活动的个体消费者,是网民的一部分,也可以说是网民中的现实消费者群体(相对于潜在消费者群体而言)。

艾瑞咨询研究数据显示,我国网络消费者在网民中的比例约为三分之一,而在欧美等互联网普及率较高的国家,进行网络购物的网民比例超过了三分之二。我国网民主要分布在城市,具有年轻、受教育程度高和收入高等特征,是最具消费能力的群体。因此,我国网络消费者规模将在一定时期内保持较高增长率。

二、网络消费者购买动机

1. 动机的含义

所谓动机,是指推动人进行活动的内在的驱动力,即激励人行为的原因。人只要处于清醒的状态之中,就要从事这样或那样的活动,而这些活动一定是由一些动机所引起的。例如一个人口渴了,他就会有喝水的动机,而这个动机将会导致他完成喝水的行为。动机与行为有直接的因果关系,如图 2.1.1 所示。

动机 —导致→ 行为

图 2.1.1 动机—行为模式

网络消费者的购买动机是指在网络购买活动中,能够使网络消费者产生购买行为的某些内在的驱动力。购买行为是由购买动机支配的,而购买动机又是由某种需要或欲望引起的。例如,一个同学想要更好地利用网络进行学习,那么他就有上网学习的需要,而这个需要会导致他产生购买计算机的动机,而这个动机会导致他最终的购买行为。不过并非所有购买动机都产生于实际需要,例如,某位同学在浏览网页的时候,觉得一件衣服很漂亮,这种对美的追求的强烈欲望,也有可能会产生购买动机,如图 2.1.2 所示。

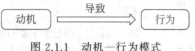

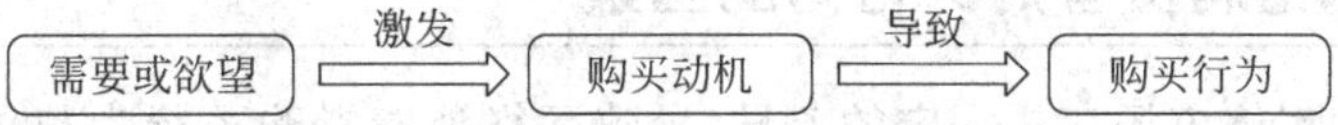

图 2.1.2 购买动机—购买行为模式

对于企业的营销部门来讲,通过了解消费者的动机,就能有依据地说明和预测消费者的行为,从而采取相应的营销手段。

2. 网络消费者购买动机的类型

从顾客购买商品的原因和驱动力而言,顾客的购买动机可分为生理性购买动机和心理性购买动机两大类。

(1) 生理性购买动机。生理性购买动机是指顾客由于生理本能的需要而产生的购买动机。顾客作为生物意义上的人,为了满足、维持、保护、延续、发展自身生命,必然会产生激励其购买能满足其需要的商品动机。而这些动机多数是建立在生理需要的基础上的,在这类动机驱使下的顾客的消费行为个体之间差异较小,具有明显、简单、稳定、重复的特点,比较容易实现。

(2) 心理性购买动机。心理性购买动机是指顾客由于心理需要而产生的购买动机。心理性购买动机主要是由后天的社会或精神需要所引起的,是消费者除本能以外,为满足、维持社会生活,进行社会生产和社会交际,在社会实践中实现自身价值等需要而产生的各种购买动机。

心理性购买动机比生理性购买动机更复杂多变,根据心理表现不同,又可以分成求实、求新、求廉、惠顾、偏爱等几种不同动机。网络消费者心理购买动机见表 2.1.2。

表 2.1.2 网络消费者心理购买动机

心理动机分类	心理动机表现	特 征
求实	以追求商品的实际使用价值为主要目标,注重经验,重视口碑,购买目的明确,不太注重商品的外观,也不太容易受促销活动的影响	最具普遍性和代表性
求新	以追求商品的新颖、奇特、时尚为主要目标,特别重视商品的款式、颜色、造型,而不太注重商品的使用程度和价格高低	易受广告宣传和流行趋势的影响
求廉	以追求商品价格低廉,希望以较少的货币支出获得较多物质利益为主要目标	价格敏感度高
惠顾	以表示信任、感谢为主要目标。顾客由于某些原因对特定商店、特定商品品牌,或对某些营销人员产生特殊的好感、信任,从而产生重复购买商品的行为	企业忠诚度高
偏爱	以满足个人某种特殊偏爱为主要目标,大多出于生活习惯和业余爱好、性格方面,例如,偏爱新奇的东西或者自认为很美的东西等,购物指向比较强,具有经常性、持续性	理智程度高
求方便	以追求购买过程的方便、快捷、省时为主要目标。具有这类购买动机顾客的时间、效率观念很强,希望尽可能简单、迅速地完成交易过程	时间观念强

三、影响网络消费者购买行为的因素

网络市场和实体市场存在一定的差异,导致网络消费者购买行为与传统消费者购买行为也存在一定的差别,对引起这些差异的因素及其影响进行分析,有助于网上商家制订适合于网络销售的营销策略。

影响网络消费者购买行为的因素可以分为内在因素和外在因素。

1. 内在因素

网络消费者购买行为的内在因素,除了购买动机之外还包括以下因素。

1) 消费者的年龄与性别

消费者对产品的需求会随着年龄的增长而变化,在生命周期的不同阶段,相应需要各种不同的商品。如在幼年期,需要婴儿食品、玩具等;而在老年期,则更多需要保健和延年益寿的产品。不同性别的消费者,其购买行为也有很大差异。烟酒类产品较多为男性消费者购买,而女性消费者则喜欢购买时装、首饰和化妆品等。

2) 受教育程度和经济收入

因为受教育程度和经济收入水平普遍具有正相关关系,因此将这两种因素对网络消费者行为的影响放在一起讨论。统计数据表明,互联网用户中大多数人都受过高等教育,而且平均收入水平要略高于总人口水平。那么,网络消费者的受教育程度和收入水平是如何影响其消费行为的呢?网络消费者的受教育程度越高,了解和掌握互联网知识方面的困难就越少,也就越容易接受网络购物的观念和方式,网络购物的频率就越高。另外,根据研究发现,网络消费者的收入越高,在网上购买商品的次数也就越多。

3）网购经历

一般来说，网络购物经验越丰富，就越容易作出在线购买决策；反之，网络购物经验少，在线购买时就越难作出购买决策。良好的网络购物经历，会对网络购物行为有促进作用；相反，不愉快的购物经历，会使得消费者在下次网络购物时变得更加谨慎。

2．外在因素

1）社会因素

每个人都要生活在一定的社会环境中，且与其他社会成员、群体和组织发生直接或间接的联系，所以消费者的购买行为会受到宏观环境因素的制约。同理，网络消费者的购买行为也会受到外界环境因素的影响。不同的文化氛围对消费者网络购物也有很大的影响。文化因素会通过影响社会的各个阶层和家庭，进而影响到每个人及其心理活动。一般来讲，在追求自由、个性化的文化氛围下，消费者选择网络购物规范和概率会更高。

随着互联网技术的发展，网络文化越来越受到认同，尤其在年轻一代心中，网络已成为他们生活中不可缺少的一部分，这对于网络购物的普及有着非常重要的意义。有调查数据显示，受朋友的影响而选择网上购物的人数最多，其次是受网络广告和其他媒体广告的影响。由此可见，社会因素对消费者网络购物也会产生重要的影响。

2）营销因素

如同实体店铺一样，网络商店也会在产品、价格、分销渠道、促销、广告、支付方式、服务等方面制订营销策略，以吸引消费者的购买。部分消费者在网络购物时存在很多顾虑，企业通过网页向客户提供丰富的产品信息、保证产品质量、提供安全的支付方式、强调售后服务等方式降低消费者的戒备心理，以促进购买行为发生。

四、网络消费者购买决策的过程

网络消费者的购买过程，也就是网络消费者购买行为形成和实现的过程。网络消费者的购买过程基本可以分为5个阶段：产生需求、收集信息、比较选择、购买决策和购后评价。

1．产生需求阶段

网络购买过程的起点是诱发需求。消费者的需求是在内外因素的刺激下产生的。当消费者对市场中出现的某种商品或某种服务发生兴趣后，才可能产生购买欲望。这是消费者作出消费决定过程中不可缺少的基本前提。如若不具备这一基本前提，消费者也就无从作出购买决定。

对于网络营销来说，诱发需求的动因只能局限于视觉和听觉。文字的表述、图片的设计、声音的配置是网络营销诱发消费者购买的直接动因。从这方面讲，网络营销对消费者的吸引具有相当的难度。这就要求从事网络营销的企业或中介商注意了解与自己产品有关的实际需求和潜在需求，了解这些需求在不同时间的不同程度，了解这些需求是由哪些刺激因素诱发的，进而巧妙地设计促销手段去吸引更多的消费者浏览网页，以诱导他们的需求和欲望。

2. 收集信息阶段

在购买过程中,收集信息的渠道主要有两个:内部渠道和外部渠道。内部渠道是指消费者个人所储存、保留的市场信息,包括购买商品的实际经验、对市场的观察以及个人购买活动的记忆等;外部渠道则是指消费者可以从外界收集信息的通道,包括个人渠道、商业渠道和公共渠道等。

一般来说,在传统的购买过程中,消费者对信息的收集大多出于被动进行的状况。与传统购买时信息收集不同,网络购买的信息收集带有较大主动性。在网络购买过程中,商品信息的收集主要是通过互联网进行的。一方面,网上消费者可以根据已经了解的信息,通过互联网跟踪查询;另一方面,网上消费者又不断地在网上浏览,寻找新的购买机会。由于消费层次的不同,网上消费者大都具有敏锐的购买意识,始终领导着消费潮流。

3. 比较选择阶段

消费者需求的满足是有条件的,这个条件就是实际支付能力。没有实际支付能力的购买欲望只是空中楼阁,不可能导致实际的购买。为了使消费需求与自己的购买能力相匹配,比较选择是购买过程中必不可少的环节。消费者对各种渠道汇集而来的资料进行比较、分析、研究,了解各种商品的特点和性能,最终从中选择最满意的一种。一般说来,消费者的综合评价主要考虑产品的功能、可靠性、性能、样式、价格和售后服务等。

网络购物不直接接触实物。消费者对网上商品的比较依赖于厂商对商品的描述,包括文字的描述和图片的描述。网络营销商对自己的产品描述不充分,就不能吸引众多的顾客。如果对产品的描述过分夸张,甚至带有虚假的成分,则可能永久地失去顾客。

4. 购买决策阶段

网络消费者在完成对商品的比较选择之后,便进入购买决策阶段。与传统的购买方式相比,网络购买者的购买决策有许多独特的特点。首先,网络购买者理智动机所占比重较大,而感情动机所占的比重较小;其次,网络购买受外界影响较小,大部分购买决策是自己作出的或是与家人商量后作出的;最后,网上购物的决策行为较之传统的购买决策要快得多。

5. 购后评价阶段

消费者在购买商品后,往往通过使用对自己的购买选择进行检验和反省,重新考虑这种购买是否正确、效用是否理想以及服务是否周到等问题。这种购后评价往往决定了消费者今后的购买动向。

为了提高企业的竞争力,最大限度地占领市场,企业必须虚心倾听顾客反馈的意见和建议。互联网为网络营销者收集消费者购买后评价提供了得天独厚的优势。方便、快捷、便宜的电子邮件紧紧连接着厂商和消费者。厂商可以在订单的后边附上一张意见表。消费者在购买商品的同时,就可以填写自己对厂商、产品及整个销售过程的评价。厂商从网络上收集到这些评价之后,通过计算机的分析、归纳,可以迅速找出工作中的缺陷和不足,及时了解到消费者的意见和建议,以改进自己的产品性能和售后服务。

五、网络消费行为引导

网络消费者的消费行为是由购买动机引起的,在实际购买过程中,消费者作出购买决定大多是在影响购买行为的各种因素的共同驱使下进行的。

影响购买行为的各种因素主要有两类:一类是促进购买因素;另一类是抑制购买因素,如图 2.1.3 所示。两类因素基本的表现方式有两种:第一种表现形式是其中一类因素完全压制另一类,其结果表现为购买,或者放弃购买(在图 2.1.3 中,左或右一方完全压制对方);第二种表现形式是两类因素同时存在,共同作用,而这种情况最具普遍性,顾客在这时候通常表现得十分犹豫(在图 2.1.3 中,当两个因素势均力敌时,外界因素的加入能决定顾客的购买行为)。由此可见,顾客购买行为具有可引导性。

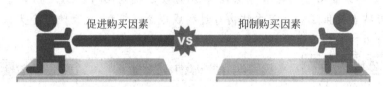

图 2.1.3 影响购买行为因素示意图

引导消费行为,可参考如下做法。

(1)提供详细的产品信息。很多消费者愿意在网上购物,其中一个很重要的原因是因为在网上能够很容易获得丰富的产品信息。由于消费者有很多个性化的需求,因此每个消费者关注产品信息的侧重点不同。企业必须在网络上提供产品各方面的信息,帮助消费者更全面的认识产品。

(2)保证产品质量,打消消费者疑虑。网络调查显示,消费者网上购物最担心的问题是怕买到假货、次货。消费者对商品产生了购买动机,才会浏览商品,如果企业能作出保证正品的声明,则有利于强化购买动机,促成购买行为。

(3)提供多种安全支付手段,保障支付安全。经过几年的发展,网络支付大多通过第三方支付工具支付,第三方支付也成为消费者比较放心的支付手段。因为网络是一个开放的平台,网络支付可能成为个人银行卡账号泄露的渠道,因此保障支付安全,是促使消费者放心购买的重要因素。

(4)售后服务。售后服务一直是消费者在购买网络产品时担忧的一个因素,尤其是大件商品或者价值较高的商品,如手机、大型家电等。企业做好售后服务承诺,消费者方能放心购买。

拓展视野

1. 消费者

狭义的消费者是指购买、使用各种消费品或服务的个人与住户。广义的消费者是指购买、使用各种产品与服务的个人或组织。本书主要从狭义的消费者角度讨论消费者行为。

在现实生活中,同一消费品或服务的购买决策者、购买者、使用者可能是同一个人,也可能是不同的人。例如,大多数成人个人用品,很可能是由使用者自己决策和购买的,而大多数儿童用品的使用者、购买者与决策者则很有可能是不同的。在消费决策过程中,不同类型的购买参与者因其所扮演的角色不同,决策过程也存在差异。如果把产品的购买决策、实际购买和使用视为一个统一的过程,那么,出现在这一过程中任一阶段的人,都可称为消费者。

2. 消费者决策模型——霍金斯模型

美国消费心理与行为学家霍金斯的消费者决策过程模型是关于消费者心理和行为的模型,被称为将心理学与营销策略整合的最佳典范,如图2.1.4所示。它为人们描述消费者特点提供了一个基本结构与过程或概念性模型,也反映了今天人们对消费者心理与行为性质的信念和认识。

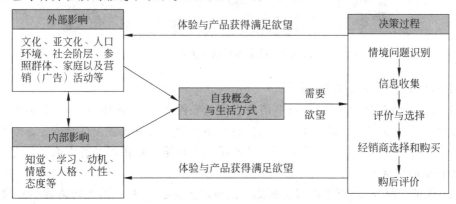

图2.1.4 霍金斯模型

霍金斯模型认为,消费者在内外因素影响下形成自我概念(形象)和生活方式,然后消费者的自我概念和生活方式导致一致的需要与欲望产生,而这些需要与欲望大部分要求以消费行为(获得产品)来满足与体验。同时这些也会影响今后的消费心理与行为,特别是对自我概念和生活方式的调节与变化作用。

实训 了解动机的类型及其产生的影响因素

实训场景

某服装销售公司的服装主要针对中学生群体,公司打算开拓网络市场,但对中学生网络消费者的购买动机产生的原因以及购买动机的主要类型不太了解,计划对中学生群体做一个简单的调查,为公司制订营销方案提供适当的依据。

实训内容

(1) 从电子商务网站找到最能激发自身购买动机的服饰。

(2) 分析总结购买动机的类型。

(3) 分析影响购买动机的因素。
(4) 完成一份建议书。

实训目的

(1) 了解动机的类型。
(2) 了解影响购买动机的因素。

成果形式

给服装销售公司的建议书。

实训方法

任务驱动。

实训准备

联网计算机、大头笔和 A1 规格白纸。

实训步骤

步骤1 将全班同学分组,要求每个组内只有一种性别,每组建议人数为6人。

步骤2 每位同学打开浏览器,进入淘宝网(http://www.taobao.com),在服饰类商品中,通过综合对比款式、价格、卖家信用、买家评价等多个因素后,找到最能激发自己购买动机的服饰。

步骤3 确定较为普遍的购买动机。记录每个组员购买动机产生的原因,并归类统计,找出本组出现次数最多的一类动机。

步骤4 探讨影响购买动机的因素。各组员将自己找到的服饰,用多媒体设备在自己的小组内交流,通过讨论确定一件最能激发购买动机的服饰和一件最不能激发购买动机的服饰。然后讨论两件产品各自最能激发购买动机的原因和最不能激发购买动机的原因,并以此分析影响购买动机的因素。

步骤5 每组为该服装销售公司写一份建议书。在建议书中要说明中学生在网上购买服饰最普遍的购买动机,并且说明哪些因素能激发中学生的购买动机。

实训评价

动机类型及其产生的影响因素实训评价表见表 2.1.3。

表 2.1.3 动机类型及其产生的影响因素实训评价表

评价项目	小组准备情况(15%)	动机归类统计(20%)	建议书(50%)	职业素养(15%)
评价标准	A. 非常充分 B. 充分 C. 不充分	A. 非常熟练 B. 熟练 C. 不熟练	A. 实用性高 B. 较实用 C. 不实用	A. 大有提升 B. 略有提升 C. 没有提升
分项得分				
总分				

说明:
1. 表格内按百分制打分
2. 可以邀请合作企业专业人员、电商协会等机构专业人士担当第三方参与评分
3. 各标准对应的分数范围:A. 80~100 分 B. 60~79 分 C. 60 分以下

任务测评

一、判断题

1. 网络消费者都是网民,网民也都是网络消费者。（   ）
2. 社会因素对消费者网络购物也会产生重要的影响。（   ）
3. 在购买过程,收集信息的渠道主要有两个:内部渠道和外部渠道。（   ）

二、选择题

1. 顾客的购买动机可分为生理性购买动机和（   ）性购买动机两大类。
   A. 身体   B. 心理
   C. 理想   D. 目标

2. 以下属于网民的是（   ）。
   A. 手机网民   B. 农村网民
   C. 城镇网民   D. 计算机网民

3. 影响网络消费者购买行为的因素可以分为（   ）和外在因素。
   A. 内在因素   B. 社会因素
   C. 收入因素   D. 家庭因素

三、填空题

1. 从顾客购买商品的原因和驱动力而言,顾客的购买动机可分为_____和_____两大类。
2. 网络消费者的购买过程基本可以分为5个阶段:产生需求、收集信息、比较选择、_____和_____。
3. 影响购买行为的各种因素主要有两类:一类是_____;另一类是_____。

四、简答题

1. 影响网络消费者购买行为的内在因素有哪些?
2. 网络消费者心理购买动机有哪些?
3. 有哪些做法可以引导消费行为?

任务二　网络市场调研

 能力标准

网络市场调研能力标准见表2.2.1。

表 2.2.1 网络市场调研能力标准

能力标准		
技 能	知 识	职 业 素 养
1. 能设计调研计划表和调查问卷 2. 能开展网络市场调研 3. 能统计整理调研数据结果 4. 能撰写调研报告	1. 掌握网络市场调研的概念、作用及与传统市场调研的区别 2. 掌握网络市场调查问卷的设计方法 3. 掌握网络市场调研的方法和步骤 4. 掌握数据统计和整理方法 5. 掌握网络市场调研报告的撰写方法	1. 具有网络安全意识、客户隐私保密的职业道德 2. 具有良好的沟通能力和团队协作精神 3. 培养良好的逻辑思维能力、数据分析能力

某公司春节后上班的第一天,市场部就召开了会议,要求针对当年夏装的营销做网络市场调研。这次调研工作的表现将作为网络运营经理储备干部的选拔指标。阿霞由于团队协作表现良好,被任命为调研组组长,负责调研组的工作分配和总体协调。这是阿霞第一次担任团队领导,内心有些兴奋但又有些忐忑。会后,阿霞与团队成员开了1个小时的会议,大家纷纷建言献策,共同梳理出了工作流程,然后阿霞根据团队成员的不同特点进行了分工,并明确了各项工作的时间要求,任务分工见表2.2.2。

表 2.2.2 调研小组任务分工

序号	工作任务	成 员	团队职位	时间/天	成果形式
1	制订网络市场调研计划	阿霞	负责人	7	调研计划书
2	根据调研计划,设计调查问卷	阿莉	问卷专员	7	调查问卷
3	策划调研的具体实施工作	阿飞	调研策划	2	调研实施计划书
4	实施网络市场调研	阿杜等6人	调研专员	10	发布、回收调查问卷表
5	根据调研反馈信息,进行数据统计、信息整理	阿锋等2人	数据分析员	3	调研结果
6	对调研结果进行分析	阿霞等3人	团队管理层	3	调研结果分析
7	撰写调研报告	阿霞	负责人	2	调研报告

工作流程

(1) 网络市场调研需求分析。
(2) 网络市场调研问卷设计。
(3) 网络市场调研实施。
(4) 调研数据整理与分析。
(5) 调研报告撰写。

学习任务

(1) 了解网络市场调研的概念和目的。
(2) 了解网络市场调研的方法和步骤。

(3) 掌握网络市场调研的常用工具。
(4) 掌握网络市场调研问卷的设计方法。
(5) 掌握数据统计方法、信息整理的要点。
(6) 掌握调研数据分析方法。
(7) 掌握调研报告的写作方法。

一、网络市场调研概述

1. 网络市场调研的概念

网络市场调研是指运用互联网和信息技术，以科学的方法，系统地、有目的地收集、整理、分析和研究所有与市场有关的信息，特别是有关消费者的需求、购买动机和购买行为等方面的信息，以便把握市场现状和发展趋势，有针对性地制订营销策略，从而取得良好的营销效益和更高的投资回报率。

2. 网络市场调研目的

网络市场调研目的是收集网上购物者和潜在顾客的信息，并利用网络加强与消费者的沟通与理解，以改善营销并更好地服务于顾客。

二、网络市场调研的优点

1. 网络市场调研与传统市场调研的对比

网络市场调研是指利用互联网技术进行调研。从方法上看，网络市场调研的许多方面与传统做法极为相似，因为它们都是企业为了解市场而进行调查的手段，但互联网自身的特点又使网上市场调研有别于传统市场调研。网络市场调研与传统市场调研的对比见表 2.2.3。

表 2.2.3　网络市场调研与传统市场调研的对比

比较指标	传统市场调研	网络市场调研
调研费用	昂贵，包括问卷设计、印刷、发放、回收、聘请和培训访问员、录入调查结构、由专业公司对问卷进行统计分析等方面的费用	较低，主要是设计费和数据处理费，每份问卷所要支付的费用几乎为零
调研范围	受成本限制，调查地区和样本的数量均有限	全国乃至全世界，样本数量庞大
运作速度	速度慢，需要 2~6 个月才能得出结论	很快，只需搭建平台，数据库可自动生成，几天就可能得出有意义的结论
调研的时效性	不同的被访问者对其可进行访问的时间不同	7×24 小时
被访问者的便利性	不太方便，一般要跨越空间障碍到达访问地点	非常便利，被访问者可自由决定时间、地点回答问卷
调查结果的可信度	一般有督导对问卷进行审核，措施严格，可信度高	相对真实可信
适用性	适合面对面的深度访谈，食品类需对受访者进行感官测试	适合长期的大样本调查，适合要迅速得出结论的情况

2. 网络市场调研的优点

与传统市场调研方法相比,网络市场调研的优点体现在以下几个方面。

(1) 网络调研信息的及时性和共享性。网络信息能够快速地传送给连接上网的任何网络用户,而且网上投票信息在经过统计分析软件初步处理后,可以看到阶段性结果。网上调研是开放的,任何网民都可以参加投票和查看结果,这又保证了网络调研的共享性。

(2) 网络调研方式的便捷性和经济性。调研者在企业站点上发出调查问卷,被调研者只需在计算机前按照自己的意愿参与问卷调查,之后调研者利用计算机对访问者反馈回来的信息进行整理和分析即可,这种调研方式是十分便捷的。而且网络调研非常经济,它可以节约传统调查中大量的人力、物力、财力和时间的耗费。

(3) 网络调研过程的交互性和充分性。网络市场调研在某种程度上具有人员面访的优点,在网上调查时,被访问者可以及时就问卷相关的问题提出自己的看法和建议,可减少因问卷设计不合理而导致的调查结论出现偏差等问题。网络调研又具有留置问卷或邮寄问卷的优点,被访问者有充分的时间进行思考,可以自由地在网上发表自己的看法。这些都是网络调研交互性和充分性的集中体现。

(4) 网络调研结果的可靠性和客观性。相比传统的市场调研,网络调研的结果比较可靠和客观,主要是基于以下原因:①企业站点的访问者一般都对企业产品有一定的兴趣,被调查者是在完全自愿的原则下参与调查,调查的针对性强;②网络市场调研可以避免传统市场调研中人为因素干扰所导致的调查结论的偏差,因为被访问者是在完全独立思考的环境中接受调查的,因此能最大限度地保证调研结果的客观性。

(5) 网络调研无时空和地域的限制性。传统的市场调研往往会受到区域与时间的限制,而网络市场调研可以 24 小时全天候进行,同时也不会受到地域的限制。

(6) 调研信息的可检验性和可控制性。利用 Internet 进行网上调研、收集信息,可以有效地对采集信息的质量实施系统的检验和控制。

三、网络市场调研策略与方法

1. 网络市场调研策略

网络市场调查的目的是收集网上购物者和潜在顾客的信息,并利用网络加强与消费者的沟通与理解,以改善营销并更好地服务于顾客,为了增强这种目的,需要运用有效的网络市场调研策略。

(1) 识别企业站点的访问者。在传统市场调研中,尽管调查的范围不同,但调研对象的相关属性却是明确的,而在网络市场调研中则不同,它没有空间和地域的限制,一切都是随机的,调研人员事先无法预期谁将是企业站点的访问者,也无法确定调研对象的样本。

采取的策略主要有以下 4 种:①利用电子邮件或来客注册登记,获得访问者的个人及身份信息;②邀请访问者参与市场调查活动,并给予其一定的奖品或者免费商品进行鼓励;③吸引访问者注册成为会员从而获得其个人信息,再进行市场调查;④利用软件系统或代理系统自动检查访问者,检测他们是否完成调查问卷和有效回答问题。

(2) 企业站点上的市场调研。企业在自己的网站上进行市场调研活动,采取的策略主要有以下 6 种：①设计调研问卷科学合理；②监控在线服务；③测试产品不同的性能、款式、价格、名称和广告页；④有针对性地跟踪目标顾客；⑤以产品特色、网页内容的差别赢得访问者；⑥将传统市场调研和电子邮件相结合，通过产品的网上竞买掌握市场信息。

2. 网络市场调研方法

网络市场调研的方法一般分为网络直接调研法和网络间接调研法。

1）网络直接调研

网络直接调研，即网上直接调查，是一种调查主体利用互联网直接进行问卷调查来收集一手资料的方法，包括网上观察法、专题讨论法、在线问卷法、网上实验法、电子邮件调查法等方法，常采用在线问卷调查法辅助电子邮件法通过 Internet 直接进行。

（1）网上观察法。网上观察法是指研究者根据一定的研究目的、研究提纲或观察表，用自己的感官和辅助工具利用互联网直接观察被研究对象，从而获得资料的一种方法。

（2）专题讨论法。专题讨论调研可通过新闻组、电子公告牌、邮件列表或讨论组进行，近年流行的论坛、博客、微信等也是常用的方法。其基本步骤为：①确定要调查的目标市场；②识别目标市场中要加以调查的讨论组；③确定可以讨论或准备讨论的具体话题；④登录相应的讨论组，通过过滤系统发现有用的信息，或创建新的话题，让大家讨论，从而获得有用的信息。

（3）在线问卷法。在线问卷调研即请求浏览其网站的每个人参与各种调查。在线问卷调研可以委托专业调查公司进行。其基本步骤为：①向若干相关的讨论组邮去简略的问卷；②在自己网站上放置简略的问卷；③向讨论组送去相关信息，并把链接指向放在自己网站上的问卷。

（4）网上实验法。网上实验调研是研究者有意改变或设计的社会过程中了解研究对象的外显行为。

（5）电子邮件调查法。电子邮件调查法是通过向被调查者发送电子邮件的形式将调查问卷发给一些特定的网上用户，由用户填写后以电子邮件的形式再反馈给调查者的调查方法。电子邮件调查法属于主动调查法，与传统邮件相似，优点是邮件传送的时效性大幅提高了。

2）网络间接调研

网络间接调研是指利用互联网的媒体功能从互联网收集二手资料。

网络间接调研主要利用互联网收集与企业营销相关的市场、竞争者、消费者以及宏观环境等信息。企业用得最多的还是网络间接调查方法，因为它的信息来源广泛，能满足企业管理决策需要。网络间接调研方法有利用搜索引擎检索、网站跟踪访问、数据库查找等方法。

（1）利用搜索引擎检索。利用搜索引擎检索是互联网上使用最普遍的网络信息检索技术，主要包括主题分类检索和关键词检索。

主题分类检索即通过各搜索引擎的主题分类目录查找信息。例如，通过某一分类目录搜索引擎，寻找"海尔"。

用户通过输入关键词来查找所需信息的方法，称为关键词检索法。使用关键词检索法查找资料一般分为 3 步：①明确检索目标，分析检索课题；②采用一定的逻辑关系组配关键词,输入搜索引擎检索框,单击"搜索"按钮;③如果检索效果不理想,可调整检索策略,直到获得满意的结果。

(2)网站跟踪访问。如果知道某一专题的信息主要集中在哪些网站,可直接访问这些网站,获得所需资料。与传统媒体的经济信息相比,网上市场行情一般数据较全,实时性较强。

(3)数据库查找。这是指借助于互联网上公开的一些数据库来查找有关的信息。中文网上数据库有中国知网、万方数据资源系统、重庆维普资讯网、超星图书馆、人大复印资料等。

四、在线问卷调查

1. 在线调查问卷的设计步骤

在线调查问卷与传统调查问卷制作一样,需遵循一定的阶段和步骤,以确保网络调研的质量。在线问卷调查设计需经历事前准备阶段、设计阶段和事后定稿阶段。

1)事前准备阶段

在事前准备阶段,主要是围绕调查主题考虑提出哪几方面的问题,以及这些问题是否满足调查主题的要求。

2)设计阶段

调查问卷设计阶段的内容包括确定问卷的机构、内容分布、问题设计、备选答案设计、提问顺序设计以及问卷版面格式设计等。这个阶段在整个问卷设计中十分重要,必须认真反复讨论和推敲。

3)事后定稿阶段

事后定稿阶段包括问卷的检查推敲、问卷的模拟实验、问卷的修改及问卷的定稿印刷等工作,以及被调查者或被调查区域的文化、传统、宗教、法规等方面的情况。调研的主体要明确、简洁,便于被调查者正确理解和回答,也要方便调查人员和数据统计人员的工作,便于调查的整理和处理。在调查过程中应采用适当的激励措施和手段,而且在吸引更多网民参与的同时,还要采用一定的技术手段来杜绝弄虚作假。

2. 在线调查问卷结构及类型

1)问卷及其结构

一份完整的网络调查问卷主要包括卷首语、问题指导语、问卷主体、注意事项以及结束语。问卷结构见表2.2.4。

表2.2.4 问卷结构

序号	组成部分	作　　用
1	卷首语	用来说明由谁执行此项调查,调查目的、意义所在
2	问题指导语	又称填表说明,主要用来向被调查者解释如何正确填写问卷
3	问卷主体	主要包括问题和备选答案,是问卷的核心部分
4	注意事项	主要包括问卷填写应该注意的问题
5	结束语	主要是感谢语,要做到诚恳、亲切

2) 调查问题的类型

(1) 事实性问题。事实性问题的主要目的是获得有关被调查者的事实性资料。因此，问题的意思必须清楚，使被调查者容易理解和回答。

(2) 行为性问题。行为性问题的主要目的是获得有关被调查者的行为方面的信息资料。例如，"您是否经常购买××牌运动服装""您是否经常去天猫购买服装"等。

(3) 动机性问题。动机性问题的主要目的是了解被调查者行为的原因或动机。

(4) 态度性问题。态度性问题的主要目的是了解被调查者对某一事物或某一问题的态度、评价、看法等。例如，"您对××牌服装的质量满意吗""您对××天猫旗舰店的销售服务满意吗"等。

在上述 4 类问题中，事实性问题是任何问卷调查都不可缺少的，其他 3 类问题则依市场调查目的的内容而定。

3. 问题提问的形式

问题提问的形式通常有两项选择式、多项选择式、填空式、矩阵式、顺位式和开放式等几种形式。

(1) 两项选择式。两项选择式是指提出的问题仅有两种答案可以选择，如"是"或"否"、"有"或"无"等。这两种答案是对立的、排斥的。被调查者的回答非此即彼，不能有更多的选择。例如：

您的性别是：男○　女○

这种提问形式的优点是易于理解和可迅速得到明确的答案，便于统计处理，分析也比较容易。

(2) 多项选择式。多项选择式是根据问题列出多种可能答案，由被调查者从中选择两项或两项以上答案。例如：

您购买服装时，通常会考虑服装的哪些因素？
☐价格　☐款式　☐品牌　☐颜色　☐成分　☐服务

(3) 填空式。在问题后面加一短线，由被调查将问题答案写在短线上。例如：

您衣柜中的服装品牌有_____。

(4) 矩阵式。矩阵式是将同类的若干个问题及答案排列成矩阵，以一个问题的形式表达出来。这样可以大大节省问卷的篇幅，而且将同类问题放在一起又特别有利于被调查者阅读和回答。例如：

您购买的服装平均价格一般是多少元？（请在适合您的○内画√）

	50 元以下	50～100 元	101～150 元	151～200 元	201 元以上
① 外套	○	○	○	○	○
② 裤子	○	○	○	○	○
③ 鞋子	○	○	○	○	○
④ 袜子	○	○	○	○	○
⑤ 内衣	○	○	○	○	○

(5)顺位式。顺位式是列出若干项目,由被调查者按重要性决定回答的先后顺序。例如:

您选购服装的主要条件是(请将所给答案按重要顺序1,2,3,…填写在○中)

价格便宜○　　款式时尚○　　舒适耐穿○　　牌子有名○

顺位法便于被调查者对其意见、动机、感觉等做衡量和比较性的表达,也便于对调查结果加以统计。但调查项目不宜过多,过多则容易分散,很难顺位。

(6)开放式。开放式也称自由回答式。这种形式是由调查者提出问题,但不提供问题的具体答案,而由被调查者自由回答,没有任何限制。它适用于调查人们对某一事物和现象的看法。例如:

您希望××旗舰店的客户服务态度如何改进?具体要求是什么?

4．问卷设计的基本要求

(1)问卷的问题能保证收集到满足调查目的所需要的全部信息。

(2)问卷中的每一个问题都是与调查目的相关的必要的问题,不存在与调查目的无关的问题。

(3)问题的设计和安排通俗易懂,合乎逻辑,方便被调查者作出回答。

(4)问题的设计和安排便于对调查资料的整理、分析和研究。

五、网络调研问卷的发布与统计

调研问卷须发布到互联网,邀请受访者参与问卷调查,然后统计、分析调查数据,为企业的决策提供参考。

1．网络调查问卷的发布

(1)借助微信、百度贴吧、论坛、电子邮件等网站平台发布调查问卷。

(2)利用企业自己的网站发布调查问卷。

(3)借助问道网、问卷星、知己知彼等专业第三方调查问卷发布平台发布调查问卷。

2．网络调查问卷数据统计

(1)利用Excel电子表格软件统计调查问卷数据。

(2)利用专业的调查问卷数据统计软件统计。

(3)利用专业的调查问卷平台的系统统计数据。

六、调查报告的撰写

调研人员通过调查获取了大量的调查数据,必须对这些数据分析、统计,写出一份科学的网络调研报告,直观地反映出市场的动态,以便决策者针对企业的情况及时调整网络营销策略。

网络调查报告大致可分为专门性报告和一般性报告,前者是专供网络营销调研人员和网络营销人员使用的内容详尽、具体的报告,后者是供职能部门管理者、企业决策者使用的内容简明扼要而重点突出的报告,网络市场调查报告一般格式见表2.2.5。

表 2.2.5　网络市场调查报告一般格式

序号	项目	说明
1	封面	封面中须包含团队名称、团队成员、时间、所属部门等信息
2	目录	列示各部分所在的页码
3	概要	主要说明调查目的,调查的对象、内容,调查方法,调查结论等
4	正文	主要包括数据的统计说明、环境分析、竞争对手分析,以及提出问题及解决问题的办法等
5	参考资料	说明资料的来源

拓展视野

1. 高级检索技术

主要网络信息检索技术包括常用运算符、高级检索技术、限制检索技术,见表 2.2.6。

表 2.2.6　主要网络信息检索技术

检索技术	使用符号	举例
常用运算符	加号(+)	搜索有关"苏宁易购"与"京东商城"的信息:苏宁易购+京东商城
	减号(-)	搜索关于"网络营销"的信息,但又不想搜索到"市场营销"的信息:网络营销-市场营销
	管道符(|)	搜索"网络营销"或"市场营销"的信息:网络营销|市场营销
	引号("")	搜索只包含"网络市场调研"的信息:"网络市场调研"
	截词符星号(*)	搜索包含"网络营销"的信息:网络营销*
高级检索技术	逻辑与(and)	搜索同时包含"网络"和"营销"的信息:网络 and 营销
	逻辑或(or)	搜索包含"电子"或者"商务"的信息:电子 or 商务
	逻辑非(not)	搜索包含"商务"且不包含"贸易"的信息:商务 not 贸易
	优先运算符括号( )	搜索包含"网络营销信息技术"或者"电子商务信息技术"的信息:(网络营销 or 电子商务) and 信息技术
限制检索技术	搜索标题(title:text 或 t:text,text 指文本文字)	搜索网页标题中包含 nba 的信息:title:nba
	搜索网站(domain:domain name 或 host:name 或 site:domain name)	在网易网站中搜索包含 nba 的信息:nba site:163.com
	搜索 URL(inurl:text 或 u:text,text 指文本文字)	搜索网址中包含 sports 关键词的信息:inurl:sports
	搜索链接(link:URL)	搜索链接到 www.taobao.com 的网页:link:www.taobao.com
	搜索指定类型的文件(filetype:文件扩展名)	搜索关键词为"网络营销"的 PPT 文件:网络营销 filetype:ppt

2. 专业调查网站推荐

(1) 艾瑞咨询集团, http://www.iresearch.com.cn。
(2) 知己知彼网, http://www.zhijizhibi.com。
(3) 第一调查网, http://www.1diaocha.com。
(4) 问卷星, http://www.sojump.com。
(5) 问道网, http://www.askform.cn。
(6) 易调网, http://www.yidiao.net。

实训　学生服装消费情况调查问卷表设计

实训场景

某服装公司官方旗舰店为了了解中学生夏装的消费情况,拟组织一次网络抽样调查,通过分析调查数据,为该公司本年度的夏装销售作出分析、决策。

实训内容

收集受访者性别、购买服装的渠道、购买服装的时机、每月可支配的生活费用、可接受的服装价格、服装款式、服装品牌、决定是否购买服装的因素、服装的面料、购买服装的决策者、购买服装的频率,以及受访者对公司旗舰店开展网络服装调研的建议和意见。

实训目的

(1) 了解调查问卷设计的相关知识。
(2) 掌握调查问卷表的设计技能。

成果形式

调查问卷表、调查问卷报告。

实训方法

任务驱动。

实训准备

联网计算机。

实训步骤

步骤1　收集调研信息,明确调研目的、对象及内容,制订调研计划。

步骤2　根据调研内容设计调研问题及问题答案。

步骤3　确定问题及问题答案的顺序。将容易回答的问题尽可能安排在前面,而开放式问题尽可能放在最后面。问题排列要有内在的关联,逻辑结构合理,符合受访者的心理预期。

步骤4　测试调研问卷。在问卷正式发布之前邀请若干学生受访者进行测试,根据测试结果进行修改,并最终定稿。

步骤5　调查数据统计。利用 Excel 等计算机软件统计调查数据。

步骤6　撰写调研报告。根据统计数据及其他相关信息撰写调研报告。

实训评价

学生服装消费情况调查问卷表设计实训评价表见表 2.2.7。

表 2.2.7　学生服装消费情况调查问卷表设计实训评价表

评价项目	调查问卷表的设计(25%)	调查问卷报告(50%)	职业素养(25%)
评价标准	A. 内容完整、结构合理 B. 内容一般、结构一般 C. 内容不完整、结构不合理	A. 报告结构合理、数据分析准确、有指导意义 B. 报告结构较合理、数据分析较准确、有一定指导意义 C. 报告结构不合理、数据分析不准确、没有指导意义	A. 大有提升 B. 略有提升 C. 没有提升
分项得分			
总分			

说明：
1. 表格内按百分制打分。
2. 可以邀请合作企业专业人员、电商协会等机构专业人士担当第三方参与评分。
3. 各标准对应的分数范围：A. 80～100 分　B. 60～79 分　C. 60 分以下

任务测评

一、判断题

1. 网络市场调研费用较低，主要是设计费和数据处理费，每份问卷所要支付的费用几乎为零。　　　　　　　　　　　　　　　　　　　　　　　　　　(　　)
2. 网络市场调研的运作速度很快，只须搭建平台，数据库可自动生成，几天就可能得出有意义的结论。　　　　　　　　　　　　　　　　　　　　　　　　(　　)
3. 传统的市场调研往往会受到地域与时间的限制，而网络市场调研可以 24 小时全天候进行，但受到地域的限制。　　　　　　　　　　　　　　　　　　(　　)

二、选择题

1. 网络市场调研目的是(　　)。
   A. 收集网上购物者和潜在顾客的信息
   B. 利用网络加强与消费者的沟通与理解
   C. 改善营销并更好地服务于顾客
   D. 利用网络促进销售

2. 在线问卷调查设计需经历的阶段是(　　)。
   A. 准备阶段　　　B. 设计阶段　　　C. 定稿阶段　　　D. 修改阶段

3. 在线调查问卷问题的类型有(　　)。
   A. 事实性问题　　B. 行为性问题　　C. 态度性问题　　D. 动机性问题

三、填空题

1. 网络市场调研通过收集网上购物者和潜在顾客的信息，利用网络加强与消费者的沟通和了解，以改善营销并更好地服务于_____。
2. 网络市场调研的方法一般来说分为_____和_____。
3. 网络间接调研方法有_____、_____、数据库查找等方法。

四、简答题

1. 网络市场调研的优点有哪些?
2. 网络直接调研的方法有哪些?
3. 问卷设计的基本要求有哪些?

任务三 网络市场细分

能力标准

网络市场细分能力标准见表 2.3.1。

表 2.3.1 网络市场细分能力标准

能力标准		
技　能	知　识	职业素养
1. 能根据公司需求划分网络目标市场 2. 能协助公司团队完成网络目标市场的细分 3. 能根据公司需求对网络目标市场进行定位	1. 掌握网络目标市场及网络市场细分的概念 2. 了解网络市场细分的标准 3. 掌握网络市场细分的方法 4. 掌握网络市场细分的程序 5. 能够对网络目标市场进行定位	1. 具有敏锐的市场分析判断能力 2. 具有良好的团队协作与沟通的能力

工作流程

(1) 划分网络目标市场。
(2) 细分网络目标市场。
(3) 定位网络目标市场。

学习任务

(1) 了解网络目标市场概念。
(2) 了解网络市场细分的概念,掌握网络市场细分的标准。
(3) 掌握网络市场细分的方法及程序。
(4) 掌握网络目标市场定位。

一、网络目标市场的概念

网络目标市场也叫作网络目标消费群体,是指企业商品和服务的网络销售对象。一个企业只有选择好了自己的网络服务对象,才能将自己的特长在网络市场中充分发挥出来,只有确定了自己的网络服务对象,才能有的放矢地制定网络经营策略。

企业选择网络目标市场即选择适当的网络服务对象,是在网络市场细分的基础上进行的。只有按照网络市场细分的原则与方法正确地进行网络市场细分,企业才能从中选择适合本企业为之服务的网络目标市场。一个好的网络目标市场应当具备以下条件。

(1) 该网络市场有一定购买力,能取得一定的营业额和利润。

(2) 该网络市场有尚未满足的需求,有一定的发展潜力。

(3) 企业有能力满足该网络市场的需求。

(4) 企业有开拓该网络市场的能力,有一定的竞争优势。

二、网络市场细分的概念及标准

1. 网络市场细分的概念

网络市场细分是指企业在调查研究的基础上,依据网络消费者的需求、购买动机与习惯爱好的差异,把网络市场划分成不同类型的消费群体的过程。其中,每个消费群体就构成了一个细分市场。每个细分市场都是由需求和愿望大体相同的网络消费者组成的。在同一细分市场内部,网络消费者需求大致相同;在不同细分市场之间,则存在着明显的差异。

2. 网络市场细分的标准

1) B2C 市场细分标准

一种产品的整体市场之所以可以细分,是由于消费者或用户的需求存在差异。在 B2C 市场上,市场是由以满足生活消费为目的的消费者构成的,消费者的需求和购买行为等具有许多不同的特性,这些差异性因素便是 B2C 市场细分的基础。由于引起消费者需求差异的因素很多,在实际操作中,企业一般综合运用有关标准来细分市场,而不是单一地采用某一标准。概括起来,B2C 市场细分的标准主要有 4 类,即地理因素、人口因素、心理因素、行为因素。以这些因素为标准来细分市场就会产生出地理细分、人口细分、心理细分和行为细分 4 种市场细分的基本形式。B2C 市场细分标准见表 2.3.2。

表 2.3.2　B2C 市场细分标准

标　准	因　素
地理因素	地区、气候、人口密度、城市规模
人口因素	年龄、性别、民族、职业、家庭年收入、家庭规模、家庭生命周期、教育程度、宗教等
心理因素	生活方式、人格特征、社会阶层
行为因素	购买时机与频率、追求的利益、使用者情况、使用率、忠诚度、态度

(1) 按地理因素细分市场。Internet 虽然打破了常规地理区域的限制,但是不同地理区域之间的人口、文化、经济等差异还是会长期存在。

地理因素之所以作为市场细分的标准,是因为处在不同地理环境下的消费者对于同一类产品往往有不同的需求与偏好,他们对企业采取的营销策略与措施会有不同的反应。例如,我国南方一些省份的菜肴一般以清淡为主,而北方一些省份则喜欢重口味,因此,按我国地理因素细分市场见表 2.3.3。

表 2.3.3　按我国地理因素细分市场

地理因素	典型细分市场	标准	典型细分市场
地区	东北、西北、西南、华北、华中、华南	人口密度	都市、郊区、乡村、偏远村落等
气候	亚热带、温带、寒带等	城市规模	特大城市、大城市、中等城市、小城市

（2）按人口因素细分市场。人口因素包括年龄、性别、家庭规模、家庭生命周期、收入、职业、教育程度、宗教、种族、国籍等。消费者需求、偏好与人口因素有很密切的关系，例如，只有收入水平很高的消费者才可能成为高档服装、名贵化妆品、高级珠宝等的经常买主。人口因素较容易衡量，有关数据也相对比较容易获取，由此，企业经常以人口因素作为市场细分的重要标准。按人口因素细分市场见表 2.3.4。

表 2.3.4　按人口因素细分市场

人口因素	典型细分市场
年龄	婴儿、学龄前儿童、学龄儿童、少年、青年、中年、老年
性别	男、女
职业	职员、教师、科研人员、文艺工作者、企业管理人员、私营企业主、工人、离退休人员、学生、家庭主妇、失业者等
家庭年收入	1万元以下、1万～3万元、3万～5万元、5万～10万元、10万～20万元、20万～50万元、50万元以上等
家庭规模	1～2人、3～4人、5人以上等
家庭生命周期	年轻单身；年轻已婚无小孩；年轻已婚，小孩6岁以下；年轻已婚，小孩6岁以上；已婚，儿女18岁以下；中年夫妇；老年夫妇，老年单身等
教育程度	小学以下、小学、初中、高中、大学、研究生等

（3）按心理因素细分市场。根据购买者所处的社会阶层、生活方式、个性特点等心理因素细分市场就叫心理细分市场。按心理因素细分市场见表 2.3.5。

表 2.3.5　按心理因素细分市场

心理因素	典型细分市场
生活方式	平淡型、时髦型、知识型、名士型等
人格特征	外向型或内向型、理智型或冲动型、积极性或保守型、独立型或依赖型等
社会阶层	上层、中上层、中层、中下层、下层等

（4）按行为因素细分市场。根据购买者对产品的了解程度、态度、使用情况及反应等将他们划分成不同的群体，称为行为细分。许多人认为，行为因素能更直接地反映消费者的需求差异，因而行为细分成为市场细分的最佳起点。按行为因素细分市场见表 2.3.6。

表 2.3.6　按行为因素细分市场

行为因素	典型细分市场
购买时机与频率	日常购买、特别购买、节日购买、规则购买、不规则购买等
追求的利益	廉价、时髦、安全、刺激、新奇、豪华、健康等
使用者情况	从未使用者、曾经使用者、潜在使用者、初次使用者、经常使用者等
使用率	很少使用者、中度使用者、大量使用者
忠诚度	完全忠诚者、适度忠诚者、无品牌忠诚者
态度	狂热、喜欢、无所谓、不喜欢、敌视等

2）B2B 的市场细分标准

许多用来细分 B2C 市场的标准，同样可用于细分 B2B 市场。但由于生产者与消费者在购买动机与行为上存在差别，所以除了运用前述 B2C 市场细分标准外，还可用其他标准来细分 B2B 市场。B2B 市场细分标准见表 2.3.7。

表 2.3.7　B2B 市场细分标准

标准	因素
用户规模	大客户、中等规模客户、小客户
最终用户	企业用户群、个人用户群
企业购买状况	直接重复购买、重复购买、新任务购买等

三、网络市场细分的方法及程序

1. 网络市场细分的方法

根据细分程度的不同，市场细分有 3 种方法，即完全细分、按一个影响需求因素细分和按两个以上影响需求因素细分。

1）完全细分

假如购买者的需求完全不同，那么每个购买者都可能是一个单独的市场，因此完全可以按照这个市场所包括的购买者数目进行最大限度的细分，即这个市场细分后的小市场数目也就是构成此市场的购买数目。在实际市场营销中，有少数产品确实具有适于按照这种方法细分的特性，例如，家居装修、服装定做、高端产品、奢侈品等适合完全细分。

2）按一个影响需求因素细分

对某些通用性比较大、挑选性不太强的产品，往往可按其中一个影响购买者需求最强的因素进行细分，如可按收入不同划分，也可按不同年龄范围划分。例如，儿童书籍市场细分可采用该方法。

3）按两个以上影响需求因素细分

大多数产品的销售都受购买者多种需求因素的影响。例如，不同年龄范围的消费者，因生理或心理的原因对许多消费品都有不同的要求；同一年龄范围的消费者，因收入情况不同，也会产生需求的差异；同一年龄范围和同一收入阶层的消费者，会因性别、居住地区及许多情况不同而有纷繁复杂、互不相同的需求。因此，大多数产品都需按照两个或两个以上的因素细分。

2. 网络市场细分的程序

网络市场细分作为一个过程,一般要经过以下程序。网络市场细分程序如图 2.3.1 所示。

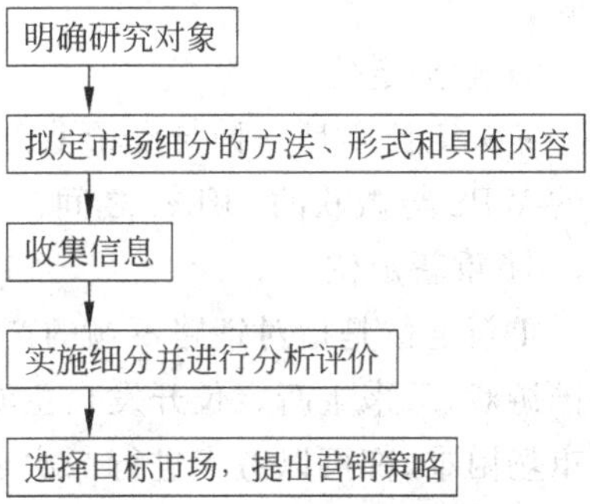

1) 明确研究对象

企业首先要根据战略计划规定的任务、目标及选定的市场机会等,决定将要分析的产品市场,进而确定是将这一产品的整体市场还是从中划分出来的局部市场作为细分和考察的对象。

图 2.3.1 网络市场细分程序

2) 拟定市场细分的方法、形式和具体内容

企业首先根据实际需要拟定采用哪一种市场细分的方法,而后选择市场细分的形式,即决定从哪些方面对市场进行细分。最后还要确定具体的细分内容,将其作为有关的细分形式的基本分析单位。

3) 收集信息

企业对将要细分的市场进行调查,以便取得与已选细分方法、细分形式及细分内容有关的数据和必要的资料。

4) 实施细分并进行分析评价

企业运用科学的定性和定量方法分析数据,并合并相关性高的变量,找出有明显差异的细分市场,进而对各个细分市场的规模、竞争状况及变化趋势等方面加以分析、测量和评价。

5) 选择目标市场,提出营销策略

企业要根据市场细分结果来决定营销策略。这要区分以下两种情况。

(1) 在分析细分市场后,如果发现市场情况不理想,企业可能会放弃这一市场。

(2) 如果市场营销机会多,需求和潜在利润相符,企业可根据细分结果提出不同的目标市场营销策略。

四、网络目标市场定位

1. 市场定位的含义

市场定位就是企业为自身及进入目标市场上的产品确定在消费者心目中所处的位置,为企业和产品在市场中创立鲜明的特色或个性,以形成独特的市场形象,并把这种形象传递给顾客所采取的各种营销活动。

2. 网络目标市场定位的方式

市场定位策略是一种竞争策略,体现着同类产品生产企业之间的一种竞争关系。竞争企业的态势反映其市场定位的方式。定位的方式不同,竞争态势也不同,通常有以下 3 种定位方式。

1) 避强定位

避强定位是指避开强有力的竞争对手,另辟营销卖点。其优点是能够迅速地在市场中站稳脚跟,有较高的成功率。例如,百度避开雅虎另辟中文搜索,就是避强定位的竞争

方式。

2) 迎头定位

迎头定位则是一种与市场上占支配地位的竞争对手"对着干"的定位方式。例如，金山的 WPS 与微软的 Office 之间持续不断的争斗，就是迎头定位的实例。

3) 重新定位

重新定位是指对销路不畅的产品进行二次定位。例如，盛大网络游戏公司早期代理韩国游戏，后来重新定位开发自主游戏产品。任何企业如果在前一次定位后，遇到了较大的市场困难，都可以考虑进行二次定位，即重新定位。

3. 市场定位的宣传

企业在作出市场定位决策后，必须采取具体步骤建立自己的竞争优势，并进行广告宣传，把自己的定位观念准确地传播给顾客，然后通过一言一行表明自己选择的市场定位，让顾客了解本企业及其产品的特色，并区别于其他企业及其产品。

在市场定位的宣传中要避免因宣传不当而导致顾客心目中定位过低、定位过高和定位混乱 3 种误解。

4. 网络市场定位的内容

1) 顾客服务定位

企业网站是为上网顾客提供服务的，上网顾客的不同需要形成了企业网站的潜在目标市场。顾客上网可能基于以下几个方面的需要：浏览信息、查询信息、发布信息、交流信息、在线交易产品和冲浪娱乐等。企业网站根据自己的实力选择其中的某一方面作为突破口，然后将这种服务的鲜明特色传播到广大网民心中。

2) 网站类型定位

按照企业网站所提供的服务项目的多少，可将其分为宣传型网站和交易型网站。宣传型网站不具备交易功能，若网站定位于宣传型网站，就主要以介绍企业的经营项目、产品信息、价格信息为主。而交易型网站不仅介绍企业的服务项目、产品信息和价格信息等，同时提供交易平台，买卖双方可以相互传递信息，实现网上交易、在线支付等。若网站定位于交易型网站则要突出交易平台的特色。

3) 服务范围定位

根据企业网站服务范围的不同，可将其分为国际型网站、全国型网站和地区型网站。企业网站根据自己的实力要在服务范围上定位，如定位于国际型网站就要突出国际化；定位于全国型网站就要突出中国特色；定位于地区型网站就要突出地方特色。

5. 网络市场定位的思路

(1) 根据公司营销现状进行定位。主要考虑 5 个因素：自己的公司销售什么；自己公司的顾客是哪些人；自己的公司在哪些方面与其他公司有所不同；正确评价公司的现有营销状况；不必极力在网上频繁重塑公司的形象。

(2) 根据网上消费行为特征进行定位。主要考虑 4 个因素：使用 E-mail 进行网上营销，需要谨慎而有礼节地进行；不要过多地使用新闻组；将产品的相关信息公布在网络上以吸引更多的用户；务必使搜索引擎及其他站点能链接到你的站点。

(3) 根据顾客群体的发展进行定位。主要注意两个因素：各类上网访问者；潜在的顾客。

（4）根据竞争对手状况进行定位。主要关注两个因素：竞争对手；与竞争对手比较后的优势和劣势。

拓展视野

> **STP**
> STP 理论中的 S、T、P 分别是 segmenting、targeting、positioning 3 个英文单词的首字母，指市场细分、目标市场和市场定位。

实训　网络目标市场细分实训

实训场景

阿霞所在的公司是专门销售肥胖人群服装的专卖店，根据市场发展的需要计划开设网络服装专卖店。作为该公司的网络营销策划人员，这正是她大显身手的时机。阿霞通过调查发现：人们整体上体型变大，因此肥胖人群在购买服装时常会遇到麻烦，此时专门为身材肥胖的人开设的大码衣服专卖店就可获得市场，并将中体型肥胖、需要 XL 以上尺码衣服的顾客作为目标市场，实施差异化营销。

实训内容

（1）对肥胖人群购买衣服的市场进行细分，并描述特点。

（2）查询相关网站，了解国内相关市场概况。

（3）根据各个细分市场的特点及竞争状况对专卖店进行市场定位。

实训目的

了解网络市场细分的变量，掌握网络目标市场的选择以及企业在网络市场的具体定位方法。

成果形式

网络市场细分报告、目标市场实施方案。

实训方法

任务驱动。

实训准备

联网计算机。

实训步骤

步骤 1　打开 IE 浏览器，输入 http://www.efuin.com（中国服装产业网）、http://www.51baogao.cn/fuzhuang（服装行业研究分析报告），并在打开的网站中查询服装行业市场信息。

步骤 2　打开 IE 浏览器，在地址栏分别输入 http://www.pr-fz.com（胖人服饰网），并在打开的网站中查询肥胖人服装市场的信息。

步骤 3　打开 IE 浏览器，在地址栏分别输入 http://china.alibaba.com（阿里巴巴），

并在打开的网站中查询肥胖人服装供应信息。

步骤 4 打开 IE 浏览器,在地址栏分别输入 http://www.taobao.com(淘宝),并在打开的网站中查询肥胖人服装销售信息,分析销售肥胖人服装竞争对手的信息。

步骤 5 制订本公司的网络目标市场实施策略。

实训评价

网络目标市场细分实训评价表如表 2.3.8 所示。

表 2.3.8 网络目标市场细分实训评价表

评价项目	网络市场细分报告(30%)	目标市场实施方案(50%)	职业素养(20%)
评价标准	A. 报告内容真实、可靠、有价值 B. 报告内容真实、可靠、无价值 C. 报告内容不真实、不可靠、无价值	A. 方案具体,易于实施 B. 方案具体,可操作性不强 C. 方案不具体,难以实施	A. 大有提升 B. 略有提升 C. 没有提升
分项得分			
总分			

说明:
1. 表格内按百分制打分
2. 可以邀请合作企业专业人员、电商协会等机构专业人士担当第三方参与评分
3. 各标准对应的分数范围:A. 80~100 分 B. 60~79 分 C. 60 分以下

任务测评

一、判断题

1. 企业选择网络目标市场,即选择适当的网络服务对象,是在网络市场细分的基础上进行的。   (   )

2. 根据购买者所处的社会阶层、生活方式、个性特点等心理因素细分市场称为生理细分。   (   )

3. 按照企业网站提供的服务项目的多少,可将其分为宣传型网站和交易型网站。
                                                                              (   )

二、选择题

1. 网络市场细分的方法有(   )。
   A. 完全细分   B. 按一个影响需求因素细分
   C. 按两个以上影响需求因素细分   D. 非完全细分

2. 在市场定位的宣传中要避免因宣传不当在顾客心目中造成的误解有(   )。
   A. 定位过低   B. 定位过高   C. 定位混乱   D. 定位合理

3. B2B 的市场细分标准包括(   )。
   A. 用户规模   B. 最终用户   C. 企业购买状况   D. 年龄结构

三、填空题

1. 网络目标市场定位的方式有 _____、_____、_____。

2. B2C 市场细分的标准主要有 4 类,即 _____、_____、_____、_____。
3. _____ 是指企业商品和服务的网络销售对象。

四、简答题

1. 网络市场细分的程序是什么?
2. 一个好的网络目标市场应当具备哪些条件?
3. 网络市场定位的内容有哪些?

任务四 网络分销

能力标准

网络分销能力标准见表 2.4.1。

表 2.4.1 网络分销能力标准

能 力 标 准		
技 能	知 识	职业素养
1. 能快速收集供销规则 2. 能正确使用淘宝供销平台 3. 能管理供应商及分销的产品	1. 能理解、掌握网络分销的相关知识 2. 能正确理解供应商的招募条件及要求 3. 能掌握网络分销的特点与优势	1. 培养良好的自我学习意识 2. 培养良好的创业意识

工作流程

(1) 查找淘宝网网络分销规则。
(2) 提交淘宝网分销商申请。
(3) 淘宝网供应商及分销商管理。

学习任务

(1) 传统分销的代理制。
(2) 网络分销的特点与趋势。

一、传统渠道代理制的线上延伸

代理制也称为代销制,是指生产者在分销产品的同时不将产品的所有权转移给第一个买者(或渠道成员),而是当这一成员将产品转卖给下一个买者时,产品所有权同时完成从生产者至第一个代理商、第一个代理商至第二个经销商转移的经销方式。

随着互联网在全世界范围的普及,电子商务逐渐成为一种时尚,也成为销售领域的一大亮点。互联网突破了时间和空间的局限,为商家和客户提供了一个高效的互动沟通渠道。互联网使消费者的行为和观念都发生了重大的改变,而面对日益改变的营销环境,很多企业已经将传统营销渠道延伸至互联网。网络分销就是企业将传统渠道代理制延伸至互联网最为突出的体现之一。

二、网络分销的特点与趋势

网络分销是企业基于网络开展的分销行为,企业通过网络来完成铺货、渠道建设、分销商管理。网络分销可以分为"代理""代销"和"批发"这3种形式。网络分销商是分销过程中所涉及的一系列相互联系、相互依赖的组织和个人的集合。这些组织和个人通过分工和协作,形成系统的跨越企业边界的网络组织,使商品和服务能够有效地从生产者转移至消费者和用户手中。分销网络是网络组织的一种特定模式,也可以称为以独立个体或群体为节点、以彼此之间复杂多样的经济连接为线路而形成的介于企业与市场之间的一种制度安排,因此它具有网络组织的一些典型特征,如合作性、创造性及复杂性等。

1. 网络分销的特点

由于网络分销在分销过程中涉及一系列相互联系的组织和个人,因此网络分销表现出如下特点。

(1) 在分销网络中各种活动是相互依存和相互联结的,为完成整个分销工作,需要网络成员相互协作与配合,主要是供货商、分销商和平台服务提供商之间的协作和配合,离开了其中的任何一方都难以开展网络分销。

(2) 在分销网络中网络成员完成自身的活动往往需要依赖于其他成员手中的资源,也即分销网络的资源整合与共享要求都很高。具体而言,分销商需要供货商手中的货源,供货商需要分销商手中的订单。

(3) 分销网络成员的关系由过去保持一定距离甚至是对抗性的关系向依赖于信任和信息共享的合作型关系发展演化,只有建立在多赢的合作模式下才能保证分销的正常开展。

(4) 由于分销网络成员在资源与活动上相互依赖与相互连接,分销网络整体的协作性以及成员关系的卷入程度都比较高,因此在能够带来较高关系利益的同时,可能也意味着较高的关系成本,一旦成员之间关系破裂甚至整个分销网络解体,将会给网络成员带来比传统分销渠道更高的关系终止成本。

2. 网络分销的优势

相对于传统的渠道代理销售而言,网络分销表现出以下优势。

(1) 网络分销的用户优势。网络分销可以向更多用户传递自己的产品和服务,中国互联网络信息中心发布的"第31次中国互联网络发展状况统计报告"显示,我国网民数量已达到5.64亿,而且增长势头仍然不减缓,因此,通过网络分销无疑可以向更多人的传递自己的产品和服务。

(2)网络分销的成本优势。在企业最关心的成本问题上,网络分销同传统分销相比不是一个数量级的优势。以航空公司为例,一般来说,传统的线下网点一张机票提成为5元,这就是一张机票的传统分销的成本,还不包括其他成本。假如采用网络分销,这部分钱完全可以节省下来,或者为企业减轻财务负担,或者回馈给消费者以扩大市场。

(3)网络分销的效率优势。在有效地控制成本之后,企业诉求将转移到效率上。首先,效率会直接影响到用户体验,对于客户而言,在最短的时间用最便捷的方式获得服务是他们最为关心的重要问题;其次,高效的运作方式能让企业在相同时间内销售出更多产品和服务,获得更多的收益,提升企业的运作效率。

3. 网络分销的趋势

伴随电子商务模式、技术的日新月异,网络分销也呈现出诸多发展趋势。

(1)在网络分销中的供货商不再局限于供应商,未来还会有更多的品牌商加入供货商行列,呈现出多种供货商共存的格局。

(2)网络分销对分销商的要求越来越严格,基于淘宝网等第三方电子商务平台的分销商将会有更多、更严格的规则限制,一旦分销商违规,处罚的力度也会越来越大。

(3)网络分销所涉及的行业越来越广泛,无论是钢铁、纺织、建材、食品、汽车、服装,还是酒店、物流等现代服务业都可通过网络渠道开展网络分销。

(4)网络分销平台正步入专业化发展方向,除了人们熟知的淘宝供销平台,近几年还催生了一些比较好的专业化分销终端,如 ShopEx 等。

网络分销确实是企业在逆境中寻求发展的绝佳选择,这不仅仅是因为网络分销在多方面具有无可比拟的优势,更是互联网时代企业的必由之路,它必然会成为企业下一轮角逐的竞争热点。

  拓展视野

一个淘宝分销商成功的八大秘诀

第一,要记住,给你供货的供货商,不只把货供应给你一个人。

第二,虽然我们是做分销的,但是店铺的整体装修还是必需的。

第三,不要偷懒,自己的淘宝宝贝详细页一定要重新做一下。

第四,分销是难做的,但并不是做不好的,做得好的分销也是很厉害的。

第五,有能力的先给自己的店铺取个好名字。

第六,做分销的好处是自己不用发货,没有库存。

第七,和供应商建立一个互相诚信的经营模式。

第八,一定要坚持。

实训　淘宝分销——寻找供应商

实训场景

通过一段时间的学习,阿霞对网络营销有了一定的认识,也掌握了一定的营销技能,于是她决定在淘宝网开一家女装店。为了解决货源的问题,她选择了淘宝网提供的网络分销平台,希望通过分销来解决货源的难题。

实训内容

（1）了解淘宝网卖家中心的供销平台。

（2）提交淘宝网分销商的申请。

实训目的

掌握淘宝网络分销的操作技能。

成果形式

网络分销规则文本、成功申请成为分销商。

实训准备

计算机、淘宝网账号网店。

实训步骤

　　步骤1　在 IE 浏览器的地址栏中输入网址 www.taobao.com,打开淘宝网。

　　步骤2　单击"登录"按钮,在新打开的登录页面中输入"登录名"和"登录密码",登录淘宝网后台。

　　步骤3　单击"卖家中心"按钮,进入"我是卖家"管理页面。

　　步骤4　在"货源中心"导航栏中单击"分销管理"按钮,进入"供销平台"页面。

　　步骤5　单击"供销规则"按钮,查看有关规则,如"总则""定义""入驻""分销商入驻""经营""退出""附则"等内容。

　　步骤6　单击"现在就去寻找货源"按钮,进入"天猫供销平台"页面。

　　步骤7　在文本框中输入想要寻找的货源类别,如"女装",根据需要勾选"一键代发""批发采购""品牌授权""第三方质检""我能合作"选项,单击"确定"按钮,系统会自动选择出符合要求的供应商。

　　步骤8　查看相关供应商的"招募条件",并单击"招募书"按钮,查看自己的店铺是否符合供应商的招募条件。

　　步骤9　单击"申请"按钮,打开"申请加盟"页面,查看"基本信息""招募条件"和"淘宝网协议条款",在充分了解上述信息之后,勾选"同意以上服务条款",并在"给供应商留言"文本框中输入留言。

　　步骤10　单击"提交申请"按钮,完成申请。

实训评价

对整个实训执行过程进行评价,特别是对实训过程中所取得的成果进行评价。评价主体包括实训本人、实训小组、指导教师及第三方,可以邀请本专业合作企业专业人员、电子商务行业协会机构专业人士等担当第三方参与评分。填写淘宝分销——寻找供应商实训评价表,见表2.4.2。

表 2.4.2 淘宝分销——寻找供应商实训评价表

评价项目	网络分销规则(25%)	淘宝分销商申请(50%)	职业素养(25%)
评价标准	A. 内容完整、全面 B. 内容较完整、较全面 C. 内容不完整、不全面	A. 成功申请 2 家或以上供应商的分销商 B. 成功申请 1 家供应商的分销商 C. 没能申请成功成为分销商	A. 大有提升 B. 略有提升 C. 没有提升
分项得分			
总分			

说明：
1. 表格内按百分制打分
2. 可以邀请合作企业专业人员、电商协会等机构专业人士担当第三方参与评分
3. 各标准对应的分数范围：A. 80～100 分　B. 60～79 分　C. 60 分以下

任务测评

一、判断题

1. 网络分销可以完全代替传统的分销。　　　　　　　　　　　　　　　　　(　　)
2. 分销网络成员在资源与活动上相互依赖与相互联结。　　　　　　　　　　(　　)
3. 网络分销可以给企业带来很大的成本优势，为企业减轻财务负担。　　　　(　　)

二、选择题

1. 以下不是网络分销的形式是(　　)。
   A. 代理　　　　B. 代销　　　　C. 经销　　　　D. 批发
2. 网络分销可以带来巨大的优势，以下不属于网络分销带来的优势是(　　)。
   A. 成本优势　　B. 用户优势　　C. 效率优势　　D. 时间优势

三、填空题

1. 网络分销是企业基于网络开展的分销行为，通过网络来完成铺货、_____、_____。
2. 网络分销可以分为_____、_____和_____ 3 种形式。

四、简答题

1. 网络分销有哪些特点？
2. 淘宝供销平台提供的增值服务有哪些？

任务五　网络营销策略

能力标准

网络营销策略能力标准见表 2.5.1。

表 2.5.1 网络营销策略能力标准

能力标准		
技 能	知 识	职 业 素 养
1. 能区分消费者的需要、欲望和需求,明确满足消费者需求的方向 2. 能识别网络产品的5个层次 3. 能确认网络消费者购物的成本构成 4. 能发送用于网络沟通的电子邮件	1. 理解需要、欲望与需求三者的基本概念 2. 了解网络产品的5个层次的基本含义 3. 理解产品生命周期的含义 4. 理解网络营销产品策略 5. 理解网络消费者满足需求和欲望的成本构成 6. 理解网络营销价格策略及渠道构成	1. 培养探索精神,用所学知识分析现实情况 2. 培养良好的自我学习能力 3. 培养规范的发送电子邮件的习惯

工作流程

(1) 理解网络产品的层次及生命周期。
(2) 根据产品特征制定产品策略。
(3) 制定产品价格策略。

学习任务

(1) 理解需要、欲望与需求三者的基本概念。
(2) 了解4C策略的基本内容。
(3) 了解网络产品的5个层次的基本含义以及网络产品的分类。
(4) 理解产品生命周期的含义。
(5) 理解满足网络消费者需求和欲望的策略。
(6) 理解网络消费者满足需求和欲望的成本构成。
(7) 了解网络产品价格特征及价格策略。
(8) 理解网络购物渠道的类型和构成。

随着互联网的快速发展,企业开始重视网络运用。企业网站的基本功能是使企业和消费者之间沟通更为顺畅,而互联网本身的双向沟通特性,使消费模式从单向变为互动。对消费者而言,互联网不仅促使迂回经济变成直接经济,更可以做到货比三家,甚至三万家。随着市场竞争日趋激烈,以企业为中心的传统营销策略受到了极大的挑战,而以消费者为中心的营销策略越来越受到了市场的认可。

网络的互动性使得顾客能够真正参与整个营销过程,而且其参与的主动性和选择的主动性都得到了加强。这就决定了网络营销首先要把顾客整合到整个营销过程中来,而且要从顾客的需求出发开始整个营销过程。据此,以舒尔兹教授为首的一批营销学者提出了4C理论,即顾客的欲望和需要(consumer's wants and needs)、满足欲望和需要的成本(cost to satisfy wants and needs)、方便购买(convenience to buy)以及与消费者的沟通

(communication)。4C营销理论已经成为网络营销的理论基础,也是制定网络营销策略的理论依据。

一、网络消费者的需求与欲望

1. 需求和欲望的含义

本书中多次提到需要、欲望和需求,这是营销学中3个基本概念。

需要(needs),是指人们没有得到某些满足的感受状态,是促使人们产生购买行为的原始动机,是营销活动的源泉。需要对人类整体而言,具有共性,如人饿了需要食物,渴了需要饮料等。

欲望(wants),是人类需要经由文化和个性塑造后所采取的形式,是用可满足需要的实物来描述的,即人们想要得到满足某种需要的具体物品的愿望。个人的需要因其所处的社会经济文化和性格等不同而异,欲望和需要是有差别的,例如人们买牙膏,从表面上来看是对牙膏的欲望,但实质上是洁齿、防龋止血的需要;不同的人往往会根据自身的经济条件或喜好买不同的牙膏,这就是欲望的差异性。

需求(demands),是指有支付能力并愿意购买某种产品来满足需要的欲望,也就是说,需求是以购买能力为基础的欲望。小轿车作为一种便捷的交通工具,人人都需要。但对没有购买能力的人来说,对小轿车的需要只是一种欲望,只有对于具有足够支付能力的人来说才是需求。在市场经济条件下,人类需求表现为市场需求,因此并非所有的人类需要都能转化为需求,也并非所有的人类欲望都能得到实现,而购买能力是问题的关键,如图2.5.1所示。

图 2.5.1 需要、欲望和需求三者的关系

2. 网络营销产品的概念

需求是市场营销的起点,也是企业营销活动的中心。需求是人们对满足的感受,当人们觉得不满足时,需求就会产生。人们寻求满足需求的途径,通常是由产品的功能实现的,于是人们就会产生购买的欲望。从企业的角度来讲,消费者的需求不能创造,但企业可以通过产品(或服务)使人们需求和欲望得到满足。

(1) 网络营销产品的层次。网络营销产品可分为5个层次,见表2.5.2。

(2) 网络营销产品的分类。网络市场是一个虚拟市场,并非所有产品都适合在网上销售。随着网络技术发展和其他科学技术的进步,将有越来越多的产品在网上销售。在网络上销售的产品,按照产品性质的不同,可以分为两大类,即实体产品和无形产品(又称虚体产品)。

① 实体产品。它是指具有物理形状的物质产品。在网络上销售实体产品的过程与传统的交易方式有所不同。在互联网上已没有传统的面对面的买卖方式,而网络上的交互式交流成为买卖双方交流的主要形式。消费者通过卖方的网页考察其产品,通过填写表单确定产品的品种、价格、数量;而卖方则将面对面的交货改为邮寄产品或送货上门。

表 2.5.2　网络营销产品的 5 个层次

产品层次	含　义
核心产品层次	用户在购买产品时希望从产品中得到的基本效用,即购买者追求的核心利益,如消费者购买计算机是为了学习计算机、利用计算机作为上网工具;购买软件是为了压缩磁盘空间、播放 MP3 格式的音乐或上网冲浪等
有形产品层次	"形"是指产品在市场上出现时的具体物质形态。对于物质产品来说,首先,必须保证产品的品质;其次,必须注重产品的品牌;再次,注重产品的包装;最后,在式样和特征方面要根据消费者的偏好进行针对性设计
期望产品层次	用户在购买产品前对所购产品的质量、使用方便程度、特点等方面有所期望
延伸产品层次	由产品的生产者或经营者提供的用户需求,主要是帮助用户更好地使用核心利益的服务。对于物质产品来说,延伸产品层次要注意提供令人满意的售后服务、送货、质量保证等
潜在产品层次	潜在产品是指由企业提供的能满足顾客潜在需求的产品。它主要是对产品的一种增值服务

② 无形产品。无形产品一般是没有物理形态的,即使表现出一定形态也是通过其载体体现出来的,而产品本身的性质和性能必须通过其他方式才能表现出来。例如,对于火车票,顾客所获得的产品是从甲地到乙地运载服务,但这一无形的产品是通过火车票的形式表现出来的,产品本身的性质和性能则是通过搭乘火车表现出来的。

3. 满足消费者需求与欲望的策略

为了满足消费者的需求和欲望,企业必须制定与产品有关的策略,主要包括产品定位策略、新产品开发策略、产品组合策略。

1) 产品定位策略

产品定位策略是指针对消费者或用户对某种产品某种属性的重视程度,塑造产品或企业的鲜明个性或特色,树立产品在市场上的形象,从而使目标市场上的顾客了解和认识本企业的产品。产品定位的具体策略见表 2.5.3。

表 2.5.3　产品定位的具体策略

策　略	含　义
功能定位策略	功能定位策略是指通过对产品各种功能的表现和强调,给顾客提供比竞争对手更多的收益和满足,借此使顾客对产品留下印象,以实现产品某类功能的定位
包装定位策略	消费者个性化需求的发展直接导致产品包装的不断更新,企业产品采取什么样的包装,是产品定位的关键内容之一。例如,月饼包装的不同直接代表了产品的定位,网络产品的定位也是如此
外形定位策略	青岛海尔公司从一封用户来信的抱怨中得到了启发,并于 1996 年推出第一代"小小神童"迷你即时洗全自动洗衣机。这种小洗衣机,符合现代人生活节奏紧张,洗衣次数多的要求,又具有能够即时洗、占地小、易搬动的好处,因而在市场上获得了巨大的成功

续表

策　　略	含　　义
品牌定位策略	追求品牌成为本行业领导者,或者是市场占有率第一,或者是销售量第一。如"喜之郎"在广告中说"果冻,我要喜之郎!",就是品牌策略的应用之一
对比定位策略	通过与竞争品牌的比较,确立自己的市场地位,如美国克莱斯勒公司就宣称自己是美国"三大汽车公司之一",推出这么一个俱乐部的概念,一下子使自己和"巨头"们紧紧地坐在一起,很容易在顾客心目中留下好的印象

2）新产品开发策略

产品从研制成功投入市场开始,通常都会经历成长、成熟、衰退、被淘汰这些阶段,这就是产品的市场生命周期,如图 2.5.2 所示。产品市场生命周期的长短主要取决于市场的需求和新产品的更新换代程度。在网络环境下,企业能够在网上及时了解消费者的意见,从产品一问世,企业就知道了产品应该改进和提高的方向。于是当老的产品还在成熟期时,企业就开始了下一代系列产品的研制,使产品永远朝气蓬勃、保持旺盛的生命力,如图 2.5.3 所示。

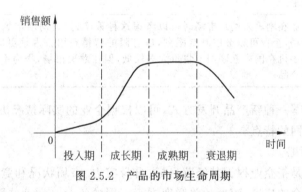

图 2.5.2　产品的市场生命周期

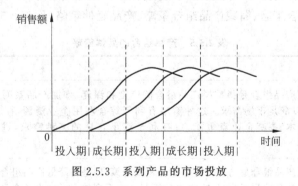

图 2.5.3　系列产品的市场投放

不断开发新产品是现代企业满足消费者需求和欲望、提高竞争力的焦点与核心。在网络营销环境下,开发环境和操作技术都发生了很大的变化,产品市场生命周期也大为缩短,新产品开发的具体策略见表 2.5.4。

表 2.5.4　新产品开发的具体策略

策　略	含　义
新产品问世	新产品问世就是开创一个全新的产品。如果有很好的产品构思和服务概念,往往都会获得成功。如苹果公司研制出 iPad 平板电脑,平板电脑比传统笔记本电脑便携,比手机屏幕尺寸大
新产品线	新产品线策略是指企业首次进入现有市场的系列新产品。互联网的技术扩展速度非常快,利用互联网迅速模仿、研制、开发出市场已有的产品,是一条捷径
现有产品线增加产品策略	由于市场不断细分,市场需求差异性增大,对现有产品线增加产品是一种比较有效的策略。一方面,它能满足不同层次的差异性需求;另一方面,它能以较低的风险进行新产品开发,因为它是在已经成功的产品上进行再开发的
改良或升级的产品	在面对消费者需求日益提高的驱动下,企业必须不断改进现有产品和进行升级换代,否则很容易被市场抛弃
降低成本的产品	网络时代的消费者虽然注重个性化消费,但个性化不等于高档次消费。在网络市场上,提供功能相同但成本更低的产品,更能满足多样化的市场需求。例如,苹果公司在发布 iPhone 4S 的同时,发布了 iPhone 4 8GB 版,以满足不同层次的消费需求
重新定位的产品	企业在刚进入网络市场时可以考虑这种策略,因为网络市场是一个更加广泛的市场,企业可以突破时空限制,以有限的营销费用去占领更多的市场。例如,华为手机在国内互联网上售价大多较低,但在欧美市场,华为手机将自己定位为高端产品

企业具体采用哪一种新产品开发方式,可以根据企业的实际情况决定,但必须结合网络市场特点和互联网的特点。

3) 产品组合策略

产品组合策略是指企业根据其经营目标、自身实力、市场状况和竞争态势,对企业所经营的全部产品组合的广度、深度和关联度进行不同的组合。常见的网络营销产品组合策略有扩大产品组合策略、缩减产品组合策略、产品延伸策略,见表 2.5.5。

表 2.5.5　产品组合的具体策略

策　略	含　义
扩大产品组合	扩大产品组合是指扩展产品组合的广度和深度,增加产品系列或项目,扩大经营范围,以满足市场需求。这种策略有利于综合利用企业资源,扩大经营规模,降低经营成本,提高企业竞争能力;有利于满足客户的多种需求,进入和占领多个细分市场
缩减产品组合	缩减产品组合是与扩大产品组合相反的策略,是指降低产品组合的广度和深度,减少一些产品系列或项目,集中力量经营一个系列的产品或少数产品项目,提高专业化水平,以求从经营较少的产品中获得较多的利润,也称市场专业化策略
产品延伸	每一个企业所经营的产品都有一定的市场定位。产品延伸是指全部或部分改变企业原有产品的市场定位,具体做法有向上延伸、向下延伸和双向延伸 3 种

二、满足需求和欲望的成本

1. 网络消费者满足需求和欲望的成本构成

网络消费者满足需求和欲望的方式主要是网上购物,所以其满足需求和欲望的成本主要是网络购物的成本。这一成本包括可量化因素和不可量化因素。可量化因素主要是用于购买商品直接支付的金额,如商品价格、快递公司运费等;不可量化因素可以划分为使用时间成本、购买经历成本、生活方式成本和心理成本等。

(1) 使用时间成本。如果顾客在传统的分销渠道中购买产品,那么可以立即得到产品,不需要等待;但如果消费者通过网络购买产品,就必须等待从订货到收货之间的时间间隔,这就是网络消费者的使用时间成本。

(2) 购买经历成本。通过网络购买产品,可以带来一定的方便,如不用亲自到商店去购物,节省时间、精力和费用。但网络购物也有不便之处,如必须在网站上建立自己的账户,必须阅读商品目录,在付账时需要填写各类信息,最后还要确认购买等。网络消费者的购买经历成本,就是网络上购买的便利性与网络上购物所必须付出的精力抵销的结果。

(3) 生活方式成本。通过何种渠道购买商品与顾客的生活方式密切相关。一些人乐于接受新鲜事物,希望尝试新的购物方式,对他们来说通过网络购物是一种乐趣;另一些人则更喜欢亲自去商店购物,感受在商店购物的乐趣。网络购物带来的生活方式的改变,是造成生活方式成本的原因。

(4) 心理成本。顾客因为网上购物而造成的负面心理影响会带来心理成本,这部分成本可能由于自尊、隐私等受到侵害而产生。这种成本可能由以下情况造成:信用卡的信息泄露、收到干扰邮件、担心交易虚假或收不到所购产品等。

总之,影响消费者需求和欲望满足的成本由多种因素构成。对于企业而言,必须尽可能降低满足消费者需求和欲望的成本。所以,一方面企业需要通过良好的顾客购物体验,降低不可量化的购物成本;另一方面,企业在定价时必须充分考虑顾客购物的各项成本。

2. 网络营销产品价格的特点

价格对企业、消费者乃至中间商来说都是非常敏感的问题。互联网是一个开放的平台,企业、消费者以及中间商对产品的价格信息都有着比较充分的了解,因此与传统市场的产品价格相比,网上市场产品的价格具有以下一些新的特点。

(1) 价格水平趋于一致。在网络市场上,需求者和竞争者可以通过网络获得某企业的产品价格信息,并与其他企业的同类产品进行比较,最终结果是使某种产品变化不定且存在差异的价格水平趋于一致,这对那些执行差别化定价策略的公司会产生重要的影响。

(2) 非垄断化。互联网使企业面对的是一个完全竞争的网上市场,无论是市场垄断、技术垄断还是价格垄断,垄断的时间更短、程度更浅。

(3) 价格趋低化。一方面,网络营销使企业的产品开发、促销等成本降低,企业可以进一步降低产品价格;另一方面,由于网络扩展了用户选择的空间,因此要求企业以尽可能低的价格向用户提供产品和服务。

(4) 弹性化。网络营销的互动性使用户可以与企业就产品的价格协商,以实现灵活的弹性价格。

(5) 智能化。企业不仅可以通过网络完全掌握产品对用户的价值，而且可以根据每个用户对产品的不同需求，生产定制产品。由于在产品的设计与制造过程中，数字化的处理机制可以精确地计算出每一件产品的设计、制造成本，因此企业完全可以在充分信息化的基础上，建立起智能化的定价系统，实现根据每件产品的订制要求来制定相应价格。

3．网络营销价格策略

1）低价定价策略

消费者选择网上购物，一方面是因为网上购物比较方便，另一方面是因为从网上可以获取更多的产品信息，从而以最优惠的价格购买商品。由于网上的信息是公开和易于搜索和比较的，因此低价策略对吸引消费者购买起着重要作用。

(1) 直接低价定价。由于企业在对产品定价时大多采用成本加一定利润甚至是零利润，因此这种定价在公开价格时就比同类产品要低。它一般是制造业企业在网上进行直销时采用的定价方式，如 Dell 公司的计算机定价比其他公司同性能的产品低 10%～15%。

(2) 折扣。企业对产品可以在原价基础上进行打折扣定价。这种定价方式可以让顾客直接了解产品的降价幅度以促进顾客的购买，如当当网上的图书价格一般都要打折，甚至折扣可达到 3～5 折。

在采用低价定价策略时要注意以下 3 点：①互联网是从免费共享资源发展而来的，用户一般认为网上商品比从一般渠道购买商品要便宜，因此在网上不宜销售那些顾客对价格敏感而企业又难以降价的产品；②在网上公布价格时要注意区分消费对象，一般要区分一般消费者、零售商、批发商、合作伙伴，并针对不同的消费对象分别提供不同的价格信息发布渠道，否则可能因低价策略混乱而导致营销渠道混乱；③在网上发布价格时要注意比较同类站点公布的价格，否则价格信息公布将起到反作用。

2）个性化定价策略

按照顾客需求进行定制生产，是个性化服务的重要组成部分，也是网络时代满足顾客个性化需求的基本形式。消费者往往对产品的外观、颜色、样式等方面有具体的个性化需求，因此企业可以利用网络的互动性来接受消费者的个性化产品定制。又由于消费者的个性化需求差异性大，加上消费者的需求量又少，企业还需要利用网络技术和辅助设计软件，帮助消费者选择能满足消费者需求的个性化产品。企业可以根据个性化定制差异定价，用户可以通过其网页，根据自身的需求特征，定制自己最满意的产品。

3）特殊价格策略

企业可以根据产品在网上的需求状况来确定产品的价格。当某种产品有它很特殊的需求时，不用过多地考虑其他竞争者，只是去制定自己满意的价格就可以。这种策略往往分为两种类型：一种是对创意独特的新产品，企业可以利用网络沟通的广泛性、便利性，快捷地满足那些品位独特、需求特殊的顾客捷足先登的心理；另一种则是对有特殊收藏价值的商品制定特殊的价格。

4）捆绑销售定价策略

捆绑销售是共生营销的一种形式，是指两个或两个以上的品牌或公司在促销过程中进行合作,从而扩大它们的影响力。捆绑销售的形式主要有 3 种:①优惠购买,消费者在购买甲产品时,可以用比市场上优惠的价格购买到乙产品;②统一价格出售,产品甲和产品乙不单独标价,按照捆绑后的统一价格出售;③统一包装出售,将产品甲和产品乙放在同一包装里进行出售。

5)信用定价策略

企业的形象、信用是网络营销发展中影响价格的重要因素。消费者对网上购物往往会存在着许多疑虑,例如在网上订购的商品质量能否得到保证、货物能否及时送到等。如果网上营销的企业在消费者心中声望较高,消费者对它的信任度也高,那么它出售的网络商品价格可比其他商店定高一些;反之,价格则要定低一些。

6)品牌定价策略

产品的品牌和质量也是影响价格的重要因素。如果产品具有良好的品牌形象,具有较高的知名度,那么产品将会产生很大的品牌增值效应,商品可以采用"优质高价"策略,这样既增加了企业的盈利,又让消费者在心理上感到满足。对于这种本身具有较高知名度的产品,由于得到大家的认可,在定价时完全可以对品牌效应进行扩展和延伸,利用网络宣传与传统销售的结合产生整合效应。

上面这几种价格策略是企业在利用网络拓展市场时比较有效的策略,企业应根据产品的特性和网上市场发展的状况来选择定价策略。不论采用何种策略,企业的定价策略应与其他策略配合,以保证企业总体营销策略的实施。

三、方便购买策略

随着生活节奏的加快,消费者外出购物的时间越来越少,他们迫切需要快捷方便的购物方式和服务。网络购物可以大大提高购物效率。消费者通过网络,在家里就可以获得相关产品的信息,通过对产品价格、性能等指标的比较,足不出户就可以挑选出自己所需要的产品。在选定产品之后,数字化产品如软件、电子书报等可以经由网络直接传至用户的计算机,而实物产品一般也会由公司派专人送货上门,因此用户购买的方便性大大提高。

1. 网络营销渠道的类型

网络营销渠道是指通过互联网实现产品从生产者向消费者转移过程的具体通道或路径。网络营销在渠道的选择上有两种:网络直接营销渠道(又称网络直销)和网络间接营销渠道,见表 2.5.6。

2. 网络营销渠道的组成

不论是网络直接营销渠道还是网络间接销售渠道,都要涉及信息沟通、资金转移和商品转移等。一个完善的网上销售渠道应由三大系统组成:订货系统、结算系统、配送系统。

(1)订货系统。它为消费者提供产品信息,同时方便厂家获取消费者的需求信息,以达到供求平衡。一个完善的订货系统可以最大限度地降低库存,减少销售费用。

表 2.5.6　网络营销渠道的类型

渠道类型	含　　义	做　　法	优　　点
网络直接营销渠道	生产商通过互联网实现从生产者到消费者的网络直接营销通道或路径	一种是企业在互联网上建立自己的站点,由网络管理人员专门处理有关产品的销售事务;另一种是企业委托信息服务商在其网站上发布信息,然后企业利用有关信息与客户联系,直接销售产品	企业与消费者直接接触,企业能够及时了解消费者的需求、意见或建议,并根据这些要求、意见或建议及时调整自己的营销策略
网络间接营销渠道	企业通过一些中间商实现从生产者到消费者的网络间接营销通道或路径	企业授权网络中间商发布商品信息,在消费者确认购买后,网络中间商就会通知企业利用第三方物流发货	企业不用担心网站流量,网络中间商的网络平台会吸引足够的消费者

在设计订货系统时,要简单明了,不要让消费者填写太多信息,应该采用现在流行的"购物车"方式,让消费者对商品一边比较一边选购,在购物结束后,一次性进行结算。另外,订货系统还应该提供商品搜索和分类查找功能,以便消费者在最短的时间内找到需要的商品,同时还应提供消费者想了解的商品信息,如性能、外形、品牌等。

(2) 结算系统。消费者在购买产品后,应该有多种方式方便地进行付款,因此企业应有多种结算方式。国内网上付款方式主要有支付宝、微信支付、网上银行、信用卡、货到付款等。

(3) 配送系统。对于无形产品,如服务、软件、音乐等产品,可以直接通过网上进行配送;对于有形产品的配送,就要涉及运输和仓储的问题。对开展网上直销的企业而言,有两种方式管理和控制物流。一种方式是利用自己的力量建设自己的物流系统,如京东自建京东快递发送自己销售的产品;另一种方式是通过选择合作伙伴,利用专业的物流公司为网上直销提供物流服务,这是大多数企业所采取的方式。

3. 网络营销渠道策略

在建设网络销售渠道时要注意产品的特性,有些产品易于数字化,可以直接通过互联网传输;而对大多数有形产品,还必须依靠传统配送渠道来实现货物的空间移动。在制定网络营销渠道策略时,要考虑到以下几个方面的内容。

(1) 从消费者角度设计渠道。只有采用消费者比较放心、容易接受的方式才有可能吸引消费者使用网上购物,以克服网上购物的"虚"的感觉。

(2) 在设计订货系统时要简单明了。订货系统不要让消费者填写太多的信息,当前主流的电子商务系统所采用的"购物车"模式,能在很大程度上帮助消费者选择和比较商品,最后一次性完成付款。

(3) 在选择结算方式时,应考虑到目前实际发展的状况,尽量提供多种方式方便消费者选择,同时还要考虑网上结算的安全性,对于不安全的直接结算方式,应换成间接的安全方式。

(4) 建立完善的配送系统。消费者只有在看到购买的商品到家后,才真正感到踏实,因此建立快速有效的配送服务系统是非常重要的。

四、沟通策略

1. 网络营销中的沟通

在网络营销中,沟通是企业与客户间及客户与客户间事先计划好或事先没有计划好的信息传递。事先计划好的信息来自试图通知或说服目标受众的企业;事先没有计划好的信息一般是指消费者的口碑传递和公共媒体的无偿宣传。沟通是为营销战略目标服务的,因此即使对于事先没有计划的信息,企业都会力图去影响其向有利于企业营销战略实现的方向发展。

沟通的主要参与者是信息的发送者与接收者,沟通的主要手段是信息与媒体,信息是沟通的内容,媒体是沟通的渠道。

沟通的目标是说服并引导受众采取预定的行动。①要设计好信息内容,使其与想要引导的预定行动间建立联系;②要通过合适的媒体、克服噪声系统有效率地传达到目标受众;③让目标受众能准确理解信息含义,使之成为自己认知结构中的一部分;④当目标受众决策时,有足够的认识和动力系统使接收者调出信息、指导行动;⑤沟通发起者要了解自己发送的信息是否有效引导了预定行动。

2. 网络营销沟通的策略

网络营销沟通的手段主要有网络促销、电子邮件营销、网络公共关系、网站推广及网络广告等。网络营销沟通策略主要包括以下几种。

1) 网络促销

促销是指以礼物或货币等形式,加速产品从生产者到用户的流通速度的一种短期激励手段。网络促销的特点是不仅可以吸引广大的消费者参与促销活动,而且更利于吸引消费者参与整个销售过程。网络促销包括以下5个基本策略。

(1) 折价促销。折价也称打折、折扣。目前折价促销是网上最常用的一种促销方式。目前网民在网上购物的热情远远低于在商场、超市等传统购物场所购物的热情,而幅度比较大的折扣可以促使消费者进行网上购物的尝试并作出购买决定。

(2) 赠品促销。一般情况下,在新产品推出、产品更新、对抗竞争品牌、开辟新市场情况下利用赠品促销可以达到比较好的促销效果。赠品促销可以提升品牌和网站的知名度,鼓励人们经常访问网站以获得更多的优惠信息,还能根据消费者索取赠品的热情程度,总结分析营销效果。

(3) 抽奖促销。抽奖促销是网上应用较广泛的促销形式之一,是大部分网站乐意采用的促销方式。抽奖促销是指以一人或数人获得超出参加活动成本的奖品为手段进行商品或服务的促销,网上抽奖活动主要附加于调查、产品销售、扩大用户群、庆典、推广等活动。消费者或访问者通过填写问卷、注册、购买产品或参加网上活动等方式获得抽奖机会。

(4) 积分促销。积分促销在网络上的应用比传统营销方式要简单和易操作。网上积分活动很容易通过编程和数据库等技术来实现,并且结果可信度很高,操作起来较为简便。积分促销一般设置价值较高的奖品,消费者通过多次购买或多次参加某项活动来增加积分以获得该奖品。积分促销可以增加消费者访问网站和参加某项活动的次数,以及对网站的忠诚度,从而提高活动的知名度。

(5) 联合促销。由不同的商家联合发起的促销活动称为联合促销。联合促销的商品或服务可以起到一定的优势互补、互相提升自身价值等作用。假如应用得当,联合促销可以收到相当好的促销效果,如2009年格林豪泰与支付宝向双方用户联合促销,推出价值上百万元的三重大礼。

2) 电子邮件沟通策略

在信息时代,生产企业和商家最有价值的信息就是他们客户的信息,企业对客户知道得越多,就越可以提供最适合他们的商品和最具个性化的服务;而客户在确信他们能得到实际的价值回报时,他们也愿意将真实信息及电子邮件地址呈现给企业,并保持与企业用电子邮件沟通。电子邮件沟通应当注意以下几点。

(1) 适时地与客户进行沟通联系。给沟通对象发送电子邮件不要过于频繁,否则会被视为垃圾邮件;相反,时间也不应该间隔太长,不要让顾客觉得自己被企业遗忘了。

(2) 不要滥发邮件。要有选择地发邮件给客户,把邮件发给那些对己方产品感兴趣的买家,否则你的邮件始终无法逃脱成为垃圾邮件的命运。

(3) 邮件具备一定的趣味性。消费者不会把太多的时间放在浏览电子邮件上,邮件具有一定趣味性能够激励读者看完全部信息。

(4) 邮件内容简短,言简意赅。没有人喜欢看长篇大论,说出精华部分,引导买方登录企业网站以获取更多信息。

(5) 邮件字体不要花哨,尽量用黑色字体。写邮件时注意不要用黑色以外的其他颜色,邮件内容用不同颜色或字体就会显得不专业,而且不便于阅读。

3) 网络公共关系策略

网络公共关系是指通过互联网的交互功能,吸引用户与企业保持密切关系,培养顾客忠诚度,从而提高企业的收益率。换句话说,就是要把营销活动看成是一个企业与消费者、供应商、分销商、竞争者、政府机构及其他公众发生互动作用的过程,其核心是建立和发展与这些公众的良好关系。具体包括以下做法。

(1) 与网络新闻媒体合作。网络新闻媒体一般有两大类:一类是传统媒体上网,通过互联网发布媒体信息;另一类媒体是新兴的真正的网上媒体,他们并没有传统媒体的依托。不管是哪一类媒体在互联网上出现后,企业与新闻媒体的合作更加密切了,可以充分利用互联网的信息交互特点,更好地进行沟通。

(2) 宣传和推广产品。宣传和推广产品是网络公共关系的重要职能之一。互联网最初是信息交流和沟通渠道,因此互联网上有许多类似社区性质的论坛和一些社会化网络空间,企业在利用促销工具的同时,可以采用一些软性的工具如讨论、介绍、展示等方法来宣传推广产品。

(3) 建立沟通渠道。企业网站的一个重要功能就是为企业与企业相关者建立沟通渠道。通过网站的交互功能,企业可以与目标顾客直接进行沟通,了解顾客对产品的评价和需求,保持与顾客的紧密关系,维系顾客的忠诚度。同时,企业通过网站对企业自身以及产品、服务的介绍,让对企业感兴趣的群体可以充分认识和了解企业,提高企业在公众中的透明度。

拓展视野

4P 市场营销策略

在市场营销组合观念中，4P 分别是指产品（product）、价格（price）、渠道（place）、促销（promotion）。

实训　网络营销策略体验

实训概述

王总是一家百货商场的经理，目前商场销售状况每况愈下，他看到了网络营销的商机，决定将商场部分商品投放到网络市场。但王总对网络市场不太了解，不知道哪些商品适合网络销售，也不知道该如何给商品定价，于是他找来电子商务专业毕业的小明，让小明帮助他确定以下内容：哪些商品适合在网上销售，网络市场商品该如何定价，网络促销方式有哪些。

实训内容

（1）通过互联网确认适合在网上销售的产品类别。

（2）分析网络产品的价格特征。

（3）搜集网络促销形式。

（4）呈现小组关于网络营销策略探索的结果。

实训目的

（1）明确适合在网上销售的商品类别。

（2）理解网络商品价格特征。

（3）了解网络促销形式。

成果形式

PPT 展示小组实训成果。

实训方法

任务驱动。

实训准备

多媒体机房。

实训步骤

步骤 1　借助网络资源，查找可以在网上销售的产品类别。

步骤 2　浏览各电子商务网站或企业网站，查看各类网络商品的定价情况，总结网络商品的价格特征。

步骤 3　浏览各电子商务网站或企业网站，记录在售产品的促销形式。

步骤 4　以小组为单位，总结以上网络营销产品的类别、价格特征及促销形式 3 项内容，做成 PPT 在班级进行展示。

实训评价

填写实训表,网络营销策略体验实训评价表见表2.5.7。

表2.5.7 网络营销策略体验实训评价表

评价项目	小组展示内容(50%)	小组展示仪态(25%)	职业素养(25%)
评价标准	A. 内容准确充实 B. 内容较为准确充实 C. 内容存在不准确或不充实	A. 声音洪亮,仪态得体,整体表现优秀 B. 整体表现较好 C. 整体表现一般	A. 大有提升 B. 略有提升 C. 没有提升
分项得分			
总分			

说明:
1. 表格内按百分制打分
2. 可以请合作企业专业人员、电商协会等机构专业人士担当第三方参与评价
3. 各标准对应的分数范围:A. 80~100 分　B. 60~79 分　C. 60 分以下

任务测评

一、判断题

1. 需求和欲望是同一个概念。　　　　　　　　　　　　　　　　　　(　)
2. 价格只是消费者网络购物成本的一部分。　　　　　　　　　　　　(　)
3. 积分促销在网络上的应用比起传统营销方式要简单和易操作。　　　(　)

二、选择题

1. 4C 理论是由美国营销专家劳特朋教授在1990年提出的,它以消费者需求为导向,重新设定了市场营销组合的几个基本要素,包括(　　)。
　　A. 顾客　　　　　B. 沟通　　　　　C. 便利性　　　　　D. 成本

2. 网络营销渠道包括订货系统、结算系统和(　　)。
　　A. 配送系统　　　B. 运输系统　　　C. 网络系统　　　　D. 金融

3. 以下属于网络营销产品价格策略的是(　　)。
　　A. 价格水平趋于一致　　　　　　　B. 非垄断化
　　C. 弹性化　　　　　　　　　　　　D. 智能化

4. 网络营销沟通的手段主要有(　　)。
　　A. 网上促销　　　B. 电子邮件营销　C. 网络公关关系　　D. 网站推广

三、填空题

1. _____是目前网络营销最常用的一种促销方式。

2. _____是指有支付能力并愿意购买某种产品来满足需要的欲望,也就是说,需求是以购买能力为基础的欲望。

3. _____就是由于定价时大多采用成本加一定利润(甚至是零利润),因此这种定价在公开价格时就比同类产品要低。

四、简答题

1. 网络营销的产品价格具有哪些特征？
2. 网络营销促销策略有哪些？

项 目 小 结

本项目由以下5个任务构成。

(1) 网络消费者行为分析。本任务介绍了网络消费者购买动机的类型、影响网络消费者购买行为的因素，网络消费者购买决策的过程和网络消费行为引导。

(2) 网络市场调研。本任务介绍了网络市场调研与传统市场调研的区别、网络市场调研策略与方法、在线问卷调查(设计并制作在线问卷调查表)、网络调研问卷的发布与统计及调查问卷报告的撰写。

(3) 网络市场细分。本任务介绍了网络目标市场的概念、网络市场细分的概念及标准、网络市场细分的方法和程序及网络目标市场定位。

(4) 网络分销。本任务介绍了传统渠道代理制的线上延伸和网络分销特点与趋势。

(5) 网络策略制定。本任务介绍了网络顾客的欲望与需求、满足欲望和需求的成本、方便购买策略及沟通策略。

网络文案

 项目情境

随着公司网站访问量的持续攀升,网络用户对网站内容质量要求越来越高,许多用户不再满足于信息的重复浏览。阿霞也开始清晰地认识到在竞争日益激烈的今天,只有信息内容持续更新,才能吸引访问者进行重复访问。

于是,阿霞召集担任网络文案工作的团队成员开了个短会,确定了网站网络文案更新的工作安排。文案一组领到的任务是负责网络商务信息的处理,即运用常用的网络工具收集、处理网络商务信息,收集同行相类似产品信息;文案二组的"网络写手"领到的任务是负责网络软文拟写与发布;文案三组领到的任务是负责促销活动方案的策划,包括"双十一"、元旦等大型促销活动方案;文案四组领到的任务是负责店铺商品的描述;文案五组领到的任务是着重负责网络广告文案的策划工作。

任务一 网络商务信息处理

 能力标准

网络商务信息能力标准见表 3.1.1。

表 3.1.1 网络商务信息能力标准

能力标准		
技　能	知　识	职业素养
1. 能根据产品特点找到网络信息源 2. 能运用常用的网络工具收集信息 3. 能根据网络信息特点来对其进行加工处理 4. 能运用网络工具对信息进行发布	1. 了解网络信息的内容与特点 2. 掌握不同网络信息收集工具的特点 3. 掌握网络信息分级的方法 4. 掌握网络信息表的制作方法 5. 掌握网络信息加工处理发布的步骤和方法	1. 具有一定的信息组织意识 2. 具有较强的信息共享意识 3. 树立网络自律意识,自觉遵循信息道德准则,尊重他人知识产权 4. 具有创新意识和敬业精神

 工作流程

(1) 收集网络商务信息。

(2) 筛选网络商务信息。
(3) 储存网络商务信息。
(4) 加工处理网络商务信息。
(5) 发布网络商务信息。

学习任务

(1) 网络商务信息概述。
(2) 网络商务信息的分级。
(3) 网络商务信息的收集方法。
(4) 网络商务信息的加工处理。
(5) 网络商务信息的发布。

一、网络商务信息概述

在商务活动中,信息通常指的是商业消息、情报、数据、密码、知识等。网络商务信息限定了商务信息传递的媒体和途径。只有通过计算机网络传递的商务信息,包括文字、数据、表格、图形、影像、声音以及内容能够被人或计算机察知的符号系统,才属于网络商务信息的范畴。信息在网络空间的传递被称为网络通信,在网络上停留时被称为存储。

相对于传统商务信息,网络商务信息具有以下显著的特点。

(1) 时效性。传统的商务信息,由于传递速度慢、传递渠道不畅,因而经常导致"信息获得了但也失效了"的局面。网络商务信息则可有效地避免这种情况。由于网络信息更新及时,传递速度快,只要信息收集者及时发现以信息,就可以保证信息的时效性。

(2) 相对性。网络信息的收集,绝大部分是通过搜索引擎找到信息发布源来获得的。在这个过程中,减少了信息传递的中间环节,从而减少了信息的误传和更改,有效地保证了信息的准确性。但由于网络商务信息的内容不断在更新,因而网络商务信息的价值具有相对性。

(3) 便于存储。现代经济生活的信息量非常大,如果仍然使用传统的信息载体,存储起来难度相当大,而且不易查找。网络商务信息可以方便地从互联网下载到自己的计算机中,然后通过计算机进行管理。而且,在原有的各个网站上,也有相应的信息存储系统。在自己的信息资料遗失后,还可以到原有的信息源中再次查找。

(4) 检索难度大。虽然网络系统提供了许多检索方法,但全球范围的各行各业的海量信息,常常把企业营销人员淹没在信息海洋之中。能够在浩瀚的网络信息资源中迅速地找到自己所需要的信息,经过加工、筛选和整理,并把反映商务活动本质的、有用的、适合本企业情况的信息提炼出来,需要相当一段时间的培训。

二、网络商务信息的分级

不同的网络商务信息对不同用户的使用价值(效用)不同,根据网络商务信息本身所具有的总体价格水平,可以将它粗略地分为 4 个等级。

第一级是免费商务信息。这些信息主要是社会公益性的信息，是对社会和人们具有普遍服务意义的信息，大约只占信息库数据量的5%。这类信息主要是一些信息服务商为了扩大本身的影响、从产生的社会效益上得到回报而推出的一些方便用户的信息，如在线免费软件、实时股市信息等。

第二级是收取较低费用的信息。这些信息是一般性的普通类信息。这类信息的采集、加工、整理、更新比较容易，花费也相对较少，是较为大众化的信息。这类信息占信息库数据量的10%～20%，只收取基本的服务费用，不追求利润，如一般性文章的全文检索信息。信息服务商推出这类信息一方面是为了体现为社会服务的意义，另一方面是为了提高市场的竞争力和占有率。

第三级是收取标准信息费的信息。这些信息属于知识、经济类信息，收费采用成本加利润的资费标准。这类信息的采集、加工、整理、更新等比较复杂，要花费一定的费用。同时信息的使用价值比较高，提供的服务层次较深。这类信息约占信息库数据量的60%，是信息服务商的主要服务范围。网络商务信息大部分属于这一范畴。

第四级是优质优价的信息。这类信息是有极高使用价值的专用信息，如重要的市场走向分析、网络畅销商品的情况调查、新产品新技术信息、专利技术以及其他独特的专门性信息等，是信息库中成本费用最高的一类信息，可为用户提供更深层次的服务。一条高价值的信息一旦被用户采用，将会给企业带来较高的利润，给用户带来较大的收益。

三、利用网络收集商务信息

互联网所涵盖的信息远远大于任何传统媒体所涵盖的信息。人们在网上遇到的最大困难是如何快速、准确地从浩如烟海的信息资源中找到自己最需要的信息，这已成为目前困扰全球网络用户最主要的问题之一。

1. 专题讨论

专题讨论是指借用新闻组、邮件列表和论坛(或称电子公告板，BBS)的形式进行的信息传达。

1) 新闻组

网络新闻组是一些有着共同爱好的互联网用户为了相互交换信息而组成的用户交流网。这些信息实际上就是网络用户针对某一主题向新闻服务器发送的邮件。这些邮件又按不同的专题分类，每一类为一个专题组，通常称为新闻组。企业可以选择与自己所关心的问题相关的新闻组，如选择"可视电话"与潜在的客户展开讨论，了解用户的需求情况，如图3.1.1所示。

2) 邮件列表

邮件列表是建立在互联网或新闻组网络系统上的电子邮件地址的集合。利用这一邮件地址的集合，邮件列表的使用者可以方便地利用邮件列表软件将有关信息发送到所有订户的邮箱中。

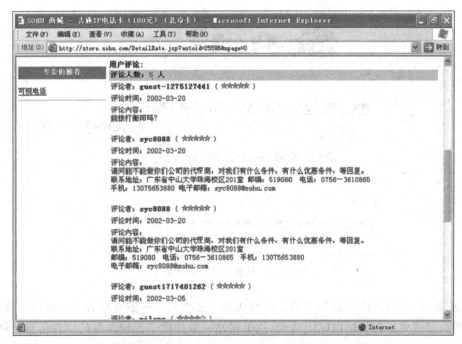

图 3.1.1　用户在 SOHU 商城上发表评论

3）论坛（BBS）

论坛全称为 bulletin board system（电子公告板）或者 bulletin board service（公告板服务），是 Internet 上的一种电子信息服务系统。它提供一块公共电子白板，每个用户都可以发布信息或提出看法。它是一种交互性强、内容丰富而及时的电子信息服务系统，用户在 BBS 站点上可以获得各种信息服务，发布信息、进行讨论、聊天等。

2. 综合性搜索引擎

1）百度中文搜索引擎

百度在线网络技术有限公司（www.baidu.com）于 1999 年年底成立于美国硅谷。在中国所有提供搜索引擎的门户网站中，超过 80％ 由百度提供搜索引擎技术支持。百度搜索引擎拥有庞大的中文信息库，是中国互联网用户常用的搜索引擎之一。

2）慧聪行业搜索引擎

慧聪公司（www.huicong.com）成立于 1992 年，是国内领先的商务资讯服务机构。慧聪搜索引擎通过其文本分析及集合技术来进一步优化搜索结果，其搜索结果的提取不再依赖某一个评价标准，而以用户的个性要求为准则，把基于关键词匹配改变为基于概念的搜索，把与用户需求有关的内容提炼并聚类，大大提高了检索精度。

3）新浪、搜狐、网易的分类搜索引擎

新浪、搜狐、网易是国内三大门户网站。这三个网站都建立了强大的分类搜索引擎，各自具有自己的特色。搜狐提供的搜索引擎搜狗如图 3.1.2 所示。

3. 国内部分涉及宏观市场信息的网站

企业在网络营销中需要了解本国、贸易伙伴国及有关国际组织的贸易政策、金融政

图 3.1.2　搜狐搜索引擎搜狗

策、自然条件、社会风俗以及相关的法律和法规。这类信息一般可在各类政府网站或国家主办的为促进贸易而设的网站上查询,这类网站一般提供了比较详尽的宏观信息。例如,中华人民共和国国家发展和改革委员会网站(www.ndrc.gov.cn)和商务部网站(www.mofcom.gov.cn)。

4．国内可以提供调研服务的网站

国内一些网站上也提供市场信息的调研服务,如零点研究咨询集团(www.horizon-china.com)的调查业务主要涉及耐用消费品、媒体娱乐、快速消费品、政府研究、IT电信、金融保险等30多个行业,艾瑞咨询集团的中国网络用户在线调研(www.iresearch.com.cn)主要从事网络用户调研。

5．国外涉及调研服务的网站

在国际上,也有不少著名的调研网站,如 SurveySavvy(https://www.surveysavvy.com)。

6．数据库

1) 国外有关数据库

数据网(www.dialog.com)的数据库检索系统包括全球大多数的商用数据库资源。另外,它提供了一套专门的信息检索技术,有专用的命令,初次使用者需要认真学习才能掌握。它还提供了一个免费的扫描程序,可以帮助查询者得到扫描结果,但若要索取具体的内容则要付一定费用。

2) 国内有关数据库

国内比较常用的网络数据库有万方数据资源系统(www.wanfangdata.com.cn)、中文科技期刊数据库(http://dx1.cqvip.com/index.asp)、中国知网(http://www.cnki.net/index.htm)等。中国知网的页面如图3.1.3所示。

图 3.1.3　中国知网的页面

四、网络商务信息的处理和加工

通常人们所收集到的和存储的信息往往是零零散散的,不能反映系统的全貌,甚至其中可能还有一些是过时的甚至无用的信息。通过信息的合理分类、组合、整理,就可以使片面的信息转变为较为系统的信息。

(1) 明确信息来源。在下载信息时,由于各种原因而没有将网址准确记录下来,这时首先应查看前后下载的文件中是否有同时下载或域名相接近的文件,然后用这些接近的文件域名作为原文件的信息来源。如果没有域名接近的文件,应尽量回忆下载站点,以便以后有机会还可以再次查询。对于重要的信息,一定要有准确的信息来源,没有下载信息来源的,一定要重新检索。

(2) 浏览信息,添加文件名。从互联网上下载的文件,由于时间的限制,一般都沿用原网站提供的文件名,而且这些文件名很多是由数字或字母构成的,使用起来很不方便。因此,从网上下载文件后,需要将文件重新浏览一遍,修改文件名。

(3) 分类。从互联网上收集到的信息往往非常凌乱,必须通过整理才能使用。可以采用专题对其分类,也可以建立自己的查询系统。将各种信息进行分类,同时做好信息排序处理。在分类和排序的基础上,还应当编制信息的储存索引。这样,用户就可以按照索引的引导快速查询出所需要的信息。

(4) 初步筛选。在浏览和分类过程中,对大量的信息应进行初步的筛选,确定完全没有用的信息应当及时删去。不过应当注意,有时有些信息单独看起来是没有用的,但是综合许多单独信息,就可能发现其价值。

五、网络商务信息的存储

信息的存储就是把获得的大量信息用适当的方法保存起来。因为有些信息在收集、加工处理完成后并不是马上就要利用,另外一些有价值的信息在使用一次后还有第二次甚至第三次的使用价值,因此需要将这些信息保存起来。信息存储为信息的进一步加工处理、正确的认识和利用打下基础。随着信息量的增加,需要存储的信息越来越多,对信息存储的要求也越来越高。信息存储时需注意以下几个问题。

(1) 存储的资料要安全可靠。对各种自然、技术及社会因素可能造成的资料毁坏或丢失,都必须有相应的处理方式和防范措施。

(2) 要节约存储空间。计算机存储要采用科学的编码体系,缩短相同信息所需的代码,从而节约空间。

(3) 信息存储必须满足存取方便、迅速的需要,否则就会给信息的利用带来不便。计算机存储应对数据进行科学、合理的组织,要按照信息本身和它们之间的逻辑关系进行存储。

六、网络商务信息的发布

网络信息发布是很多企业都会做的事情,网上的信息也是铺天盖地,但绝大部分的企业都是盲目地发布信息,发布的量很大但效果一般。当然,信息发布的越多越好,但如何使得信息发布能收到很好的效果,从而提高网络用户浏览量呢?

1. 寻找平台

网络信息发布平台的选择不能盲目,选择好的平台会使效果大增,寻找平台的方法大致有以下两种。

(1) 找一些权重高的网络信息发布平台,如 PR 高、对搜索引擎友好等。

(2) 逆向思维,假如自己是客户,会在什么平台上搜索信息,依据客户习惯来找平台。

2. 网络信息发布内容要点

(1) 信息标题。发布信息的标题要专一,不要兼顾到所有的关键词,如"上海口译公司",这个词在百度上搜索的首页 10 个信息中有 4 个是该公司发布的,标题基本上都是围绕"口译"这个关键词来写的,不掺杂其他关键词。另外,标题应在 20 个汉字以内,词组之间应用逗号分开,标题最好自己写,不要完全抄袭别人的。

(2) 信息内容。发布信息的内容也有很重要的作用,建议:①内容不要抄袭,即使是抄袭也尽量抄袭自己官方网站的,若抄袭他人的一定要改动一些,完全照搬很难被搜索引擎收录;②内容尽量丰富,不要堆积无用的文字,要和信息标题有相关性,最好是有层次感的内容,方便客户阅读;③正文要很自然地出现关键词,不要堆砌关键词,正文中最好留下联系方式,如电话、网址等信息。

(3) 信息完整。在将信息内容写完后要检查是否将所有的空白处填写完毕,包括产品型号、数量、有效期和价格等,越完整的信息越容易受到平台和搜索引擎喜爱,对访客来说也方便查找所需要的信息。

（4）信息发布。网络信息发布要注重质量也要注重数量，可以预先制作几个模板，在发布信息时将模板里的相似信息交叉使用，也可以适时自己编写一部分，为的是避免内容的完全重复，但在同一个平台发布的每个信息的标题最好不要相同。网络信息发布的方法也有多种，但原则是注重信息质量，有针对性地发布，尽量多发。

 拓展视野

信息存储的介质

在信息收集过程中，需要对有效信息进行存储，存储信息离不开相关的介质。数字化信息存储的要求为高存储密度、高数据传输率、高存储寿命、高擦写次数、低成本。常用的数字化信息存储的方式有以下3种。

（1）硬盘介质存储。在速度方面硬盘无疑是存取速度最快的，但是与其他存储技术相比，硬盘存储所需费用是最贵的。

（2）光学介质存储。主要包括DVD-ROM、可擦写DVD等。光学存储设备具有可持久存储和便于携带等特点。与硬盘存储相比较，光盘更经济实用，但是其访问时间比硬盘要长，且容量相对较小，虽然保存的持久性较长，但整体可靠性相对较低。

（3）磁带存储。磁带存储是一种安全、可靠、易使用的且相对投资较小的存储方式。磁带和光盘一样便于携带，磁存储密度的提高主要依赖于磁介质材料的改进。

 实训　新款连衣裙采购信息的收集

实训场景

某公司网店为了吸引更多的女性网民，决定安排阿霞及团队成员更新最近的网站信息，主题就是本季新款连衣裙，包括新款连衣裙的图片、材质、款式、搭配、颜色、设计者等信息，并将这些信息整理成新的文稿上传到网站上。

实训内容

（1）收集新款连衣裙网站。

（2）设计信息记录表格。

（3）摘录相关信息。

（4）将整理好的信息上传。

实训目的

（1）掌握通过网络工具收集信息的方法。

（2）掌握信息整理发布的技巧。

实训素材

联网计算机。

实训步骤

　　步骤1　打开 IE 浏览器，进入百度搜索引擎。

　　步骤2　在搜索文本框里面输入"本季新款连衣裙"。

步骤3 在结果网页中,点开任意网站,将查找到的信息复制到Word文档中。

步骤4 将收集到的新款连衣裙信息按照要求进行整理,设计出信息记录表格,并在表格中呈现以下内容:新款连衣裙的图片、材质、款式、搭配、颜色、设计者、生产商、价格。

步骤5 将整理好的信息记录表格上传到个人新浪博客中接受老师检查。

实训评价

本季新款连衣裙采购信息的收集实训评价表见表3.1.2。

表3.1.2 本季新款连衣裙采购信息的收集实训评价表

评价项目	收集网络商务信息(40%)	发布网络信息(35%)	职业素养(25%)
评价标准	A. 信息合理完整 B. 信息比较完整 C. 信息不完整	A. 排版很工整 B. 排版一般 C. 排版不工整	A. 大有提升 B. 略有提升 C. 没有提升
分项得分			
总分			

说明:
1. 表格内按百分制打分
2. 可以邀请合作企业专业人员、电商协会等机构专业人士担当第三方参与评分
3. 各标准对应的分数范围:A. 80~100分   B. 60~79分   C. 60分以下

任务测评

一、判断题

1. 网络商务信息中的大部分是收取较低费用的信息。   (   )
2. 国内比较常用的网络数据库有万方数据资源系统、中文科技期刊数据库、中国知网等。   (   )
3. 网络信息发布的方法也有多种,但原则是注重信息质量,有针对性地发布,尽量多发。   (   )
4. 由于网络商务信息的内容时时在更新,因此网络信息都是非常准确无误的。
                                                                        (   )

二、选择题

1. 以下选项不属于网络商务信息特点的是(   )。
    A. 时效性   B. 相对性   C. 稳定性   D. 便于存储
2. 以下网络商务信息在所有信息中占比重最大的是(   )。
    A. 免费商务信息   B. 收取标准信息费的信息
    C. 收取较低费用的信息   D. 优质优价的信息
3. 目前拥有世界上领先的中文信息库的搜索引擎是(   )。
    A. 百度   B. 谷歌   C. 雅虎   D. 慧聪

4. 以下对于网络信息发布内容要点,说法错误的是(   )。
   A. 正文要很自然地出现关键词,不要堆砌关键词,正文中最好留下联系方式
   B. 发布信息的标题要专一,必须要兼顾到所有的关键词
   C. 内容如果是抄袭他人的,一定要改动一些
   D. 在同个平台发布的每个信息的标题最好不要相同

三、简答题
1. 用于收集网络商务信息的工具,哪些是我们会经常使用到的?
2. 国内的数据库有哪些是你使用过的?你了解这些数据库的特点吗?
3. 请问用哪些方法可以让我们不用花钱就能找到有效的网络信息?

任务二 软文写作

能力标准

软文写作能力标准见表3.2.1。

表 3.2.1 软文写作能力标准

能力标准		
技　能	知　识	职业素养
1. 能根据营销环境及营销目的进行软文写作 2. 能运用常用的网络软文方式进行营销推广 3. 能通过软文的优化及传播获得相应的效果,实现营销目的	1. 掌握软文的概念和作用 2. 了解网络软文与传统软文的区别 3. 掌握软文的一般写作方法 4. 掌握网络软文的特殊写法及技巧 5. 掌握软文推广、优化和传播的方法 6. 掌握软文投放的最优方法	1. 培养良好的逻辑思维能力,养成规范的写作习惯,养成细致、严谨的工作态度 2. 为人诚恳,做一个具有社会责任感的软文写手

最近,阿霞召集营销团队召开了会议。会上阿霞告诉大家这样一个信息:随着户外运动这种休闲方式越来越受到都市白领一族的青睐,公司准备加大力度推广速干T恤产品,下个季度要实现提升30%销售量这个目标。

随后团队成员纷纷发表了自己的见解,通过1个小时的激烈讨论,文案写作小组的基本任务制定出来了,其任务分工见表3.2.2。

表 3.2.2 文案写作小组任务分工

序号	工作任务	成员	团队职位	成果形式
1	根据前期网络调研结果,分析网络营销环境	阿霞	负责人	网络营销环境分析报告
2	根据网络营销环境分析报告进行软文写作	阿飞	写手	符合网络营销目的要求的软文

续表

序号	工作任务	成员	团队职位	成果形式
3	在初始软文的基础上进行软文优化	阿娇	优化	进一步优化后的软文（关键词的优化、标题的优化）
4	根据受众群体选择投放媒体	阿平	投放	目标人群在各自习惯的媒体上看到软文
5	等待反响，进一步进行营销活动	阿霞	负责人	软文传播获得收效

（1）根据前期网络调研结果，分析网络营销环境。
（2）根据网络营销环境分析报告进行软文写作。
（3）在初始软文的基础上进行软文优化。
（4）根据受众群体选择投放媒体。
（5）等待反响，进一步进行营销活动。

（1）软文概述。
（2）软文写作方法。
（3）软文应用。

一、软文概述

1. 软文的概念

软文是指企业通过策划，在报纸、杂志或网络媒体上刊登的可以提升企业品牌形象和知名度、促进企业营销的一系列宣传性、阐述性的文章，包括特定的新闻报道、深度文章、付费短文广告和案例分析等，软文也被称为广告文学。

从本质上来说，软文是企业软性渗透的商业策略在广告形式上的实现，通常借助文字表达与舆论传播使消费者认同某种概念、观念和分析思路，从而达到企业品牌宣传、产品销售的目的。

2. 软文的作用

从文章的基本属性出发，软文最基本的作用是宣传和阐述。此外，软文还有着促进销售、促进品牌资产的累积，加深信任、整合与互动，增加外部链接与点击量的作用。

软文可以宣传企业、企业家、企业活动、企业的文化、产品知识等。软文广告或公关软文的目的是为了直接或间接地促进销售，维护企业形象或建设品牌，以达到优化传播质量，放大传播效果的功效。

软文写作的根本目的肯定是为了营销，而营销的根本必定是销售。营销是讲科学的，通常情况下可以简单地把营销理解成为盈利而采取的活动的总和。软文写作除了谨记文章中的广告特性要淡化、软化，更要记得将趣味性、品牌或产品的特性突出来，这样兼具了商家需要的销售作用和消费者感兴趣的感染力的文章，才是商家和消费者都能认可的软文。

　　文字语言总是容易比口头语言让人心生一分信任,再加上来自报纸、杂志、权威人士或网站等第三方比较公正的评论,于是又多了一分信任。销售基于信任,把东西卖给亲朋好友总比卖给陌生人来得容易,原因就在于对方信任我们。而软文营销就是通过一篇篇文章的输出来制造信任。当消费者脑子里能够信任某种产品的时候,需求产生之时就是买卖成交之日。这就是淘宝网店店主会要求买家给予好评、大众点评网之类的点评网站能够在互联网屹立多年生生不息的根本原因之一。

　　软文可以无处不在:网页、朋友圈、今日头条、邮件、博客(微博)、评价、留言板、签名档、回答、词条、短信息等。软文都可以与它们进行整合的营销推广。

　　论坛营销或是社群网站营销实际上就是软文在营销,因为软文可以推波助澜,在发帖与回帖之间互动,一互动就引发讨论,一讨论就形成话题,话题一放大就形成事件,事件一传播就上升到焦点新闻的高度。

　　对于互动,软文对内起到企业与员工之间互动沟通的作用,对外则是企业通过网站、圈圈、社群、博客(微博)、邮件、论坛与客户或网民产生互动沟通,以此达到宣传或营销的目的。倘若设计得巧妙,往往会在互动中引起轰动。

　　网络软文具有明显的增加外部链接与提升点击量的作用,其主要目的是带来更多的流量及提升网站、网页级别。通过网络软文营销的方式来推广自己的网站,在今日头条、新浪、网易、搜狐、腾讯等大型门户网站中软文随处可见,而这些文章所在的网页的传播速度是十分惊人的。

3. 软文的分类

　　软文的分类方式比较主流的有两种,一是根据呈现形态来分类;二是根据软文营销作用的角度来进行分类,见表3.2.3。

表3.2.3　软文的分类

分类标准	分类形式	表 现 形 式
呈现形态	广告版面上	采用新闻文体形式,实则为广告
	专刊专版上	采用新闻报道形式,实则为广告性文章
	新闻版面上	采用新闻文体形式,与新闻报道间杂出现,有的冠以广告之名
软文营销作用	推广类软文	指有利于达成交易或带来流量的软文
	公众性软文	指有利于企业或机构组织处理好内外公共关系以及向公众传达企业各类信息的软文
	品牌力软文	指有利于品牌建设,累积品牌资产的软文

　　对于推广类软文,一般有如下几类形式。

(1) 站长在软文中嵌入 URL。

(2) 网店店主在文章中推荐店址。

(3) 从搜索引擎优化的角度出发,所设计的关键词出现在网页文本中。

(4) 网页信函,大多数是一个域名只有一个网页的模式。

(5) 以 E-mail 的方式投放销售信函或者是海报的形式投放。

（6）在报纸、杂志上直接介绍产品或者是相关产品知识的介绍。

巧妙借助公众性软文能够有效化解企业偶尔发生的危机。例如，2008年的三聚氰胺事件，相关企业在事件爆发后需要通过媒体给公众一个交代。这就是人们平常最容易见到的公众性新闻，它也叫公众性软文，是关于企业或机构组织有利于塑造良好组织形象、培育良好公众关系的新近事实的报道。

品牌力软文是指有利于品牌建设、累积品牌资产的软文。如果说公众性软文着重于塑造企业形象，常常出自企业公关部之手，那么品牌力软文则更侧重于塑造品牌形象，可能是由企业内部撰写，也有可能是用户对该品牌的使用体验。一般来说都是由企业主导，可以自己撰写也可以找人代写，撰写的角度多数是有利于提升品牌知名度、联想度、美誉度及忠诚度。

在品牌力当中最强大的软文莫过于品牌故事的推广。品牌力离不开故事力，甚至故事力决定了品牌力。

4. 传统软文与网络软文的对比

网络软文不同于以前的传统软文，这是与互联网的特性密不可分的，具体的对比见表3.2.4。

表3.2.4　传统软文与网络软文的对比

比较指标	传统软文	网络软文
可信度	可信度高	可信度低
撰写成本	撰写一篇软文价格高	撰写成本低廉
发布时长	发布时间长且门槛高	发布及时迅速有弹性
隐蔽性	常出现在新闻与广告之中，容易被发现	隐藏在网络的各个角落
传播性	不易转载、自我繁殖能力弱	易被复制粘贴传播
覆盖面	覆盖面窄、不够精准	覆盖面宽、相对精准
推广主体	以大中小企业工厂为主体	以网站站长、网商与店长为主体
推广媒体	以纸质媒体为主，是静态的	以网络媒体为主，是动态的
有偿性	较为成熟，多元多样，多为有偿服务	单篇单一性明显，多为无偿发布
寿命长短	寿命短、难保存	寿命长、易保存
投放渠道	较为系统、有规模，读者相对忠诚度高	较为分散、有数量，读者相对忠诚度低

二、软文写作方法

普通的网络软文只是为了吸引流量或传递某种商业信息，事实上软文通过更新和改变消费者相关的价值观与信念，尤其是通过品牌故事来转变时间与体验的意义，从而达到交易或交换的目的。

软文的主题其实是与顾客在沟通，但不在于沟通的意图，而在于所引发的对方的回应上。软文怎么写应当考虑消费者如何理解、认知回应。简单来说,就是让消费者或客户从了解到理解,从心动到行动。

语言的微妙之处是,同样的话在不同的语境中却有着不同的含义。在软文营销中,正确地使用语言工具,有利于客户或消费者正确地了解与把握,也可以增加很多成功交易的机会。

软文的写作是为软文营销服务的,所以首先应当了解软文写作的步骤和方法。

1. 了解软文营销的目标

要了解公司各个发展阶段上的目标、各个层面上的目标以及当前的目标分别是什么。在详细地掌握了公司的营销战略之后,再来确定软文营销的总体目标、各个阶段上的目标、各层面上的目标以及当前的目标。

最好详细地列出软文营销的目标战略图,对内对外的目标,线上线下的目标,传统及网络媒体软文发布的目标,对广告、对公关、营销的目标,每一个目标的达成还要设定发稿数量及投放媒体数量的目标。

如果只是作为一名软文写手,那么除了跟客户具体的沟通之外,还应当通过搜索引擎寻找更多的资料,如果对方的网站信息齐备,有电子杂志或可下载的文件则更好。

2. 了解受众群体及投放媒体

对于企业内部从事软文写作的人来说,了解企业品牌或产品的受众群体,有经验的推广人员对各类媒体也是非常熟悉的。但对于外包写手来说,就很难全方位了解某个企业,但只要越能详细了解这家企业的产品与服务、企业的历史与文化、企业高层领导人、企业在行业中的地位、企业的竞争对手、行业的发展状况、客户、供应商、经销商、相关政策对行业和企业的影响等,也就越能写出高质量的软文。

从撰写软文的角度来说,应当了解受众群体的哪些信息呢?

(1) 习惯用语。了解受众群体的习惯用语,就是为了更好地设计关键词,唯有如此才能达到"精准营销"之目的。所谓的习惯用语,主要是针对当前的服务或产品,消费者或客户会怎么表达。

(2) 偏好网站。了解受众群体喜欢经常性地在哪些网站上浏览信息、互动讨论、听音乐或看视频,甚至要了解他们喜欢用什么搜索引擎,如百度、谷歌还是搜狐等。

(3) 需求问题。对于企业自己的产品或服务,潜在客户最大的问题是什么?在整个交易过程中,消费者或客户有什么不方便的地方?他们最关注的是哪一点?这些问题都是撰写软文前期应当考虑到的。

3. 设定好软文题材、内容、结构

在撰写软文的时候,一项内容可以有多个主题,但一个主题只能是一篇软文;软文的题材是多样性的,如新闻软文通过新闻的方式表现,故事软文以小说、杂文或漫画等形式加以表现。

软文的形式是为内容服务,而内容则是为营销目标服务的。选择恰当的表现形式是为了更好地将内容传递给目标人群;也就是说是为了更好地与目标人群沟通。

4. 拟定标题

当搜索成为一种习惯的时候,当发帖越来越多能被检索到的时候,当软文的标题被优

化的时候,当软文营销的价值在搜索引擎的价值之上的时候,人们就会深深地感受到"软文"的强大力量。

那么,标题对于软文而言到底有多么重大作用呢?简单来说有以下几个作用,详见表 3.2.5。

表 3.2.5 软文标题的作用

标 题 作 用	具 体 表 现
对全文提纲挈领	一篇文章一个主题,一个主题简单有力到可以用一句话来概括,而这句话往往就是标题,用来起到提示与概括全文的作用
便于搜索引擎抓取识别站点	网页的标题设计在网页代码的标题中,当搜索标题中的文字时,在被搜索引擎收录以后,该网页就能被搜索出来
吸引读者	如果标题没有很强的吸引力,它不能够吸引读者点击阅读,那么文章的撰写就毫无意义可言
宣传公司、传播理念、推广产品、创建品牌及树立形象的作用	大企业往往就是通过软文中的标题这一方式,一篇又一篇地宣传公司的理念,介绍公司的产品,推广自己的品牌
加强关键词权重	在网页文本的设计中,从搜索引擎优化的角度来说,标题还有加强关键词权重的作用
起到过滤访客的作用	好的标题可以把那些看了也不会产生兴趣的人过滤出去,把可能购买的人吸引进来阅读内文

5．设计关键词

关键词是指搜索时在搜索框中输入的文字或符号。在网络软文中,一个关键词往往就是一个市场的缩影。如搜索杯子,用户搜索杯子往往是需求方寻找供求方。如搜索关键词马克杯,就可以将其理解为细分市场。而关键词的排名程度完全可以影响到企业在网络市场上的占有率。一般而言,关键词排名越靠前流量就越大,流量大销量就大,销量大能赚到的钱也就越多。

如何设计关键词,一般来说有以下几种思路。

(1) 以客户的思维方式来选词,从客户的用语习惯来思考。

(2) 将关键词扩展成一系列词组或短语。

(3) 进行前后左右的排列组合。

(4) 在做搜索引擎排名时最好不要使用通用词,搜索量大、竞争性高的词汇很难排名在首页。

(5) 使用区域设定关键词:越精准越有效果,同时由于搜索量相对较少而会得到较好的排名。

(6) 了解竞争对手使用哪些关键词。

(7) 在软文优化过程中,关键词的数量要控制,一篇软文一个主题,在标题中关键词最多只能有 3 个,同时这些关键词可以巧妙地出现在文章当中。

(8) 设定能产生高回报高收益的词。例如,在"考研必过补习班"这个短语中,将关键词"考研"和"必过"绑定在一起时,产生的高回报就是对潜在顾客最好的吸引。

(9) 通过软文推广的目的来设计关键词。

(10) 表 3.2.6 是一些常见的设计关键词的简单公式。

表 3.2.6 常见的设计关键词的简单公式

序号	关键词组合	示　例
1	专业＋服务	室内净化、车内净化、橱柜净化
2	地区＋专业＋服务	广州企业培训、北京公务员培训
3	专业＋产品＋行为	家用投影仪经销、教学投影仪批发
4	地区＋专业＋产品＋行为	上海会议投影仪加盟、广州家用投影仪批发

三、软文应用

当人们学会写软文，甚至可以写一篇好的软文时，就会碰到新的难题，那就是自己的软文要如何脱颖而出，夺人眼球；如何将企业提供的商业信息完美地植入自己的软文中；如何让自己软文的投放效果更明显。

众所周知，软文的出现是因为硬广告的泛滥而导致消费者在认知上产生了抵触情绪，正如在不断地使用麻药之后，体内就会产生抗体；无论是报纸、杂志还是网络软文的传播，当消费者一眼瞟去："啊！又是软文"的时候——不看；当网站编辑或论坛版主一眼望去："啊！又是软文！"的时候，他们就会选择将软文删除，那么软文写得再好也没有读者。

因此，软文的应用显得尤为重要。那么该如何应用呢？

软文的成败与媒体的投放息息相关。做好软文投放，至少要做到以下这几个环节。

1. 选好主流媒体

对于门户网站，综合型的有今日头条、新浪、网易、搜狐、腾讯；区域型的门户如上海热线、浙江在线、广州视窗；垂直型的门户网站有 39 健康、瑞丽网、金融界；纯粹新闻类的如新华网、人民网、光明网；论坛类的则以天涯、猫扑等较为热闹。

选择主流媒体的原因：主流媒体更具有权威性，文章也更有说服力；主流媒体覆盖人群大而广，影响力大；尤其是网络上的主流媒体更易被搜索引擎抓取；主流媒体往往会被其他媒体转载，不断地二次三次进行传播。

因此，选择的媒体影响力越大，软文投放的覆盖面就越广，影响力也就越大，效果自然更好，当然选择投放的媒体种类还要参考企业自身的经济实力，毕竟媒体的投放效果与费用是成正比的。

2. 把握主流媒体的特点

媒体不同擅长报道的内容也不同。例如，《中国经济报》擅长写人物；《财经》《南方周末》则擅长深度报道；《销售与市场》则善于从实战案例的角度来报道。

纵观网络媒体，似乎很难准确地把握其固有的特点。例如，新浪门户看似定位为新闻类网站，但结果什么都有；天涯或猫扑虽然也有明确的定位，但是越来越草根化、娱乐化。因此，面对网络媒体，该如何选择软文的应用平台呢？

首先，把握主流媒体中投放版块、栏目或频道的流量，可以通过测算流量的工具来掌握其流量,同时了解什么时间段流量最大;其次,把握该频道什么时间段最为活跃;最后,了解该频道是否被搜索引擎抓取,抓取时的速度快不快。

3. 一稿多投与伪原创

一稿多投,即为群发。发帖如机枪扫射,这样一轮扫射下来中枪的概率颇大,虽说效果不算太好,但还是很有必要的,在这里值得写手们注意的是一稿多投这种方式适度即可。

所谓的"伪原创"其实在日常生活中很常见,之所以需要将一篇稿件做成"伪原创",其实就是不断地"增删改查"文字内容,见表3.2.7。

表 3.2.7 伪原创方式和步骤

序号	伪原创方式	伪原创步骤
1	增	指在第一段与末尾段进行原创加工
2	删	指删除每篇投放软文中的重复多见的内容
3	改	将标题进行处理,绝对不能出现同样的标题,一是针对本次的软文,二是在搜索引擎中不能出现已经被他人使用过的标题
4	查	将关键词的设计、标题的安排、稿件字数等细节从头到尾检查一番

4. 论坛投放

论坛是免费的论坛,也是人流聚集的地方,网络事件往往都是从论坛中引爆出来的,如"贾×鹏""××姐姐""神马都是浮云"等。论坛营销,重在精准,其次才是人气,选对投放版块才是有效的方法。

软文投放是指用某个账号将某篇文章投放到某论坛的某个板块,其中论坛、板块、文章账号可以说是环环相扣,密不可分的。

在完成了以上环节的工作后,才能说已经完成了软文的应用或者是软文的投放。

拓展视野

1. 软文参考:女人的奢侈品

人家都说女人的奢侈品有3样:香水、包包和鞋子。每一个有品位的女人都应该在这三个地方下工夫,就算是只有一套衣服,如果能搭配合适的包包和鞋子,也能变化出不同的风情。我最不能抗拒的就是包包,不管是在逛街的时候还是逛淘宝,我都喜欢看包包,其实我的包包比衣服还要多呢!呵呵,可还是没有办法抗拒各种好看的包包。听说金圣斯皮具网店正在进行"五一"出游生活"包"夺目的活动呢,最后偷偷告诉亲们,由于金圣斯皮具店全场促销,赔本赚信誉,超强促销!惊喜不断哦!喜欢的"mm"们也赶紧去店里看看吧,相信大家一定能找到心仪的"包"贝!

2. 可免费投放软文的10大站点

(1) 新浪网论坛,http://bbs.sina.com.cn/。

(2) 搜狐社区,http://club.sohu.com/。

(3) TOM海云天论坛,http://club.tom.com/。
(4) 中华网社区,http://club.china.com/。
(5) 21CN.COM论坛,http://forum.21cn.com/。
(6) 我爱打折网,http://www.55bbs.com/。
(7) 百度贴吧,http://tieba.baidu.com/。
(8) 天涯社区,http://www.tianya.cn/。
(9) 猫扑,http://www.mop.com/。
(10) 腾讯论坛,http://bbs.qq.com/。

实训 商品推广软文写作

实训概述

阿霞所在公司与淘宝天猫主营某品牌牛仔裤的网店共同推出新款牛仔裤,要求阿霞的团队创作一篇软文,既要结合网店的特质,又要能凸显商品的特色,并将创作出的软文在"双十一"来临之际进行论坛投放。

实训内容

营销团队对淘宝天猫某牛仔裤网店的营销环境进行分析,对比同行业中竞争对手的情况,选取该网店特定的购买者,针对"双十一"的活动在各大论坛投放相应的软文广告。

实训目的

(1) 掌握软文写作的方法。
(2) 掌握软文优化的方法。
(3) 掌握软文投放的步骤及技巧。

成果形式

软文。

实训方法

任务驱动。

实训准备

联网计算机。

实训步骤

步骤1 根据实训要求分析该网店所处的营销环境。
步骤2 找出营销的受众,找到营销的突破口。
步骤3 设计好标题、关键词。
步骤4 打开Microsoft Office Word,编辑软文。
步骤5 对软文进行标题优化、关键词优化。
步骤6 在淘宝论坛等主流论坛上注册账号,选择适当的版块进行软文投放。
步骤7 周期性地对软文进行"增删改查",并反复投放。

实训评价

商品推广软文写作实训评价表见表3.2.8。

表3.2.8 商品推广软文写作实训评价表

评价项目	软文写作(50%)	软文优化(10%)	软文应用(20%)	职业素养(20%)
评价标准	A. 关键词明确,出现次数符合软文写作规则,语句通顺且意思表达恰当 B. 关键词明确,但出现次数较少或者过多,语句通顺 C. 关键词设置不恰当或没有关键词,语句不通顺或没能表达出软文本应该表达的含义	A. 对软文优化的类型掌握完整(软文优化分为标题优化、关键词优化和搜索引擎优化) B. 较完整 C. 不完整	A. 对软文投放的版块和分类选择正确明晰,投放力度适度,符合论坛规则 B. 分类不明确,投放力度不足或投放过度,但没有违反论坛规则 C. 分类既不明确,投放力度也不符合论坛规则	A. 通过软文写作,对产品和从业原则有大幅度提升 B. 通过软文写作,对产品和从业原则略有提升 C. 没有提升
分项得分				
总分				

说明:
1. 表格内按百分制打分
2. 可以邀请合作企业专业人员、电商协会等机构专业人士担当第三方参与评分
3. 各标准对应的分数范围:A. 80~100分 B. 60~79分 C. 60分以下

任务测评

一、判断题

1. 标语可以用作软文标题,但是软文标题不一定可以直接用作标语。 (   )
2. 在软文投放当中禁止对同一篇软文一稿多投。 (   )
3. 网络软文以纸质媒体为主,是静态的。 (   )

二、选择题

1. 软文包括(   )。
   A. 广告   B. 有偿新闻   C. 公关新闻   D. 无偿新闻
2. 软文可以与(   )以及签名档、回答、词条、短信息等进行整合的营销推广。
   A. 网页   B. 邮件   C. 微博   D. 留言板
3. 以下选项不符合常见关键词命名组合的是(   )。
   A. 专业+服务+对象   B. 专业+服务

C. 地区＋专业＋服务　　　　　　D. 专业＋产品＋行为

三、填空题

1. 关键词是搜索时_____搜索框内的文字或符号。
2. 写好一篇软文可以从_____、_____和话题以及故事、频率和位置这几个方面着手。
3. 网络软文主要目的是为了带来更多的_____、_____。

四、简答题

1. 传统软文与网络软文有什么不同点？
2. 标题在软文营销中有哪些作用？
3. 软文优化包括了哪几个方面？

任务三　促销活动方案策划

能力标准

促销活动方案策划能力标准见表3.3.1。

表3.3.1　促销活动方案策划能力标准

能力标准		
技　　能	知　　识	职业素养
1. 能组合搭配运用促销工具,制定促销策略 2. 能撰写规范的促销活动方案	1. 掌握促销相关概念 2. 掌握常用的促销策略 3. 掌握促销策划的内容 4. 掌握促销活动方案的格式和写作方法	1. 具有良好的沟通能力和团队协作精神 2. 培养良好的创意思维能力 3. 养成规范的写作习惯 4. 养成严谨的工作态度

　　淘宝商城(天猫)的"双十一"促销活动是热到发烫的一种促销方式,这种方式抓住了年轻人的思维特点,用与时俱进的方式推广了商家和平台,是近两年来成功促销的案例之一。2009—2018年"双十一"天猫单日成交额(GMV)分别是0.5亿元(2009年)、9.36亿元(2010年)、52亿元(2011年)、191亿元(2012年)、350亿元(2013年)、571亿元(2014年)、912亿元(2015年)、1207亿元(2016年)、1682亿元(2017年)、2135亿元(2018年),从这组电商促销大战来看,"双十一"成交效应可谓辉煌。
　　那么,在网上如何能够通过促销手段提升自己的成交额呢？为了紧抓今年"双十一"这个促销商机,某旗舰网店拟策划了一个促销活动,希望能凭借一些促销方法、广告宣传等手段,借此提升本公司的销售量和知名度。本次促销活动策划的任务分工见表3.3.2。

表 3.3.2　促销活动策划的任务分工

序号	工作任务	成　员	团队职位	时间/天	成果形式
1	促销活动前期调查	全组成员	成员	7	调查结果
2	促销目标确定	阿霞	成员	5	活动计划
3	促销工具组合与方法选择	阿明			
4	广告宣传配合选择	阿泉			
5	活动预算、善后等	阿亮			
6	撰写促销活动方案	阿霞	负责人	2	活动方案

工作流程

(1) 促销调查。
(2) 确定促销目标。
(3) 选择促销工具组合与方法。
(4) 广告宣传配合选择。
(5) 制订预算。
(6) 撰写促销活动方案。

学习任务

(1) 促销概述。
(2) 促销策略。
(3) 促销活动策划的内容。
(4) 促销活动方案的撰写。

一、促销与促销策略

1. 促销

促销就是营销者向消费者传递有关本企业及产品的各种信息，说服或吸引消费者购买其产品，以达到扩大销售量的目的。它其实是一种信息传递、沟通行为。

网络促销是指利用计算机及网络技术向虚拟市场传递有关商品和劳务的信息，以引发消费者的需求，唤起其购买欲望和促成其购买行为的各种活动。

促销活动就是为了促进某种商品或服务的销售而进行降价或是赠送礼品等的行为活动，能在短期内促进销售，提升业绩，增加收益。

2. 促销策略

促销策略是指企业如何通过人员推销、广告、公共关系和营销推广等各种促销手段，向消费者传递产品信息，以引起他们的注意和兴趣，来激发他们的购买欲望和购买行为，以达到扩大销售的目的。

根据促销对象的不同，促销策略可分为消费者促销、中间商促销和零售商促销等。下面主要介绍针对消费者的促销策略。

1) 折价促销

折价(打折、折扣)是目前最常用的一种网络促销方式。网上商品的价格往往要比线下销售价要低,才能吸引大家购买。幅度较大的折扣往往容易吸引消费者购买。折价券是直接对价格打折的一种变化形式,有些商品因在网上直接销售有一定的困难,便结合传统营销方式,可以从网上下载、打印折价券或直接填写优惠表单,到指定地点购买商品时可享受一定的优惠。

2) 赠品促销

在新产品推出试用、产品更新、对抗竞争品牌以及开辟新市场的情况下,利用赠品促销可以达到比较好的促销效果。在选择赠品时,要注意赠品的质量,在能接受的预算内,选择适当的能够吸引消费者的商品或服务,并在适当的时间或时机送出。

3) 抽奖促销

抽奖促销是以一个人或数人获得超出参加活动成本的奖品为手段进行商品或服务的促销。抽奖活动主要附加于调查、产品销售、扩大用户群、庆典以及推广某项活动等。消费者或访问者通过填写问卷、注册、购买产品或参加网上活动等方式获得抽奖机会。采用抽奖促销时要注意奖品要有诱惑力,活动参加方式要简单化,抽奖结果要公平、公正。

4) 积分促销

积分活动可以通过编程和数据库等来实现,并且结果可信度很高,操作起来相对较为简便。积分促销一般设置价值较高的奖品,消费者通过多次购买或多次参加某项活动来增加积分以获得奖品。积分促销可以增加网民访问网站和参加某项活动的次数;可以增加网民对网站的忠诚度;可以提高活动的知名度等。

5) 联合促销

由不同商家联合进行的促销活动称为联合促销,联合促销的产品或服务可以起到一定的优势互补、互相提升自身价值等效应。如果应用得当,联合促销可起到相当好的促销效果,如网络公司可以和传统商家联合,以提供在网络上无法实现的服务。

此外,还有节庆的促销、竞赛式促销等促销策略。若能对它们进行灵活的综合运用,将会使促销活动达到更好的效果。

二、促销活动策划

促销活动策划是指运用科学的思维方式和创新的精神,在调查研究的基础上,根据企业总体营销战略的要求,对某一时期各种产品的促销活动作出总体规划,并为具体产品制订周详而严密的活动计划,包括建立促销目标、设计沟通信息、制订促销方案、选择促销方式等营销决策过程。

一份完整的促销活动方案通常包括以下的内容,见表3.3.3。

表 3.3.3 促销方案组成部分

序号	组成部分	说明
1	市场调研分析	促销调研报告、市场预测与建议
2	促销目标	促销的市场目标、财务目标等
3	促销提案	方案细则(促销主题、促销时机和持续时间、促销对象、促销地点或区域、促销产品、促销方法、促销媒介、促销活动方式)和活动的详细说明
4	广告配合方式	广告创意及宣传媒介的选择、广告播放的节奏等
5	公关宣传配合方式	新闻发布会、座谈会、展览会等
6	促销预算	制订预算计划(包括管理费用、促销费用、附加利益费用以及预算适用的原则、要求和预算管理办法等)和说明资金费用来源

拓展视野

常用的淘宝网促销方法

在淘宝网上常用的促销方法有淘宝客、直通车、VIP 卡、满就送(满就减、满就送礼、满就送积分、满就免邮费)、抵价券、限时打折(限时折、名次折、会员折、现金折)、聚划算、钻石展位等。其中,对于初级用户,常用的方法是 VIP 卡、满就送、限时打折等,对于有一定基础的企业则使用直通车、聚划算、钻石展位等。

实训　撰写促销活动方案

实训场景

为抢夺"双十一"的市场,各品牌纷纷都有所行动。阿霞所在的公司旗舰店为提升店铺销售量和知名度,计划开展一系列的网店促销活动,拟写好促销方案,选定好促销的商品和促销方法,做好一切促销活动的准备,把握好促销商机。

实训内容

(1) 确定促销主题、时间、地点等。

(2) 设计促销方法。

(3) 选择活动宣传方法。

(4) 制订费用预算计划。

(5) 活动内容设计。

(6) 撰写促销活动方案。

实训目的

(1) 掌握促销活动方案的撰写。

(2) 掌握促销方法。

成果形式

促销活动方案(Word 文档、PPT 展示说明)。

实训方法

任务驱动。

实训准备

联网计算机、计算器。

实训步骤

步骤1 打开 IE 浏览器,在地址栏输入 http://kingsons.tmall.com,打开金圣斯旗舰店。

步骤2 在淘宝网和天猫网搜索相类似的皮具网店,对竞争对手进行观察研究,并与金圣斯旗舰店的产品进行比较分析。

步骤3 通过产品比较分析,编写本次活动的目标,确定促销的主题。

步骤4 选定主打促销商品,件数自定,确定活动对象。

步骤5 设计促销持续时间。

步骤6 了解天猫网和淘宝网的促销工具(直通车、聚划算、淘宝旺旺等),选定适合金圣斯旗舰店的促销方法(如折价促销、赠品促销、抽奖促销等),让促销工具与促销方法配合使用。

步骤7 选定天猫网的宣传主要手段,适当增加其他宣传媒介(如电视、车身广告、海报等)。

步骤8 针对步骤4~步骤7,计算活动费用(如使用淘宝工具的费用、户外宣传材料的费用、人工、赠品成本、奖品等),制订预算计划。

步骤9 根据以上步骤搜集所得资料,参照促销活动方案的格式,整理撰写金圣斯旗舰店的促销活动方案。

实训评价

撰写促销活动方案实训评价表见表3.3.4。

表3.3.4 撰写促销活动方案实训评价表

评价项目	促销方法(20%)	促销活动方案(60%)	职业素养(20%)
评价标准	A. 合理且有特色 B. 较合理 C. 不合理	A. 方案格式标准,活动内容考虑周到且合理可行 B. 方案格式较标准,活动内容考虑较周到且合理可行 C. 方案格式不标准,活动内容考虑不周到	A. 大有提升 B. 略有提升 C. 没有提升
分项得分			
总分			

说明:
1. 表格内按百分制打分
2. 可以邀请合作企业专业人员、电商协会等机构专业人士担当第三方参与评分
3. 各标准对应的分数范围:A. 80~100分 B. 60~79分 C. 60分以下

任务测评

一、判断题

1. 某皮具有限公司日前举办的防辐射电脑包产品应用座谈会,这不属于公关宣传配合方式。( )
2. 网上销售汽车和润滑油公司的联合促销是属于赠品促销。( )

二、选择题

1. 促销方案应包括( )。
   A. 促销时间　　B. 促销地点　　C. 促销方法　　D. 促销主题
2. 网上抽奖活动主要附加于( )等。
   A. 产品销售　　B. 庆典　　　　C. 调查　　　　D. 推广某项活动

三、填空题

1. 网络促销是利用_____技术向虚拟市场传递有关商品和劳务信息,以引发消费者需求,唤起其购买欲望和促成其购买行为的各种活动。
2. 根据促销对象的不同,网上促销策略可分为_____、中间商促销和零售商促销等。
3. 常用的促销方法有_____、_____、抽奖促销、积分促销等。

四、简答题

促销活动方案包括哪几个部分?

任务四　商品描述

商品描述能力标准见表 3.4.1。

为更好地落实本公司的"双十一"促销活动方案,阿霞所在公司的旗舰店将上架一批新的皮具产品,力求款式新颖、货源充足,并要求对所有商品描述的文案要配合促销的主题进行重新编写,为本次促销活动做好一切准备。

表 3.4.1　商品描述能力标准

能力标准		
技　能	知　识	职业素养
1. 能运用商品详细文案写作的逻辑关系进行思考和文案的编写 2. 能通过团队协作对商品标题、基本属性和详细文案进行写作	1. 掌握商品描述概念 2. 掌握商品描述文案写作的范畴 3. 掌握商品标题文案编写的注意事项 4. 掌握商品详细文案写作的逻辑关系	1. 具有网络安全防范和客户隐私保护意识 2. 具有良好的沟通能力和团队协作精神 3. 养成规范的写作习惯 4. 养成细致、严谨的工作态度

阿霞等人在接到任务后,立即进行了思考,商品描述怎么写才能吸引买家下单?是更加详细还是文字更加花哨?此外,是否还应该配有详细的商品图片等。

于是阿霞制定了编写商品描述文案的任务分工,展开了新一轮的工作,具体分工见表 3.4.2。

表 3.4.2　商品描述文案编写小组任务分工

序号	工 作 任 务	成员	团队职位	时间/天	成 果 形 式
1	挑选商品,对商品进行拍照、处理	阿明	拍摄美工	2	商品图片
2	根据商品的特性及图片,结合主题进行商品文案的编写(包括商品标题、基本属性部分、详细文案部分)	阿涛	成员	7	详细文案
3	整理并检查商品描述文案	阿霞	负责人	3	图文并茂的商品文案

工作流程

(1) 商品特性分析和拍照、照片处理。
(2) 商品标题文案的编写。
(3) 商品基本属性文案的编写。
(4) 商品详细文案的编写。
(5) 图文并茂的商品描述文案整理。

学习任务

(1) 商品描述概述。
(2) 商品文案写作的范畴。
(3) 在商品标题文案编写中存在的问题及修改建议。
(4) 商品详细文案写作的逻辑关系。

一、商品描述概述

商品描述是指由卖家对商品的基本属性、成色、瑕疵等本身有关的信息进行真实、完整的描述。如实描述商品是卖家的基本义务。有效的商品描述应包括以下内容。

(1) 卖家在发布商品时选择及填写的所有与商品本身有关的信息,包括图片,这些信息是买家可以在该商品的详情页面上能看到的,但不包括商品功效信息以及商品货源渠道信息描述。

(2) 买卖双方在交易过程中进行沟通时,卖家就商品本身、邮费、发货情况、交易附带物件向买家描述的内容也属于有效的商品描述。

二、商品描述文案

对文案最基本的要求就是要消费者看了这个内页就像看了这个商品最基本的产品说明书,以及如果要买这款商品消费者所应该了解到的基本信息,如快递、邮费、退换货、售后服务等问题。因此,商品描述文案通常包括以下 3 个部分。

（1）商品标题：是指在商品内页中的标题部分。它是商品信息核心内容的提炼与表现,用于激发用户购买兴趣。

（2）商品基本属性部分：这部分要求做到信息填写完整、正确和真实。

（3）商品详细文案：文案需要设计内页商品合理的逻辑关系环节,并且写出每个环节所需的文案。

三、商品标题编写中常见的问题及建议

（1）标题字数过多,且无空格间隔开,则用户的阅读体验会比较差。

（2）标题一开始就写包邮、秒杀等信息,这从用户体验和营销角度来说并不合适,建议此类促销信息放在标题的后半部分。

（3）非特殊情况不应把商品的内部编号或其他独有的符号放进标题内,这些符号对消费者毫无用处,还浪费了宝贵的标题文字。

（4）标题关键词重复堆砌,使用与商品无关的关键词、热词等,应从网站搜索关键词的角度来考虑标题的设置,使用恰当的标题关键词并对其进行合理的排序。

（5）标题违反了网站的基本规则,如出现了敏感的词汇、夸大商品的属性、涉嫌侵权、前后不一致、与描述不符等,这些情况都是不允许的。

一个好的商品标题,应要符合消费者的消费体验,让消费者看了标题就知道你是卖什么产品的、产品有什么用处和特别的地方,同时还要从网站的搜索引擎的角度出发,考虑什么样的标题有利于商品的自然排名和搜索,最后必须符合网站的规则。

假如要在淘宝网店对商品标题进行设置,字数必须控制在 30 个汉字(即 60 个字节)以内,尽量包含对品牌和商品关键词的描述、促销信息的描述、其他的一些描述等内容,例如,"金圣斯手提包单肩 14 寸女士韩版笔记本电脑包促销包邮"。

四、商品详细文案

有些文案一上来就写包邮、促销或关联销售。客人本来是想购买这款商品,结果过多地关联销售,会分散客人的注意力。有些一上来就给出第三方评价,忽略了客人想搞清楚商品是什么的想法,最终影响了商品的成交。方案设计应该从买家的角度来考虑,商品有什么好处？卖点是什么？商品能给人们带来什么？

下面就来看看商品详细文案设计的逻辑关系。

（1）品牌介绍：指内页首屏,介绍店铺品牌是什么,可放到最后。

（2）焦点图：引发兴趣,吸引客户眼球,抓住客户的心。

（3）目标客户群设计：是商品的使用者,还是商品的购买者。

（4）场景图：即商品的一个全貌,介绍这款商品用在什么场合和场景,激发潜在需求。

（5）细节图：让客户了解商品有哪些细节,使客户逐步信任。

（6）卖点设计、好处设计：顾客为什么要购买这款产品。

（7）"痛苦"设计：顾客不买这款产品会有什么痛苦或后果。

（8）同类型商品对比：如价格、价值、功能的对比。

（9）客户评价、第三方评价：加入买过这个产品的客户评价、权威机构对商品的评

价、第三方服务机构对商品的评价等,使顾客产生信任。

(10) 购物须知:快递、邮费、如何发货、怎么退换货、售后服务等。

(11) 关联销售与套餐:同类商品优先推荐,不同类商品其次,最后是套餐推荐。

上述的逻辑关系可以根据店铺的实际情况做次序上的调换和优化。

综上所述,商品描述是指由卖家对商品的基本属性、成色、瑕疵等本身有关的信息进行真实、完整的描述。商品描述文案包括商品标题、商品基本属性部分和详细文案部分。在商品描述文案编写中,通常会遇到的问题,如商品的标题、详细文案的逻辑性、以产品为中心、只讲商品好处、不懂营销和促销、不懂商业基本合约、不懂网站规则等。因此,在编写详细文案时,需注意其逻辑关系,写出来的商品描述文案才是一项优质文案。

拓展视野

商品图片处理及美化

在网店中,商品图片美化可以增加我们的产品被潜在顾客发现的概率,影响买家购买决策,提高自己在同类商品卖家中的竞争力,同时提升销量,从而引起供货商的重视,得到更好的服务以及更优惠的条件。

图片处理的基本工具有 Photoshop(平面设计,位图格式)、Freehand(手绘图形设计)、CorelDRAW(平面广告设计,矢量图形设计)、nEO iMAGING(光影魔术手,图片美化,照片后期处理)等。

实训 撰写商品描述文案

实训场景

某皮具公司旗舰店最近上架一批新的皮具产品,计划于近期内完成商品描述文案的撰写工作,为即将到来的"双十一"促销黄金商机做好一切销售的准备工作。

实训内容

(1) 编写商品标题。

(2) 编写商品基本属性。

(3) 编写商品详细文案部分。

实训目的

(1) 掌握商品标题的撰写。

(2) 掌握商品属性的描述。

(3) 掌握商品详细文案的编写。

(4) 要求图文并茂,并在原有基础上进行内页文案的优化编写。

成果形式

商品描述页面。

实训方法

任务驱动。

实训准备

联网计算机、照相机。

实训步骤

步骤 1 学生分组,建议 2 人或 3 人为一小组。

步骤 2 选择任一皮具作为本次活动的新产品,观察分析此产品的基本属性,并对其进行全景、细节的拍照,至少需 4 张照片,如图 3.4.1 所示。

图 3.4.1 商品主图与细节图

步骤 3 对所选取的皮具产品进行商品标题文案的编写。还可以根据包邮、限时折扣、满就送等促销方式给商品设计不同的促销信息并显示在标题中。如金圣斯旗舰店某皮包的标题是"金圣斯 单肩手提电脑包 笔记本包 14 寸 时尚菱格纹设计 全方位气囊防震保护 包邮"。

步骤 4 对所选取的皮具产品进行商品基本属性文案的编写。此处要尽量做到简明扼要,让顾客一目了然,如图 3.4.2 所示。

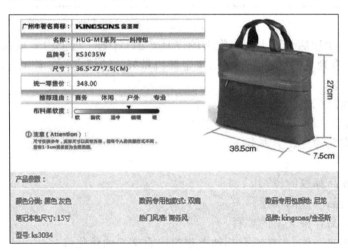

图 3.4.2 皮包的基本属性

步骤 5 对所选取的皮具产品进行商品详细文案的编写,要求要有品牌介绍、细节图说明、同类型商品对比、卖点或好处设计、售后服务、快递说明等内容。商品详细文案描述中的某些部分范例,如图 3.4.3~图 3.4.9 所示。

步骤 6 整理商品描述文案。

图 3.4.3　品牌介绍文案

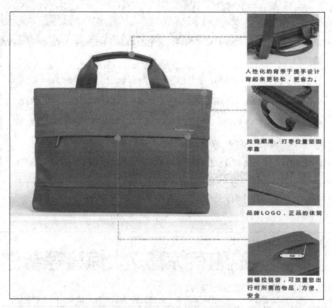

图 3.4.4　皮包的细节图和文案说明

图 3.4.5　旗舰店的服务文案说明

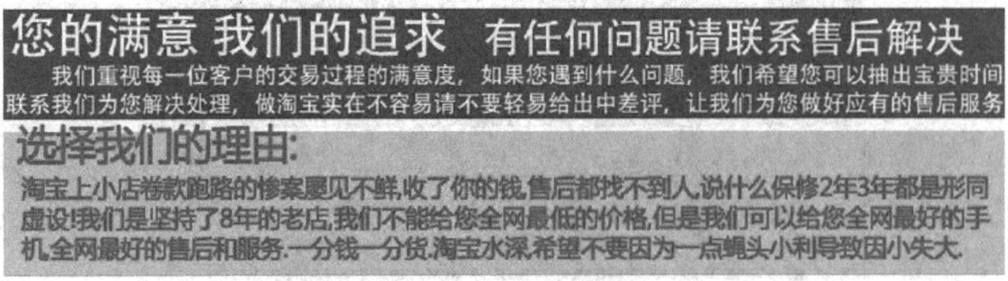

图 3.4.6 服务承诺的文案设计

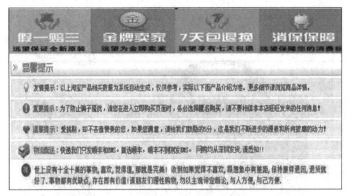

图 3.4.7 强化顾客购买欲的文案设计

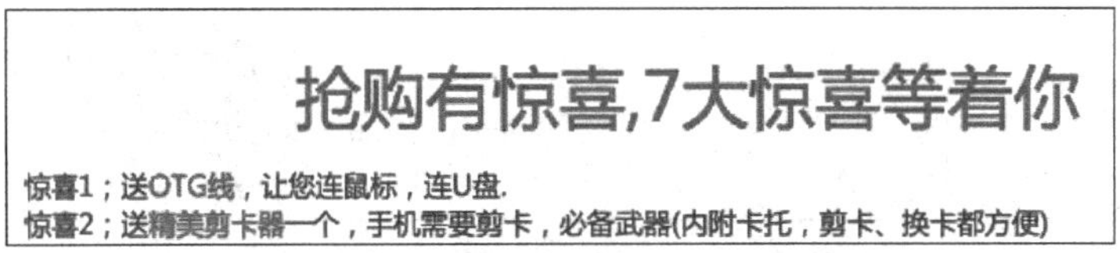

图 3.4.8 发出购买号召的文案设计

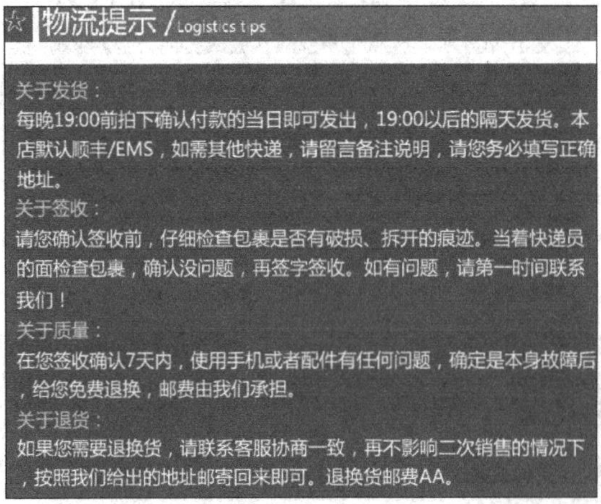

图 3.4.9 购物须知的文案设计

实训评价

对整个实训执行过程进行评价,特别是对实训过程中所取得的成果进行评价。评价主体包括实训本人、实训小组、指导教师及第三方,特别需要邀请合作企业专业人员、电子商务行业协会机构专业人士等担当第三方参与评分。填写评价表,编写商品描述文案实训评价表见表 3.4.3。

表 3.4.3 编写商品描述文案实训评价表

评价项目	商品标题文案 (15%)	商品基本属性文案 (20%)	商品详细文案 (50%)	职业素养 (15%)
评价标准	A. 非常合理、简要清晰 B. 较合理、较清晰 C. 不合理	A. 商品的信息完整、真实、正确 B. 商品的信息较完整、真实、正确 C. 商品的信息不完整、不真实、存在错误	A. 逻辑性强,符合商品说明需求,内容丰富、准确,吸引顾客 B. 较符合商品说明需求,内容较丰富,较吸引顾客 C. 内容安排不恰当,不吸引顾客	A. 大有提升 B. 略有提升 C. 没有提升
分项得分				
总分				

说明:
1. 表格内按百分制打分
2. 可以邀请合作企业专业人员、电商协会等机构专业人士担当第三方参与评分
3. 各标准对应的分数范围:A. 80~100 分 B. 60~79 分 C. 60 分以下

任务测评

一、判断题

1. 卖家具有对商品本身有关的信息如实描述的责任。   (   )
2. "痛苦"设计是指如何让某人痛苦的方法设计。   (   )

二、不定项选择题

1. 以下关于商品标题编写的建议,说法正确的是(   )
   A. 标题醒目写出包邮秒杀等促销信息
   B. 标题尽量增加热词、关键词,不论是否相关
   C. 标题尽量包含对品牌、商品和促销信息的描述
   D. 标题尽可能夸大商品属性与功用

2. 内页文案编写应遵循符合商品营销的(   )。
   A. 激发潜在的需求环节   B. 营销环节
   C. 替客户做决定环节   D. 引发兴趣环节

三、填空题

1. 网络调研报告的填写是整个调研活动的_____阶段。
2. 同类型商品的对比通常包括价格、_____、_____等方面的对比。

3. _____需要设计内页商品合理的逻辑关系环节,并且写出每个环节需要的文案。

四、简答题

1. 请列举内页写作的逻辑关系。
2. 商品的标题写作通常存在哪些问题?我们该如何解决?
3. 内页文案包括哪几个部分?

任务五 网络广告文案策划

能力标准

网络广告文案策划能力标准见表3.5.1。

表3.5.1 网络广告文案策划能力标准

能力标准		
技 能	知 识	职业素养
1. 能通过团队协作来分析并整理广告创意 2. 能撰写广告标题 3. 能撰写广告正文内容 4. 能撰写广告语	1. 了解网络广告、广告创意概念和特点 2. 掌握广告创意的过程与思考方法 3. 掌握广告文案的构成 4. 掌握广告标题和广告词的写法和设计注意事项 5. 了解广告策划的定义、内容及策划的过程	1. 具有网络安全意识、客户隐私保密的职业道德 2. 具有良好的沟通能力和团队协作精神 3. 养成规范的写作习惯 4. 养成细致、严谨的工作态度

今年"双十一"即将到来,街头巷尾、高空地面、线上线下的促销广告以铺天盖地之势席卷而来。电商们也已开始了各类广告的宣传造势。

某旗舰店为了紧抓本次的促销商机,已经制订了"双十一"促销活动方案,并对所有商品的描述、店铺主页等都进行了一系列的调整。为了能达到更好的宣传效果,积极配合促销活动,公司给广告宣传部安排了一个任务"策划一则网络广告",希望借此广告大力地宣传网店及其产品,以吸引顾客的眼球。

于是,广告宣传部的主管阿成立即制定了合理分工,工作全面铺开。其中,广告文案策划小组任务分工见表3.5.2。

表3.5.2 广告文案策划小组任务分工

序号	工作任务	成员	团队职位	时间/天	成果形式
1	确定促销广告创意	阿成	部门主管	1	广告创意说明
2	撰写广告标题	阿成	部门主管	1	广告标题
3	撰写广告正文	阿军	成员	2	正文介绍
4	撰写广告语	阿霞	负责人	1	广告语
5	整理广告文案	阿霞	负责人	1	广告文案

工作流程

(1) 广告创意的确定。
(2) 广告标题的设计。
(3) 广告正文的撰写。
(4) 广告语的撰写。
(5) 广告文案整理。

 学习任务

(1) 网络广告的定义、特点及分类。
(2) 广告创意的过程和思考方法。
(3) 广告文案的设计。
(4) 广告策划定义、内容及过程。

一、网络广告

网络广告是指互联网信息服务提供者通过Internet在网站或网页上以各种形式发布的广告。网络广告具有传播范围广、非强迫性、交互性强、针对性强、实时灵活、成本低、强烈感官性、受众数量可准确统计、效果可测评性等特点。

网络广告按形式分类,可分为横幅广告、竖边广告、标识广告、文字广告、飞行广告、按钮广告、弹出式广告、巨型广告、全屏广告等。

二、广告创意

1. 广告创意的定义

广告创意是指广告制作人员在对市场、产品和广告对象进行调查分析的基础上,紧紧围绕广告主题,运用联想、直觉、移植等创造性思维方法来传达广告信息的创造性思考过程。

2. 广告创意的过程

广告创意的过程可概括为:收集资料→分析资料→酝酿阶段→顿悟阶段→完善阶段。

3. 广告创意的思考方法

(1) 头脑风暴法(集体思考法)。这是一种通过集思广益进行创意的方法。它通过会议的方法,使与会人员围绕一个明确的主题,共同思索,广泛讨论,深入挖掘,直至产生优秀的广告创意。这种方法通常反映了现代广告创意的团队特征,最终的广告创意往往是经过集体思考或合作之后的结果,相对个人创意,它集中了较多人的智慧,考虑的问题也更加全面。

(2) 垂直思考法。这是一种按照一定的思考路线进行的、在一定范围内向上或向下进行垂直思考、头脑的自我扩大的方法。这种思考方法思考方向明确,比较稳妥。但它受旧知识和旧经验的束缚,产生的广告创意有很多雷同的东西,缺少新意,尤其是顺向垂直思考表现更为明显。逆向垂直思考法则与常规思维相反,具有反常性,产生的创意常会比较新颖。

(3) 水平思考法。水平思考法又称横向思考法,这一种在思考问题时向着多方位方向发展的方法。这种方法强调思维的多向性,善于从不同角度来思考问题,是一种发散思维。它有利于新创意的产生,若与垂直思考法相互配合,有机结合加以灵活运用,可以收到事半功倍的效果。

三、广告文案

广告文案是指要通过文字将广告诉求主题具体化、形象化。广告文案由标题、正文、广告语、附文组成。

1. 标题

标题是广告文案的点睛之笔。标题是指包含广告诉求中心思想或最能引起受众兴趣的文字,它位于广告文案最前面,对全文起统领作用。在标题写作时需注意,要尽量使用能引起受众兴趣的语句;句子长度要适中,以 6~12 个字效果较佳;要慎用否定词,受众通常喜欢正面的描述,而不喜欢否定的描述。

标题通常有以下的写法。

(1) 名称式:直接用品牌名称作标题。如电暖炉的广告"飞利浦'炉霸'冲油式电暖炉"。

(2) 新闻式:采用新闻报导的写法,写清楚与产品密切相关的一些动态性事件,如新产品研制成功、新产品初次上市销售、产品获奖或取得质量认证等,如"华夏大地教育网网上课程公开测试擂台大会""服用××牌中华鳖精比吃甲鱼更补"。

(3) 提问式:从受众的角度出发,提出"是什么"或"怎么办"的问题,如化妆品的推销广告"女人,你追求什么?"、某英语学校的广告标题"你的英文有错误吗?"等。

(4) 效应式:把产品的使用效果直接表现在标题中,引人注目,如海飞丝洗发水广告标题"头屑去无踪,秀发更出众"。

(5) 祈求式:用劝勉、希望、呼吁的口气,催促人们采取购买行动,如"请使用××牌洗衣机来简化您的家务活动"、可口可乐的"在红标志前留步"。

(6) 悬念式:在标题中布下悬念,使读者首先产生惊奇、疑惑之感,然后为了寻根求源不得不把整个广告作品读完,并加以思考,从而对广告留下深刻的印象。例如,以色列航空公司的广告标题是"从 12 月 23 日起,大西洋将缩短 20%",广告用了一张大西洋地图作图片,一边被撕下 20%,配以这样的标题,使读者经过思索后恍然大悟:这是显示该公司的飞机速度快,能够节省时间,使大西洋的距离也变短了。

(7) 赞美式:在标题中直接赞美、夸耀,甚至炫耀产品的特征、功能或有效性,如劳力士手表广告标题:"问世间雄才,谁领风骚?"。

(8) 含蓄式:用委婉、含蓄的语言传达产品信息,如电饭锅广告标题:"给太太一份'安全感'"。

2. 正文

正文是广告文案的主体。它是对所宣传的产品(服务)的详细介绍和广告创意的充分展现。正文的主要作用就是要说服广告受众,从而达到促销销售的目的。在正文写作时需注意要突出诉求的重点、内容可信度要高、创意要新颖等。

在正文内容写作时,要客观实在地介绍说明产品的相关性质及内容,同时充分表达广告创意的内容;或要有一定的理论依据,主要论述此产品的好处;或在写作时要尽量减少商业色彩,突出新闻报道的真实及时性,增加传播效果;或在故事的情节叙述中介绍产品;或在正文中对产品的特点进行绘声绘色地描述。

3. 广告语

广告语(即广告标语)是对广告所倡导的理念的言简意赅的概括。广告语一般是由几个词组成的一个能够渲染主题的句子,它有助于促进商品、服务企业形象的广泛传播。在广告语写作时需注意语言要精练,尽可能采用适当的修辞手法,使广告语朗朗上口,便于记忆。

按照广告口号诉求的内容和心理效应可以把广告语分为以下几种类型,见表3.5.3。

表 3.5.3　广告语的类型

序号	类型	说　　明	示　　例
1	颂扬式	以直接陈述的方法,强调商品的好处,突出其优点	可口可乐的"如此感觉无与伦比"、雀巢咖啡的"味道好极了"
2	号召式	用富有感召力的鼓动性语句,直接动员消费者产生购买行为	可口可乐的"请喝可口可乐"、三菱汽车的"有朋自远方来,喜乘三菱牌"
3	标题式	广告标题与广告口号融为一体,既起广告标题的作用,也起广告口号的作用	推广普通话,沟通你我他
4	情感式	用富于抒情韵味的言辞构成,以便更好地激发人的联想,使人认同	南方黑芝麻糊的"一股浓香、一缕温馨"、威力洗衣机的"威力洗衣机——献给母亲的爱"、丽斯达化妆品的"'丽丝达',献给您神秘妩媚的东方美"
5	幽默式	采用幽默、夸张的语言宣传产品的功效,使人愉快地接受	某液体水泥的"它能粘住一切,除了一颗破碎的心"、某口红广告"如果一不小心我诱惑了你,责任全在××牌口红"
6	品牌式	巧用品牌名称或企业名称宣传产品	欧派橱柜的"有家 有爱 有欧派"、维维豆奶的"维维豆奶 欢乐开怀——维维集团"

4. 附文

附文又叫随文,是广告文案中提醒受众购买产品的必要信息。附文的具体内容包括产品名称、企业名称、地址、邮政编码、电话号码、网址及联系人;经销商及经销地址、电话号码;维修服务部门的电话号码、联系人及服务承诺等。

四、广告策划

1. 广告策划的定义

广告策划是根据企业的营销战略和广告目标,以企业产品、消费者、竞争者和广告环境为基础,充分考虑广告策划活动的系统性、可行性、目的性、创造性、效益性,从而为企业广告传播和市场开拓提供经济有效的广告计划方案的决策过程。

2. 广告策划的内容

(1) 确定广告目标。广告目标是指广告活动所要达到的目的。

(2) 明确广告对象。广告对象是广告信息的传播对象,即广告信息的接收者。

(3) 提炼广告主题。广告主题是广告的中心思想和灵魂,是广告活动为达到某项目的所要说明和传播的最基本观念。广告主题由广告目标、信息个性和消费心理3个要素组成。

(4) 制定广告战略。广告战略是指按照广告目标的要求确定广告活动的方式,包括广告表现战略和广告媒体战略。

(5) 编制广告预算。广告预算是指在广告活动中应花费多少广告费用。

(6) 进行广告效果评估。

3. 网络广告策划的过程

网络广告策划过程包括确定网络广告的目标、确定网络广告的目标群体、确定广告主题、网络广告创意及策略选择、选择大流量网站、分析并选定广告形式、设计高质量的登录页、收集高质量的登录页、收集消费者电子邮箱地址、促使消费者作出行动10个步骤。在网络广告策划操作中,更多的是体现各个环节的相互关联与影响,一个完整的网络广告策划过程是多个环节相互作用的结果,也是一个动态循环的过程。

拓展视野

> **广告策划书的内容结构**
>
> 广告策划书具有信息组织、文字表述、接近读者及形式配合等作用,一般包括以下内容:①前言;②市场分析;③广告受众;④广告地区;⑤广告预算与分配;⑥广告策略;⑦配套措施和策略;⑧广告效果。

实训 设计广告文案

实训场景

某公司旗舰店正在筹划"双十一"的促销工作,在此之前,拟设计一则网络广告来进行宣传,希望以此来吸引顾客眼球,以提高人气和增加销售量,为即将到来的"双十一"促销活动做好一切准备工作。

实训内容

(1) 设计广告创意。

(2) 撰写广告文案。

(3) 演说广告创意和广告文案。

实训目的

(1) 掌握广告创意的思考方法。

(2) 掌握广告标题、正文内容和广告语的写作技巧。

成果形式

广告文案(用 Word 文档和 PPT 文档说明广告创意)。

实训方法

任务驱动。

实训准备

联网计算机、笔、白纸。

实训步骤

步骤 1 将学生分组,建议 4~6 人为一组。

步骤 2 打开 IE 浏览器,进入公司网站,例如在地址栏输入 http://kingsons.tmall.com,登录金圣斯旗舰店。

步骤 3 观察、搜集并整理该店的风格、产品、服务特色、主要消费人群等资料,然后组员们使用头脑风暴法,对所搜集的资料进行讨论分析,并在白纸上记录每名组员的创意及创意碰撞、诞生的过程,简单撰写广告创意的来源。

步骤 4 根据步骤 3 所得创意为主线,撰写一则广告文案。

(1) 编写广告标题:要求 6~12 个字,有吸引力,如"选电脑包就选金圣斯"。

(2) 编写广告正文内容:要求在 200 个字以上,对该店的商品及其服务进行详细的介绍(可选择理性或感性说明),注意突出该店的特色、其商品的好处等。例如,金圣斯致力于为全球的数码产品用户提供舒适而可靠的高品质创新产品。优秀而卓越的产品质量、与时代同步的设计风格、考虑周到的实用性和可靠性以及完善的售后服务,使金圣斯赢得了消费者的喜爱和认同。

(3) 编写广告语:要求不超过 15 个字,朗朗上口,便于记忆,在颂扬式、号召式、标题式、情感式、幽默式、品牌式中择其一。例如,金圣斯旗舰店在母亲节期间的促销广告语:我与妈妈一人一"包"。

步骤 5 小组派代表上台演说广告创意,并宣读广告文案。

步骤 6 评选出最佳广告文案。

实训评价

广告文案设计实训评价表见表 3.5.4。

表 3.5.4　广告文案设计实训评价表

评价项目	广告创意 （15%）	广告标题 （20%）	广告正文内容 （30%）	广告语 （20%）	职业素养 （15%）
评价标准	A. 新颖,有特色 B. 较新颖,较有特色 C. 无特色	A. 朗朗上口,有吸引力 B. 较有吸引力 C. 无吸引力	A. 内容突出,能说服广告受众 B. 内容较突出,较能说服广告受众 C. 内容不突出,不能说服广告受众	A. 朗朗上口,主题突出,有创意有特色 B. 主题较突出,较有创意和特色 C. 主题不突出,无创意无特色	A. 大有提升 B. 略有提升 C. 没有提升
分项得分					
总分					

说明：
1. 表格内按百分制打分
2. 可以邀请合作企业专业人员、电商协会等机构专业人士担当第三方参与评分
3. 各标准对应的分数范围：A. 80～100 分　B. 60～79 分　C. 60 分以下

任务测评

一、判断题

1. 广告文案由标题、正文、广告语、附文组成。　　　　　　　　　　　　　　（　　）
2. 在广告创意思考方法中,水平思考法比垂直思考法更实用些。　　　　　　（　　）

二、选择题

1. 网络广告具有（　　）等特点。
   A. 交互性强　　　B. 针对性强　　　C. 传播范围窄　　　D. 成本低
2. 按照广告口号诉求的内容和心理效应,广告语可以分（　　）等类型。
   A. 号召式　　　B. 情感式　　　C. 标题式　　　D. 幽默式

三、填空题

1. 广告创意的过程包括_____、分析资料、酝酿阶段、顿悟阶段、_____。
2. 广告策划是根据企业的营销战略和广告目标,以企业产品、消费者、竞争者和广告环境为基础,充分考虑广告策划活动的系统性、_____、_____、_____、效益性,从而为企业广告传播和市场开拓提供经济有效的广告计划方案的决策过程。
3. 广告创意的思考方法有_____、_____和_____。

四、简答题

1. 网络广告按形式分类,可分为哪些广告？
2. 在广告标题写作时,需注意什么？
3. 撰写广告语有哪些注意事项？

五、案例分析题

看过脑白金广告的朋友们都有这样的感觉：广告创意实在是让人不敢恭维。与其在广告创意制作上的"斤斤计较"和广告投放上的"一掷千金"形成鲜明的对比,尤其是老年人版的广告,有人用土得掉渣来形容。可以说,脑白金广告是一个俗广告,但正是

这样的广告,却让人们记住了脑白金,而且取得了良好的销售业绩。假如现在你是巨人集团的营销策划总监,你还会继续沿用这样的广告风格吗?如果会,请说出你的理由;如果不会,你又有什么好的创意可以更好地促进销售,请为它设计出其他形式的广告。

项目小结

软文营销目前是网络营销之中的重要手段,因此以项目为导向去进行软文写作的学习和对优秀软文的借鉴,对于一个初级写手而言是十分有效的。通过本项目内容的由浅入深学习,读者可以借由范例进行多角度地学习软文写作及应用。

促销是促进营销、销售的简称,它是营销者向消费者传递有关本企业与产品的各种信息,说服或吸引消费者购买其产品,以达到扩大销售量之目的。促销的实质是一种信息传播、沟通行为。针对消费者的促销策略主要有折扣促销、赠品促销、抽奖促销、积分促销、联合促销、节假日促销、事件促销、免费品尝和试用促销等。一份完整的促销活动方案通常包括以下内容:市场调研分析、促销目标、促销提案、广告配合方式、公关宣传配合方式及促销预算。

商品描述是指由卖家对商品的基本属性、成色、瑕疵等本身有关的信息进行真实、完整的描述。商品描述文案包括商品标题、商品基本属性部分和详细文案部分。在商品描述文案编写中,通常遇到的问题,如商品的标题、详细文案的逻辑性、以产品为中心、只讲商品好处、不懂营销和促销、不懂商业基本合约、不懂网站规则等。因此,在编写详细文案时,需根据其逻辑关系进行设计,写出来的商品描述文案才是优质文案。

优秀的网络广告文案需要好的广告创意。广告创意的目的是要寻找或确定广告主题与其艺术表现方式的契合点。广告创意需要经历收集资料、分析资料、酝酿、顿悟和完善共5个阶段。广告创意的思考方法主要有集中思考法、垂直思考法和水平思考法。

在广告主题确定后,就为广告文案的创作奠定了基础。广告文案是指要通过文字将广告诉求主题具体化、形象化。广告文案由标题、正文、广告语、附文组成。标题是广告文案的点睛之笔,正文是广告文案的主体,广告语是广告的口号。只有把标题、广告语有机地结合起来,才能最大限度地吸引受众。

典型网络推广模式

 项目情境

随着公司的规模不断扩大,知名度也随之提升。阿霞所在的公司需要招聘一批网络推广专员,底薪 6000 元/月,再根据公司政策计算提成,享受社保福利等。招聘信息一发布,应聘者蜂拥而至。公司本着公平、公正和公开的原则,经过层层严格的考核,阿霞的表妹阿容最终以总分第一的好成绩被录用。

有的落聘者认为阿容是靠关系进入公司的,考核只是走过场,遂投诉阿容以不正当手段进入公司,并且在公司的论坛上煽风点火,诋毁公司的声誉。公司人力资源部着手核查此事,事情很快水落石出:阿容是电子商务专业的毕业生,她非常羡慕表姐阿霞的工作,对该公司也慕名已久,在校期间不仅成绩优秀,还获得过多个电子商务技能大赛奖项,而且已经在网上开店,月入几千元,能够解决个人的生活问题。这是一个有实力的应聘者,应聘成功是实至名归。公司行政部立刻在论坛上用事实予以澄清谣言,该事件引发了众多网友的关注,不仅提升了公司的知名度,也为公司输入了正能量。面对新的工作环境和岗位,阿容又开始了新的学习和挑战,以迎接网络推广工作岗位的挑战。

任务一 网络推广认知

 能力标准

网络推广认知能力标准见表 4.1.1。

表 4.1.1 网络推广认知能力标准

能力标准		
技 能	知 识	职业素养
1. 能够在网上注册会员 2. 能够在网上发布企业信息 3. 能够下载、安装、使用免费商务沟通软件 4. 能够在网上免费开店	1. 了解网络推广的概念 2. 掌握网络推广的分类 3. 掌握网络推广与网络营销的区别 4. 理解无站点网络推广的特点和方式 5. 掌握无站点网络推广的方法 6. 理解基于站点网络推广的方式 7. 掌握网络推广与传统推广的区别	1. 培养熟练的业务素质 2. 培养创新意识 3. 提升团队合作意识

工作流程

(1) 无站点推广的需求分析。
(2) 发布信息的策划、店铺信息的策划。
(3) 会员注册、信息发布。
(4) 商务沟通软件的下载安装和使用。
(5) 网上开店与运营。
(6) 撰写总结。

 学习任务

(1) 网络推广的概念。
(2) 网络推广的分类。
(3) 网络推广与网络营销的区别。
(4) 无站点网络推广的特点和方式。
(5) 无站点网络推广的方法。
(6) 基于站点网络推广的方式。
(7) 网络推广与传统推广的区别。

一、网络推广概述

1. 网络推广的概念

网络推广是指通过基于互联网采取的各种手段、方式进行的一种宣传推广活动,以达到提高品牌知名度的效果。同传统广告相同,网络推广的最终目的都是增加自身的曝光度及对品牌的维护。

2. 网络推广的分类

1) 按范围分

(1) 对外推广是指专门针对站外潜在用户的推广。其主要是通过一系列手段针对潜在用户进行营销推广,以达到增加网站 PV、IP、会员数或收入的目的。

(2) 对内推广,专门针对网站内部的推广。其目的是增加用户浏览频率、激活流失用户、增加企业与用户之间的互动等。

2) 按费用分

(1) 付费推广是指需要投入经费进行的推广,如网络付费广告、竞价排名、杂志广告、CPM、CPC 广告等。

(2) 免费推广是指在不用额外付费的情况下就能进行的推广,如口碑推广、网站联盟推广、软文推广、许可邮件推广等。

3) 按目的分

(1) 品牌推广是指以建立品牌形象为主的推广。
(2) 流量推广是指以提升流量为主的推广。
(3) 销售推广是指以增加销售量为主的推广。

(4) 会员推广是指以增加会员注册量为主的推广。

(5) 其他推广是指其他一些项目或是细节的推广。

4) 基于网站的分类

按照企业是否建立网站来进行分类,可将网络推广分为无站点网络推广和基于站点的网络推广。两种情形分别有不同的网络推广方法。

3. 网络推广与网络营销的区别

1) 目的不同

网络推广重在信息的传播,注重的是通过推广能够给企业带来的网站流量、世界排名、访问量、注册量等,目的是扩大被推广对象的知名度和影响力。网络推广是一种手段。

网络营销侧重于营销层面,目的是提高客户的转化率,产生实际的经济效益。网络营销中必须包含网络推广这一步骤,而且网络推广是网络营销的核心工作。

2) 目标对象不同

网站推广针对的是所有客户。

网络营销针对的是目标客户和潜在客户,网络营销的目标对象更有针对性。

3) 考核方式不同

网络推广考核的是具体的工作量,如论坛推广考核的是发帖量。

网络营销考核的是转换率或收益,如论坛营销考核的是发帖后能带来的实际经济效益。

4) 投入不同

网络推广投入比较少,从人力方面说,一个人也可以操作。例如,论坛推广考核的是发帖量,目的是提高企业的知名度。

网络营销投入比较大,不是一个人能够操作的,需要团队协作完成。同样是发帖,需要寻求最佳卖点、制造不同阶段的话题进行发帖和顶贴的互动设计。由于论坛营销的项目周期性较长,而且是由若干个不同阶段组成的,所以在策划论坛营销方案时,需要提前设计好不同阶段的方案及相应的手段,包括不同阶段的传播点、不同阶段的传播平台、不同阶段的传播手段,这需要用到很多人力。

5) 执行方式不同

网络推广成功的关键是执行力,而网络营销主要靠的是创意和策略,并不是说执行力很强、很努力,就能想出好创意的。一定要看最终的营销效果,必须要有收益。

应该说网络推广是保证网络营销效果和成功的关键,是网络营销的重要组成部分。当网络营销落实到执行层面时,就需要网络推广来为之服务。网络营销脱离了网络推广,也很难独立存在。而当面对一些简单的推广需求时,网络推广却完全可以独立操作。

4. 网络推广与网站推广的区别

网站推广不等于网络推广。网络推广可以基于无站点进行推广,也可以基于站点进行推广。网络推广包含网站推广,而网站推广是比较常见的网络推广形式之一。

二、无站点网络推广

1. 什么是无站点网络推广

即使企业没有建立自己的网站,也可以利用一定的方式开展网络推广,这种网络推广方式称为无站点网络推广。没有建立企业网站可分为两种情形:一种是企业暂时没有条件,或者认为没有必要建立网站;另一种是不需要拥有网站即可达到网络推广的目的,如临时性、阶段性的网络推广活动,或者因为向用户传递的营销信息量比较小,无须通过企业网站即可实现网络推广的信息传递。

2. 无站点网络推广的特点

优点:资金投入少,无需高技术,省时省力。

缺点:信息过于分散,不利于企业整体营销品牌的建立;而且发布信息没有自主权,发布的信息难以管理。

3. 无站点网络推广的方式

1) 信息发布

可供发布的平台主要有供求信息平台、分类广告、黄页服务、网络社区及博客等。可在阿里巴巴平台免费发布企业的供求信息,在搜狐分类信息平台发布企业广告,在新浪企业黄页平台发布企业信息。假如是推广箱包,可以到 http://www.bags163.com/(包包论坛)发帖子进行宣传。

2) 在线销售

无论是否拥有企业网站,企业都可以利用网上商店、网上拍卖等方式开展网上销售工作。例如,在天猫商城开网店,也可以参与网上拍卖。

4. 无站点网络推广的方法

(1) 免费发布信息,可以是企业的招聘信息、企业新闻、产品信息等。

(2) 检索商品信息,既可以到网上信息平台寻找买方信息、竞争对手的信息,也可以利用搜索引擎查找潜在的客户。

(3) 网上拍卖,例如,将商品放在我拍网参与竞拍活动,以达到一定的宣传效果。

(4) 加入专业经贸信息网和行业信息网,提高曝光率。

(5) 建立网上商店,例如,在天猫商城开网店,进行网上宣传和营销。

(6) 开展市场调研,通过网上调研等多种方式了解市场,以利于企业的推广精准化。

除此之外,企业或个人还可以通过网站的活动或电子刊物的相关栏目、利用专业服务商或合作伙伴的营销资源发布许可邮件广告等。上述方法对于基于站点的网络推广同样有效,并且通过与自身网站相结合,往往可以达到更好的推广效果。

三、基于站点网络推广

基于站点的网络推广方式有社会化营销、许可邮件营销、竞价排名与搜索引擎推广、网络广告推广、口碑营销、网站联盟推广、数据化营销及视频推广等。

四、信息流推广

随着移动端应用的崛起与迅猛发展,流量端口很分散,不再是以前的以搜索引擎为王,依靠搜索引擎去搜索内容。各种 App 平台发展起来后,活跃着数以万亿计的流量在移动端。传统一类电商做营销推广受到流量冲击,做信息流推广的二类电商崛起,信息流推广道理很简单,就是根据用户平时搜索习惯,App 系统主动向用户推荐其平时搜索的内容,这些内容涉及商品广告、新闻知识等。

基于站点推广的搜索引擎推广,客户是要主动去找东西或项目才可能搜索到目标商品网站或信息,所以成交率更高,但是消费比较高,给人一种"烧钱"的感觉。而信息流推广是系统主动去找客户,主动推荐给客户信息,客户也许有多种习惯,而这些习惯范围太广,也就是说推广的客户可能不太精准。

信息流广告是位于社交媒体用户的好友动态,或者资讯媒体和视听媒体内容流中的广告。信息流广告的形式有图片、图文、视频等,特点是算法推荐、原生体验,可以通过标签进行定向投放,根据自己的需求选择推广曝光、落地页或应用下载等,最后的效果取决于创意、定向、竞价这三个关键因素。信息流广告主要依托于社交投放平台,选择好的、性价比高的社交投放平台才是最好的选择。

比如,以资讯为主的信息流广告选择今日头条、智汇推、新浪扶翼、搜狐汇算、网易新闻客户端等新闻资讯类平台,用户使用时间长、频次高、黏性强;资讯类产品是率先推出信息流广告,广告售卖和广告位样式多样,但是精准度有限,适合强曝光。

社交媒体如陌陌、广点通、QQ 好友动态等,用户互动性强,信息可二次传播,拥有大量用户注册信息,用户自然属性判定精准度高,由于不像资讯类 App 有多个频道,所以广告形式和样式较单一。

搜索引擎投放平台比较有代表性的是手机百度,手机百度目前属于双叠加功能——搜索功能+新闻资讯,用户庞大,营销投放精准度高,可锁定用户近期购买需求,营销投资回报率(ROI)高,流量成本降低,精准度高,相对于其他信息流 ROI 略高,起步较晚,投放形式和样式还比较单一。

视频类投放平台有爱奇艺、腾讯、乐视、优酷等,鉴于互联网在线视频市场的前景提升,是目前比较受关注的信息流广告之一,但信息流原生广告的特点,让视频类的信息流广告制作成本提高,需要整合多方资源。

浏览器投放平台如 UC 浏览器、百度浏览器、搜狗浏览器等,其用户基数大,通常多与其他平台整合,如 UC+阿里。

目前互联网平台比较主流的信息流广告类别各有千秋,不过在投放信息流同时也需要仔细考虑好自己的用户受众是哪些人群,这样才能对症下药。

五、网络推广与传统推广的区别

(1) 低价格。企业运用网络可以使采购产品与制造相结合,简化采购程序,并通过网络发布广告从而减少广告经费,最终降低产品的价格,因此网络推广的产品价格更具竞争力。

（2）商品信息丰富。网络推广的商品是海量的，比任何一间大商场的商品还要多，便于消费者择优选购，节约购物时间、节省购物成本。

（3）时空性强。网络推广可以做到全天候、全球性，不受时间和空间的限制，能随时随地地满足消费者的购买需求。

（4）个性化、私密性。网络推广可以做到订制化服务，满足消费者的个性化需求，并且对于一些隐私商品的推广，能方便消费者购买，保护消费者的隐私。

（5）服务体系完善。网络推广以顾客为主，强调服务理念，它比起传统推广中的任何一个阶段或方式更能体现顾客的中心地位。另外，网络推广能满足顾客对购物方便性的需求，提高顾客的购物效率。通过网络，顾客可以在购物前了解到相关信息，在家网购，而且在购买后也可以通过网络与厂家取得联系，全程方便快捷。

（6）受众有限。网络的消费者有限，网络推广只能针对上网用户；而传统推广可以全民推广，受众范围更大。

（7）信息传递有限。网络推广书籍、小商品等标准化产品，消费者主要靠视觉作出购买决策，商家通过互联网就能够将信息完全传播给消费者。而对于衣服、食品、汽车等个性化和贵重产品，不仅需要用眼看，还需要用手触摸，甚至试用，网络推广不能将产品信息全部传递给消费者，缺少现实感和安全性。

（8）支付的安全性。网络支付安全隐患大。网上黑客、网络犯罪等活动使网络支付有较大的安全风险；而传统推广的支付较安全可靠。

（9）物流的局限性。物流配送的安全性、成本、速度还有待完善。

网上推广与传统推广都是一种推广活动，两者都需要完成企业既定的目标，两者都把满足消费者需求作为一切活动的出发点，只不过借助于网络，网络推广更容易，也能更好地实现营销的这一目标。两者往往互相配合，网上推广手段可为传统推广服务，传统推广手段也可为网络推广服务，而且网络推广永远不能完全替代传统推广。

  拓展视野

1. 论坛营销网址推荐

（1）推一把论坛，http://bbs.tui18.com/。
（2）新竞争力网络营销管理顾问，http://www.jingzhengli.cn/。
（3）28推论坛，http://bbs.28tui.com/。
（4）百纳论坛，http://bbs.ic98.com/。
（5）网络营销论坛，http://forum.vecn.com/。
（6）睿博站长论坛，http://bbs.rebx.net/。
（7）SEO学习论坛，http://bbs.dm35.com/。
（8）中国营销网，http://www.b770.com/。

2. 网销宝的介绍

网销宝是阿里巴巴在中国市场推出的按效果付费的关键词竞价系统,最初叫"点击推广",是一种按效果付费的精准营销服务,通过优先推荐的方式,将客户的产品信息展现在买家上网采购的各种必经通道上,并按潜在买家的点击付费。因其成本灵活可控、推广精准有效而特别适用于想提升产品曝光量和询盘量的广大中小企业。

网销宝每个关键词的起拍价是 0.3~2.0 元,不同的关键词有不同的起拍价,可以根据刷新排名来更改出价的多少。

3. 直通车简介

淘宝直通车是面向淘宝卖家推出的一种全新的淘宝推广搜索竞价模式,竞价结果显示在雅虎搜索引擎、淘宝网(以全新的图片+文字的形式显示),每件商品可以设置 4 个推广计划,每个计划 200 个关键词,卖家针对每个竞价词自由定价,看到在淘宝网上类目宝贝的排名位置,并按实际被点击次数付费,每个关键词最低出价 0.05 元,最高出价是 99.99 元,每次加价最低为 0.01 元。

直通车推广出现在搜索宝贝结果页面的右侧(11 个广告位)和宝贝结果页的最下端 5 个广告位,搜索页面可一页一页往后翻,展示位以此类推。以图片+文字(标题+简介)的形式展现。

4. 网销宝与直通车的区别

网销宝和直通车最大的区别就是服务的对象不同,网销宝服务的对象是在阿里巴巴批发平台上开通了诚信通的会员,直通车服务的对象是在阿里巴巴零售平台淘宝网上开店的会员。直通车更讲究精准关键词,网销宝则可以多关键词的设置。

实训　网络推广的应用

实训场景

阿林所在的推广部需要将公司新推出的防辐射箱包进行推广,重点是网络推广。项目负责人阿林在和团队沟通后决定,通过网上发布新产品信息、开淘宝店等形式进行推广。

实训内容

(1) 防辐射箱包推广的需求分析书。

(2) 发布信息的策划、店铺信息的策划。

(3) 注册阿里巴巴会员。

(4) 在阿里巴巴网站发布信息。

(5) 安装使用阿里旺旺。

(6) 了解诚信通、网销宝、百销通的服务。

(7) 进行网上开店、初运营。

(8) 撰写总结。

实训目的

(1) 能熟练注册阿里巴巴会员。

(2) 能熟练在阿里巴巴网站发布企业信息。

(3) 能熟练安装并使用阿里旺旺,提高业务素质。

(4) 能掌握淘宝开店流程,进行初运营。

成果形式

需求分析书、策划书、网页、项目总结。

实训方法

任务驱动。

实训素材

联网计算机。

实训步骤

步骤1 打开 IE 浏览器,在地址栏中输入 http://china.alibaba.com/,登录阿里巴巴网站,并免费注册个人账户。

步骤2 安装阿里旺旺。

步骤3 了解诚信通服务和网销宝服务。

步骤4 单击供应商专区,输入公司简介,发布产品(需经过网站的审核)。

步骤5 打开 IE 浏览器,在地址栏中输入 http://cn.made-in-china.com/,登录中国制造网,并注册成为用户。

步骤6 在首页底部供应商服务项单击"发布产品"按钮,进行产品发布。

步骤7 了解百销通。

步骤8 打开 IE 浏览器,在地址栏中输入 http://www.taobao.com/,登录淘宝网,并注册成为用户。

步骤9 依据新手学堂中的介绍完成我是卖家的注册任务。

步骤10 进行线上销售。

实训评价

网络推广的应用实训评价表见表 4.1.2。

表 4.1.2 网络推广的应用实训评价表

评价项目	需求分析书 (25%)	策划书 (25%)	发布的信息 (25%)	网店内容 (25%)	职业素养 (25%)
评价标准	A. 结构完整,分析透彻 B. 结构基本合理,分析基本到位 C. 结构混乱,主题不明确	A. 目标与期望一致 B. 富有新意并可执行 C. 难以执行	A. 20条以上 B. 15条 C. 10条以下	A. 丰富实用 B. 基本实用 C. 很少,不实用	A. 积极应对、团队合作、讲诚信、有创新 B. 团队合作、讲诚信 C. 应付工作

续表

评价项目	需求分析书 (25%)	策划书 (25%)	发布的信息 (25%)	网店内容 (25%)	职业素养 (25%)
分项得分					
总分					

说明：
1. 表格内按百分制打分
2. 可以请合作企业专业人员、电商协会等机构专业人士担当第三方参与评分
3. 各标准对应的分数范围：A. 80～100分　B. 60～79分　C. 60分以下

任务测评

一、判断题

1. 网络推广就是在网上卖产品。　　　　　　　　　　　　　　　　　　　　（　　）
2. 无站点推广就是不在网上推广。　　　　　　　　　　　　　　　　　　　（　　）
3. 网络推广能方便消费者购买，保护消费者的隐私。　　　　　　　　　　　（　　）
4. 网络推广可以完全替代传统推广。　　　　　　　　　　　　　　　　　　（　　）
5. 传统推广可以进行全民推广，受众范围更大。　　　　　　　　　　　　　（　　）

二、选择题

1. 网络推广按范围可分为(　　)。
　　A. 市场推广　　　B. 对外推广　　　C. 品牌推广　　　D. 对内推广
2. 网络推广区别于网络营销的是(　　)。
　　A. 网络推广偏重于营销层面　　　　B. 网络推广针对的是目标客户
　　C. 网络推广投入比较少　　　　　　D. 网络推广成功的关键是执行力
3. 基于站点的网络推广方式有(　　)。
　　A. 许可邮件推广　　B. 口碑推广　　　C. 社会化推广　　　D. 精细化推广

三、填空题

1. 网站推广不等于网络推广，_____可以基于无站点推广，也可以基于站点进行推广。网络推广包含_____，网站推广是比较常见的_____形式之一。
2. 网络推广是指通过基于互联网采取的各种手段方式进行的一种_____活动，以达到提高_____的一种效果。同传统广告相同，网络推广的最终目的都是增加_____，以及对品牌的维护。
3. 即使企业没有建立自己的网站，也可以利用一定的方法开展网络推广，这种网络推广方式称为_____。

四、简答题

1. 网络推广不可能完全替代传统推广，作为推广专员的你，如何提升网购客户的数量？
2. 网络推广与网络营销的区别是什么？
3. 网络推广与传统推广的区别是什么？

项目四 典型网络推广模式

任务二 社会化营销

 能力标准

社会化营销能力标准见表4.2.1。

表4.2.1 社会化营销能力标准

能力标准		
技　能	知　识	职 业 素 养
1. 能开展博客、微博、会员制、SNS和社区活动营销 2. 能实施社会化营销活动 3. 能分析营销结果 4. 能撰写营销报告 5. 能口头汇报营销效果	1. 掌握社会化营销活动中各营销方法的概念和作用 2. 了解社会化营销与传统市场营销的区别 3. 掌握社会化营销活动的设计方法 4. 掌握社会化营销活动的方法和步骤 5. 掌握数据统计方法，以及信息整理方法 6. 掌握营销活动分析方法 7. 掌握营销活动方案的写作方法，以及口头汇报的要点	1. 具有网络安全意识、客户隐私保密的职业道德 2. 具有良好的沟通能力和团队协作精神 3. 养成规范的写作习惯 4. 培养创意营销意识

日前，针对前期调研结果，市场部召开会议，公司要求市场部针对本年度夏装的营销在"五一国际劳动节"前进行有针对性的社会化营销推广活动。这次活动的表现将作为推广部经理储备干部的选拔参考。阿容是公司新招进的网络推广专员，这次被任命为推广组组长，负责推广组的工作分配和总体协调。这是阿容第一次担任 Team Leader（团队领导），虽然有较多的实践经验，但由于是刚毕业，内心还是有些忐忑。会后，阿容与团队成员继续开团队小组会议，团队成员纷纷建言献策，共同捋出了工作流程，阿容根据团队成员的不同特点进行了分工，明确了各项工作的时间要求，推广小组任务分工见表4.2.2。

表4.2.2 推广小组任务分工

序号	工 作 任 务	成员	团队职位	时间/天	成果形式
1	制订营销计划	阿容	团队负责人	7	营销计划书
2	写作软文	阿莉	软文专员	7	推广软文
3	策划具体实施工作	阿飞	营销策划	2	营销实施计划书
4	实施社会化营销	阿杜	活动专员	10	发布、更新博客
5	统计数据、信息整理	阿锋	数据分析专员	4	活动成果
6	分析活动成果	阿容	团队负责人	3	营销结果分析
7	撰写营销报告	阿容	团队负责人	3	营销报告

 工作流程

（1）制订社会化营销计划。
（2）撰写社会化营销推广软文。

(3) 实施社会化营销活动。
(4) 整理社会化营销结果。
(5) 分析社会化营销结果。
(6) 撰写营销报告。

学习任务

(1) 博客营销基础知识。
(2) 微博营销基础知识。
(3) 会员制营销基础知识。
(4) SNS 营销基础知识。
(5) 社区营销基础知识。

一、博客营销

1. 博客营销的概念

博客营销的概念并没有严格的定义，简单来说，就是利用博客网络应用形式开展网络营销。博客是新型的个人互联网出版工具，是网站应用的新方式，它是一个网站，它是为人们提供信息发布、知识交流的传播平台。博客使用者可以很方便地用文字、链接、影音、图片建立起自己个性化的网络世界。博客内容发布在博客托管网站上，如博客网、新浪博客等，这些网站往往拥有大量的用户群体，而且有价值的博客内容会吸引大量潜在用户浏览，从而达到向潜在用户传递营销信息的目的。

博客是电子商务新时代的新产物，现代人写博客已成为一种新时尚，名人写，"草根"写，官员也写；个体写，社团写，企业也写。于是，企业博客便成为企业营销手段之一，而博客营销需要解决的是各种客户问题，因此博客营销的特点就是思想、情感的交流，关键在于具有良好的说服力，也就是要有强烈的公关意识。具体而言，5 种意识必须贯穿博客营销的始终，这就是形象意识、传播意识、服务意识、共存意识和竞争意识。通过与博友交流互动，表达明确的效益诉求，以达到品牌推广、产品营销的目的，这就是博客营销。

2. 博客营销的形式

博客营销主要表现为以下 3 种基本形式。

(1) 利用第三方博客平台的博客文章发布功能开展的网络营销活动。
(2) 企业网站自建博客频道，鼓励公司内部有写作能力的人员发布博客文章以吸引更多的潜在用户。
(3) 有能力运营维护独立博客网站的个人，可以通过个人博客网站进行推广，以达到博客营销的目的。

本书讨论第一种博客营销形式的基本操作模式，也就是利用第三方博客平台开展的博客营销。基于第三方博客平台的博客营销可以归纳为下面 5 个基本步骤。

(1) 选择博客托管网站、开设博客账号，即选择适合本企业的博客营销平台，并获得发布博客文章的资格。一般来说，应选择访问量较大及知名度较高的博客托管网站，这些资料可以根据 Alexa(www.alexa.com)全球网站排名系统等信息进行分析判断，对于某一领域的专业博客网站,则应在考虑其访问量的同时还要考虑其在该领域的影响力,影响力较高的网站,其博客内容的可信度也相应较高。如果有必要,也可选择在多个博客托管网站进行注册。

(2) 制订一个中长期博客营销计划。这一计划的主要内容包括从事博客写作的人员计划、每个人的写作领域选择、博客文章的发布周期等。由于博客写作内容有较大的灵活性和随意性,因此博客营销计划实际上并不是一个严格的"企业营销文章发布时刻表",而是从一个较长时期来评价博客营销工作的一个参考。

(3) 创建合适的博客环境,坚持博客写作。无论一个人还是一个博客团队,要保证发挥博客营销的长期价值,就需要坚持不懈的写作,一个企业的一两个博客偶尔发表几篇企业新闻或博客文章是不足以达到博客营销的目的的,因此如果要真正将博客营销纳入到企业营销战略体系中去,企业很有必要创建合适的博客环境,并采用合理的激励机制。

(4) 综合利用博客资源与其他营销资源。博客营销并非独立的,只是企业营销活动的一个组成部分,同时博客营销的资源也可以发挥更多的作用,如将博客文章内容与企业网站的内容和其他媒体资源相结合,因此对于博客内容资源的合理利用也就成为博客营销不可缺少的工作内容。

(5) 对博客营销的效果进行评估。与其他营销策略一样,对博客营销的效果也有必要进行跟踪评价,并根据发现的问题不断完善博客营销计划,让博客营销在企业营销战略体系中发挥应有的作用。至于对博客营销的效果评价方法,目前同样没有完整的评价模式,不过可参考网络营销其他方法的评价方法来进行。

二、微博营销

1. 微博营销的概念

微博营销是最近推出的一种网络营销方式,随着微博的火热,它催生了有关的营销方式,就是微博营销。每个人都可以在新浪、网易等门户网站注册一个微博,然后利用更新自己的微博的机会,可以与大家交流大家所感兴趣的话题,这样就可以达到营销的目的,这样的方式就是新兴推出的微博营销。

2. 微博营销的优点

(1) 操作简单,信息发布便捷。一条微博,最多140个字,只需要简单的构思,就可以完成一条信息的发布。这点就比博客要方便得多,毕竟要构思一篇好博文,需要花费很多时间与精力。

(2) 互动性强,能与粉丝及时沟通,及时获得用户反馈。

(3) 低成本。做微博营销的成本比做博客营销或是做论坛营销的成本低得多。

(4) 针对性强。关注企业或者产品的粉丝都是本产品的消费者或者是潜在消费者,企业可以对其进行精准营销。

3. 微博营销的缺点

(1) 需要有足够的粉丝才能达到传播的效果,人气是微博营销的基础。应该说在没有任何知名度和人气的情况下想通过微博营销会很难。

(2) 由于微博里新内容产生的速度太快,所以如果发布的信息粉丝没有及时关注到,那就很可能被埋没在海量的信息中。

(3) 传播力有限。由于每条微博文章只有几十个字,所以其信息仅限于在信息所在平台传播,很难像博客文章那样,被大量转载。同时由于微博缺乏足够的趣味性和娱乐性,所以每条信息也很难像开心网中的转帖那样,被大量转贴(除非是极具影响力名人或机构)。

4. 微博营销与博客营销的本质区别

微博营销与博客营销的本质区别,可以从下列3个方面进行比较。

(1) 信息源的表现形式差异。博客营销以博客文章(信息源)的价值为基础,并且以个人观点表述为主要模式,每篇博客文章表现为独立的一个网页,因此对内容的数量和质量都有一定的要求,这也是博客营销的瓶颈之一。微博内容则短小精练,重点在于表达现在发生的有趣有价值的事情,而不是系统的、严谨的企业新闻或产品介绍。

(2) 信息传播模式的差异。微博注重时效性,3天前发布的信息可能很少会有人再去问津,同时,微博的传播渠道除了相互关注的好友(粉丝)直接浏览之外,还可以通过好友的转发向更多的人群传播,因此是一个快速传播简短信息的方式。博客营销除了用户直接进入网站或RSS订阅浏览外,往往还可以通过搜索引擎获得持续的浏览,博客对时效性要求不高的特点决定了博客可以获得多个渠道用户的长期关注,因此建立多渠道的传播对博客营销是非常有价值的,而对于未知群体进行没有目的的"微博营销"通常是没有任何意义的。

(3) 用户获取信息及行为的差异。用户可以利用计算机、手机等多种终端方便地获取微博信息,发挥了"碎片时间资源集合"的价值,也正因为是信息碎片化及时间碎片化,使用户通常不会立即作出某种购买决策或其他转化行为,因此若将其作为硬性推广手段只能适得其反。

将以上差异归纳起来可以看出:博客营销以信息源的价值为核心,主要体现信息本身的价值;而微博营销以信息源的发布者为核心,体现了人的核心地位,但某个具体的人在社会网络中的地位,又取决于他的朋友圈子对他的言论的关注程度,以及朋友圈子的影响力(即群体网络资源)。因此可以这么简单地认为,微博营销与博客营销的区别在于博客营销可以依靠个人的力量,而微博营销则要依赖社会网络资源。

三、会员制营销

1. 会员制营销的概念

会员制营销又称俱乐部营销,是指企业以某项利益或服务为主题将用户组成一个俱乐部形式的团体,通过提供适合会员需要的服务,开展宣传、销售、促销等活动,培养企业的忠诚顾客,以此获得经营利益。

一般认为,会员制营销由亚马逊公司首创。因为 amazon.com 于 1996 年 7 月发起了一个"联合"行动,其基本形式是这样的:一个在其网站注册为 Amazon 的会员,然后在自己的网站放置各类产品或标志广告的链接,以及亚马逊提供的商品搜索功能,当该网站的访问者点击这些链接进入 Amazon 网站并购买某些商品之后,根据销售额的多少,

Amazon 会付给这些网站一定比例的佣金。从此,这种网络营销方式开始广为流行并吸引了大量网站参与并被称为"会员制营销"。

2. 会员制营销的特征

会员制营销具有以下这些特征。

(1) 会员制。采用俱乐部营销的企业,一般来说都实行会员制的管理体制,其营销对象主要是加入本俱乐部的会员。

(2) 资格限制。各种各样的俱乐部都有其独特的服务内容,其服务有一定的共性,而且往往对加入俱乐部的人员施加一定的限制条件。

(3) 自愿性。是否加入俱乐部,完全建立在自愿的基础上,而非外界强迫。

(4) 契约性。会员和俱乐部之间及会员之间的关系,都建立在一定的契约基础上。

(5) 目的性。它有一定的共同目的,如社交、娱乐、科学、政治、社会活动等。

(6) 结构性关系。俱乐部成员之间及与俱乐部组织者之间往往存在着一种相互渗透、相互支持的结构性关系。他们之间不仅有交易关系,还有伙伴关系、心理关系、情感关系作为坚实基础,而这种关系是竞争对手无法轻易染指的。

四、SNS 营销

1. SNS 营销的概念

SNS(social networking services,社会性网络服务)旨在帮助人们建立社会性网络的互联网应用服务。SNS 的另一种常用解释:全称 social network site,即"社交网站"或"社交网"。SNS 营销指的是利用这些社交网络进行建立产品和品牌的群组、举行活动、利用 SNS 分享的特点进行病毒营销之类的营销活动。

简单说是让在 SNS 网站上到处可见你的身影,不仅网友喜欢,站长都会喜欢上你,让别人知道你是干什么的,有哪些资源,是卖什么产品的,还是提供什么服务的,也就是利用目前比较流行的 SNS 网站进行网络营销,也叫 SNS 推广。

2. SNS 营销的注意要点

有人说就是在 SNS 网站里发广告,其实在 SNS 里与其整天发广告让人烦,还不如让别人知道你是干什么的,有哪些资源,是卖什么产品的,还是提供什么服务的来得有效。这方面只需要在资料里,在心情里留下一部分的信息就足够了。把更多的时间用到打通人脉关系上,让更多的人认识你,起到的推广作用比发广告带来的流量要强得多,毕竟大家一起在摘取的过程中已经输出了友情。

这里关键问题在于要保持经常露面,增加曝光率,让 SNS 网站上到处可见你的身影,不仅网友喜欢,站长都会喜欢上你,而且账号不必多,一个实名就足够了,让别人记住你,也就记住了你的产品。

五、社区营销

1. 社区营销的概念

随着中国社会经济与房地产业的蓬勃发展,目前城市中绝大多数人口已经按照其居住的业态形成了一种社区化的生活方式,而"社区营销"恰恰是在这样的大环境与背景下所诞生的事物。由于传统分销渠道竞争的日益加剧,进行渠道创新往往成为一些企业出奇制胜的法宝。在城市中,星罗棋布的社区蕴藏着巨大无比的潜力。因此,在社区中营销已经逐渐被一些企业视为一种全新的分销方式,并被越来越多的企业所关注。

2. 社区营销的方式

1) 早餐车

很多社区都会有专门销售早点的流动早餐车,早餐车的车体其实是一个不错的媒介。

2) 食杂零售店

在食杂零售店中,比较常见的宣传载体是墙壁海报、店招广告和太阳伞3种。这里重点推荐的是堆箱广告。堆箱广告是指在食杂零售店门口将产品外包装箱整齐地堆砌,通常是"双排八个高"为一组,费用的支出很少,但宣传的效果十分不错。

3) DM 直邮

DM 直邮广告比较常见,几乎每个城市的邮政广告公司都有这项业务,单位成本很低,其效果却不可估量。因为其较高的到达率,配合促销信息传播尤为有效。

4) 纯净水桶帖

一般的地市级城市的纯净水品牌不会超过 10 个,与纯净水厂联系(与某个品牌的水站全面合作),在其纯净水桶上贴上不干胶广告,或者是送水过程中直接投递。

5) 留言栏

居民楼的楼道口通常都有一块黑板大小的留言栏,无论是张贴海报还是发布社区推广活动信息其都是一个不错的媒介选择。

6) 海报张贴选点

海报张贴是社区营销中的主要宣传方式之一。海报张贴的选点十分重要,除了社区的宣传栏(通常属于居委会或当地工商局管辖)、食杂零售店和居民楼留言栏外,还可以考虑在农贸市场出入口、小饭馆等处张贴。

7) 社区指示牌

在每个社区的入口处,标示社区平面图的指示牌也是社区营销中可以利用的媒介,可以与居委会或街道联系,将平面图统一制作,并将品牌信息安排在上面。

8) 社区内悬挂布幔和条幅

如果地势条件容许,在社区入口处的墙体上悬挂布幔广告,效果比较理想;过街横幅的宣传效果有目共睹,如今很多城市已不容许在交通主干道上悬挂横幅,但社区内主干道的横幅还是可以批下来的。

9) 创新型社区营销

创新型社区营销方式在小区中以独立建筑物的形式存在,通过工作人员给社区居民提供水电气费、通信费、信用卡还款、公交卡充值、交通罚单等费用的缴纳,同时还为小区居民提供报刊读阅/订购、测量血压、车轮打气、邮件代收代发等无偿服务,这类营销在社区中发展了大量的居民会员,建立了庞大的居民网络。

创新型社区营销基于自身居民会员网络的基础上,同时为商家提供 LED 广告、电视广告、DM 广告、企业宣传册展示、优惠券派发、工作人员口碑营销、社区活动和产品订购等一系列营销组合服务,帮助商家有效地完成社区营销工作。

拓展视野

1. 如何写推广女士包包的软文

第一点,突出品牌。品牌意识,是现代消费者最为看重的。所以,女包软文在推广软文中首先要突出的就是品牌,主要从品牌在行业中的影响、品牌历史、时尚元素等几方面入手。

第二点,突出特点。每款女包都有自己的特点,而这种特点就是其卖点。一篇推广软文抓不住产品的卖点,那无疑就是废稿一篇。所以,女包推广软文的第二点就是要突出描述其特点。

第三点,突出时尚。时尚、潮流是这个时代的特点,特别是美女们更为看重这一点。那么,软文把握住了此点,无疑等于把握住了美女们的眼球。

第四点,突出实用。实用,才能体现出产品的价值,这是由价值规律所决定的不变真理。女包产品也不例外,其实用价值在软文中不可或缺。

第五点,突出价格。物美价廉才能引得消费者趋之若鹜。价格对消费者的主导作用不言而喻,而女人们更是格外的"小心眼",能扣则扣,除非遇到"败家女"。那么,软文中突出价格因素无疑就成为必要。

以上五点,是女包产品推广软文中所必须体现的五大点,缺一不可。撰稿者,可根据各类节日,适当进行重点描述其中的一点或几点。

2. 中国社会化媒体格局概览

中国社会化媒体格局概览如图 4.2.1 所示。

图 4.2.1 中国社会化媒体格局概览

实训　网店社区营销活动

实训场景

　　某皮具网店为提升网店的销售量和知名度,计划于五一国际劳动节前开展一系列的网店宣传活动,结合促销商品,采用适当的促销方法,拟写《"五一"出游生活"包"夺目》促销方案;确定本次推广的主要平台有新浪、搜狐、腾讯、人人网、天涯等社区平台,把促销活动发布到各论坛网站。

实训内容

　　(1) 拟订促销活动方案。
　　(2) 注册新浪、搜狐、腾讯 3 个博客及微博。
　　(3) 注册人人网 SNS 账号,注册搜狐、新浪和天涯论坛的账号。
　　(4) 发布促销活动。

实训目的

　　(1) 掌握社会化营销活动方案的撰写。
　　(2) 掌握 5 种社会化营销方法。
　　(3) 提升网店网络声量、打响网店知名度。
　　(4) 树立网店良好的产品形象,营造社区高活跃度,提升产品美誉度。
　　(5) 提升网络曝光率,提高用户活跃度,促进会员成交。

成果形式

　　活动策划书、数据统计报表、营销报告。

实训方法

　　任务驱动。

实训准备

　　联网计算机、稿纸。

实训步骤

　　步骤 1　注册新浪、搜狐、腾讯 3 个博客及微博,在公司网站开设会员制,注册人人网 SNS 账号,注册搜狐、新浪、天涯论坛的账号。

　　步骤 2　确定开展社会化营销的时间:2 个月(3 月至 4 月底)。

　　步骤 3　设计社会化营销活动策划主题:"五一"出游生活"包"夺目。

　　步骤 4　撰写社化营销推广活动方案软文,确定推广的网站:新浪、搜狐、腾讯、人人网、天涯。

　　步骤 5　把活动方案发布到各论坛网站上。

　　步骤 6　费用预算。会员费:50 元/个,在各网站上发布广告 60 元/条,社区活动 200 元每场。

步骤 7 撰写营销方案。例如,某皮具网店《"五一"出游生活"包"夺目》活动。

项目背景

该公司专注于为计算机和消费类电子产品用户设计并提供系列丰富的创新数码外设产品,作为中国计算机外设产品领域注重专业性创新研发的引导者,公司一贯秉承不断创新和优良工艺的品牌宗旨,为挑剔的 3C 用户提供专业且创新的产品体验,致力于成为全球数码外设产品的领跑者。

目前网络现状

该公司在互联网中仅有天猫上的广告宣传,对于公司网店的网络互动讨论极少,整体网络声量微乎其微,目前紧要的就是通过网络全方位媒介对网店的网络声量进行迅速提升。

推广时间

2 个月。

社会化网络营销目的

第一阶段:提升网店网络声量,打响网店知名度。

第二阶段:树立网店良好的产品形象,营造社区高活跃度,提升产品美誉度。

第三阶段:提升网络曝光率,提高用户活跃度,促进会员成交。

受众人群

旅游爱好者、白领人群、网店粉丝。

媒介策略

SNS 社区推广、BBS 推广、微博、游玩社区互动、百度知道、论坛营销策略、新闻发布。

游玩社区互动:培养部分马甲社区 ID,引导方向,提高活跃度。

百度知道:用不同的问题在百度知道问答搜索引擎上进行投放,再回答正面信息,经提问人采纳,该信息会很容易影响搜索引擎用户。

论坛营销策略:通过论坛口碑营销,根据金圣斯网店的特色优势进行网络话题营销、塑造其品牌的良好口碑,培养更多的品牌拥护者。

SNS 社区推广:以发布转贴和投票为主,结合热门话题植入金圣斯网店信息,以及增加金圣斯网店在网络的曝光率,开心网人群也符合受众人群,因此将其作为辅助传播平台。

微博:团队有专人维护,在评论和转发中与网友互动,关注金圣斯网店的粉丝,搜索评论金圣斯网店的粉丝并作出相关正面回应,举办有奖送礼互动活动,引起更多的粉丝加入,增加粉丝黏性,及时和参与的网友进行互动交流。

实训评价

营销活动策划实训评价表见表 4.2.3。

表 4.2.3　营销活动策划实训评价表

评价项目	营销活动策划（30%）	软文写作（25%）	数据统计（10%）	营销报告内容（25%）	职业素养（10%）
评价标准	A. 非常合理 B. 合理 C. 不合理	A. 操作非常熟练 B. 熟练 C. 不熟练	A. 完整 B. 较完整 C. 不完整	A. 非常客观真实 B. 较客观真实 C. 不客观不真实	A. 大有提升 B. 略有提升 C. 没有提升
分项得分					
总分					

说明：
1. 表格内按百分制打分
2. 可以请合作企业专业人员、电商协会等机构专业人士担当第三方参与评分
3. 各标准对应的分数范围：A. 80~100 分　B. 60~79 分　C. 60 分以下

任务测评

一、判断题

1. 博客和微博没有什么不同。　　　　　　　　　　　　　　　　（　）
2. SNS 没有任何营销效果。　　　　　　　　　　　　　　　　　（　）
3. 微博和微信是一样的。　　　　　　　　　　　　　　　　　　（　）
4. 会员制营销可以采用任何网站的会员。　　　　　　　　　　　（　）
5. 社区营销的效果没有博客营销好。　　　　　　　　　　　　　（　）

二、选择题

1. 社会化营销的主要方式有(　　)。
　　A. 博客　　　　B. 微博　　　　C. SNS　　　　D. 会员制
2. 社会化营销媒体的展现形式有(　　)。
　　A. 论坛　　　　B. 百科　　　　C. 即时通信　　　D. 博客
3. 博客营销主要表现为(　　)3 种基本形式。
　　A. 第三方平台　B. 自建博客频道　C. 外连　　　　D. 自建网站
4. 微博营销的缺点有(　　)。
　　A. 需要有足够的粉丝　　　　　B. 没有缺点
　　C. 新内容产生的速度太快　　　D. 传播力有限
5. 会员制营销的特征有(　　)。
　　A. 资格限制　　B. 自愿性　　　C. 集中性　　　D. 契约性

三、填空题

1. 撰写营销报告是整个营销活动的_____阶段。
2. 微博营销的优点_____、_____、低成本、_____。
3. SNS 营销关键问题是在于要保持经常_____,增加_____。
4. 社区营销的主要方式有_____、_____、_____、_____、_____。

_____、_____。

四、简答题

1. 在进行社会化营销时应注意哪些细节？
2. 进行博客营销的主要步骤是什么？
3. 社会化营销是如何产生的？
4. 社会化营销主要有哪几种方式？

五、案例分析题

优衣库网上排队活动

根据公司的营销策划，优衣库在中国内地推出了与人人网独家合作的网上排队活动。所有参与用户都同步成为优衣库人人网公共主页的粉丝，而"粉丝"数也从零激增到13万。用户参与的每一次官网登录、留言、成为粉丝、聊天等行为都会触发不同的新鲜事告知参与者的人人网好友，吸引其好友们的参与。

参与者只要用自己的人人网账号登录优衣库官网，就可以选择一个喜欢的卡通形象，并发表一句留言同步到人人网新鲜事，还可以用这个小人，在优衣库的虚拟店面前排队。每隔5分钟即可参与一次排队，每次排队都有机会抽奖。除随机赠送的一部iPhone或iPad外，如果恰好排到第10万或者第50万这样的幸运数字，还可以得到4999元旅游券或20件衣服的大礼包。

成为优衣库试穿者的幸运儿将可以免费获得优衣库的新商品或人气商品，但是在收到商品后必须在人人网的个人主页上发表试穿日记，并附上自己的试穿照片。

从这个案例中我们可以了解到哪些社会化营销手段？它们所起的作用是什么？

任务三 搜索引擎优化和竞价排名

能力标准

搜索引擎优化和竞价排名能力标准见表4.3.1。

表4.3.1 搜索引擎优化和竞价排名能力标准

能力标准		
技　能	知　识	职业素养
1. 能针对搜索引擎优化分析网站并设置关键词 2. 能针对搜索引擎优化建立外部链接 3. 能根据推广要求设置竞价付费推广账户 4. 能撰写广告创意和查看广告效果	1. 了解搜索引擎的基本工作原理 2. 掌握关键词分析、设置方法 3. 掌握文章内容优化的方法 4. 掌握外链推广的原理和方法 5. 熟悉搜索引擎付费推广后台 6. 掌握设置和调整优化关键词的方法	1. 具有网站优化意识 2. 培养良好的网站分析能力 3. 具有细致、认真的工作态度 4. 具备规范的搜索引擎操作方法 5. 具备搜索引擎优化的职业道德

经过一段时间的泛网络推广（社会化营销），阿霞所在公司的网站已经有了一定的流

量,取得了网络推广的预期效果。但是,距离完成营销目标仍有一定距离,于是公司对推广部门提出了新的要求,即通过搜索引擎付费和免费方式来推广网站,以求更好地提升网站流量和达到销售目标。阿霞在整个团队中对网站推广有较深刻的认识,团队协调能力也强,因此被任命为推广组组长,带领推广组成员承担促进网站的推广工作。在领取任务之后,阿霞召开团队会议,分析得知,公司的网站当初在制作时仅按照一般性要求对网站结构进行优化,所以对网站的维护、优化、推广主要是聚焦在页面优化、外部链接推广、付费广告推广等方面。

本次会议中"搜索引擎优化和竞价排名"工作任务的内容及分工见表4.3.2。

表4.3.2 搜索引擎优化和竞价排名任务分工

序号	工 作 任 务	成 员	团 队 职 位	时间分配	成果形式
1	分析网站关键词,扩展、搜集、筛选关键词	阿霞	团队负责人	3天	关键词定位
2	设置页面关键词、撰写页面描述	阿飞	优化专员	2天	页面关键词
3	制作网页内部链接锚	阿飞	优化专员	长期	内页链接数
4	站外做链接锚	阿杜	外链专员	长期	外链数量
5	开通百度账户并确定投放精确定向	阿霞	团队负责人	1天	
6	设置搜索竞价排名推广	阿霞	数据分析专员	1天	账户完整
7	撰写标题和广告创意	阿莉	网站编辑	2天	点击率
8	查看推广效果	阿霞	团队负责人	1天	推广报告

工作流程

(1) 网站服务器、域名、结构分析。
(2) 网站关键词分析和部署。
(3) 网站内容建设和标签设置。
(4) 网站外部链接建设。
(5) 百度账户的开通和设置。
(6) 竞价排名关键词设定和广告创意撰写并使广告上线。

学习任务

(1) 搜索引擎优化概述。
(2) 搜索引擎优化影响因素。
(3) 关键词扩展工具使用。
(4) 网站标签的撰写要点。
(5) 外部链接建设的方法。
(6) 竞价排名设置的要点。
(7) 广告创意撰写的方法。

一、搜索引擎优化概述

1. 为什么要做搜索引擎优化

搜索引擎优化(search engine optimization,SEO)是指为提高网站流量、提升网站销售和品牌建设,遵循搜索引擎自然排名机制,对网站内部和外部进行调整优化,从而使关键词在搜索引擎中自然排名靠前的过程。

通俗地理解搜索引擎优化,就是一个没有经过推广优化的网站,如果没有搜索引擎的帮助,在上亿计的网站群中是很难被人发现的。搜索引擎优化建立了一个让其他人能找到这个网站的通道:通过一定的技术手段,在遵循搜索引擎所制定的规则下,使网站能获得更多人来访,并达成网站目标。

2. 搜索引擎优化的目标

搜索引擎优化的直接目标是使网站在搜索引擎上获得良好的排名。良好搜索结果排名意味着有更多的流量,这对网站的产品销售和品牌建设都有深远的意义。

但排名并不是搜索引擎优化的全部,更不是终极目标,实现网站产品销售或品牌建设,才是搜索引擎优化的最终目标。对绝大部分的网站来说,有更多的用户进入网站,阅读文章、购买物品、注册会员等是网站最想要的。

二、搜索引擎优化与其他推广方式的优势比较

不论搜索引擎优化的目标是什么,网站在上线后首要解决的问题是有人访问,虽然推广网站的方式非常多,但没有一种流量引入方式像搜索引擎优化那么吸引人,其主要优势见表4.3.3。

表4.3.3 搜索引擎优化和网络泛推广的优势比较

优 势	搜索引擎优化	网络泛推广
流量精准	通过搜索具体关键词在搜索引擎上到达网站,关键词体现了用户的需求,而访客主动寻找到网站,其意图与网站的目标是贴近的	网站主动将信息推送到眼前,用户并没有选择的余地,不管喜欢不喜欢,都需被动地接收信息,这可能会引起用户的反感
成本低廉	搜索引擎优化至少不需要花费广告费,只需要一定的技术方法和策略,即可达到推广的目的	需要一定的费用,平台不同费用不同
常用工具	搜索引擎是用户的基础网络应用,已成为很多人获取信息的最重要方式。用户在网购时用得最多的工具就是搜索引擎,60%的用户在网上购物时总是或经常使用搜索引擎,其使用率远远超出其他工具或网站	需要特定的平台环境(如博客、论坛、微博等),平台一般不是通用的必备网络工具,使用率比较一般

三、搜索引擎的工作原理

按搜索引擎的工作过程,搜索引擎必须经过以下3个阶段来获取数据。

1. 爬行和抓取

搜索引擎在开始工作时，会派出一个能够发现并访问新网页的程序，这个程序通常被称为蜘蛛 Spider（或机器人 Robot、爬虫 Crawler，不同搜索引擎有不同的叫法，但其实质都是一样的），这个过程就像用户上网访问网页一样，蜘蛛程序将收到的网页代码存入原始页面数据库。

互联网是由相互链接的网站及页面组成的，蜘蛛程序在访问已知网页后，顺着链接爬行到更多的网页，并将新的网址记入搜索引擎自己的数据库中等待抓取。

2. 索引

搜索引擎程序将抓取到的文件进行分解、分析等预处理，并以某种特定形式存入数据库中，以备排名程序调用，这个过程就是索引。

3. 排序

在搜索处理过后，搜索引擎从索引数据库中找到所有跟关键词相关的网页页面，并且根据搜索引擎自己的排名算法，计算出哪些网页应该排名在前，哪些网页应该排名在后。然后按照一定的格式，将这些经过排序的网页搜索结果页面，提供给用户作为最终搜索结果，这就是常见的搜索引擎搜索结果页。

四、影响搜索引擎排名的因素

影响搜索引擎排名的因素，主要包括网站所使用的服务器和域名、网页标题和标签、网页标签、网页关键词、网站内容及网站的反向链接。

1. 服务器和域名因素

服务器空间通常指存放网站文件的地方，服务器因素影响搜索引擎，主要表现在服务器位置、服务器是否被惩罚、服务器稳定性 3 个方面。而域名因素影响搜索引擎则跟域名历史、域名注册年限、域名后缀相关。

在租用服务器空间时，要考虑中英文网站的区别。如果做英文网站，搜索引擎优化针对外国人，那么租用港台或海外的服务器空间，因为国外用户搜索以 Google 为主。服务器 IP 如果被惩罚对网站影响很大，可以通过站长工具去查询该 IP 下其他网站的历史记录，也可以查询到域名的历史情况，其 PR 值等，查看这些东西以判定该服务器是否有不良历史记录。应尽量选用没有不良记录的网站，且服务器要稳定、要快，以带给用户良好体验。

2. 网页标题

网页标题是影响搜索引擎收录的一大重要因素，在搜索界面里用户输入关键词搜索指令，返回搜索结果页中首先呈现给用户的是网页的标题。网页标题是指包含在 Title 标签中的文字，是页面优化中最重要的因素。标题标签的 HTML 代码如下。

```
<head>
    <title>视评网|忠于视界的评论,关注 SEO、互联网、电子商务的博客。</title>
    ...
</head>
```

用户在打开该页面后，页面标题文字显示在浏览器窗口的最上方，如图 4.3.1 所示。

在搜索结果页面里，网页标题是结果列表页中的第一行文字，是用户看到的最醒目、

项目四 典型网络推广模式

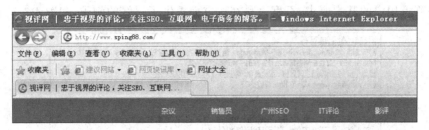

图 4.3.1 页面标题

最显眼的文字内容,如图 4.3.2 所示。

图 4.3.2 页面标题在搜索结果页中显示

以上例子说明,网页标题在搜索引擎优化中占有相当重要的位置。标题制作应做到不重复标题,应准确反映该网页内容,应提炼标题以吸引点击,且字数不宜过长。以百度为例,标题长度适中才能完整展示,如图 4.3.3 所示;而标题过长在搜索结果列表中会被搜索引擎截断,如图 4.3.4 所示。

图 4.3.3 页面标题长度适中能完整地展示

图 4.3.4 页面标题长度过长被截断

堆砌关键词也不允许,故意把相同的关键词进行密切排列,有可能被搜索引擎视为作弊行为而受到惩罚。在标题设置上应写成一个正常通顺的句子,这既符合搜索引擎的规则,也是尊重用户的基本要求,百度百科在这方面提供了很好的例子,如图4.3.5所示。

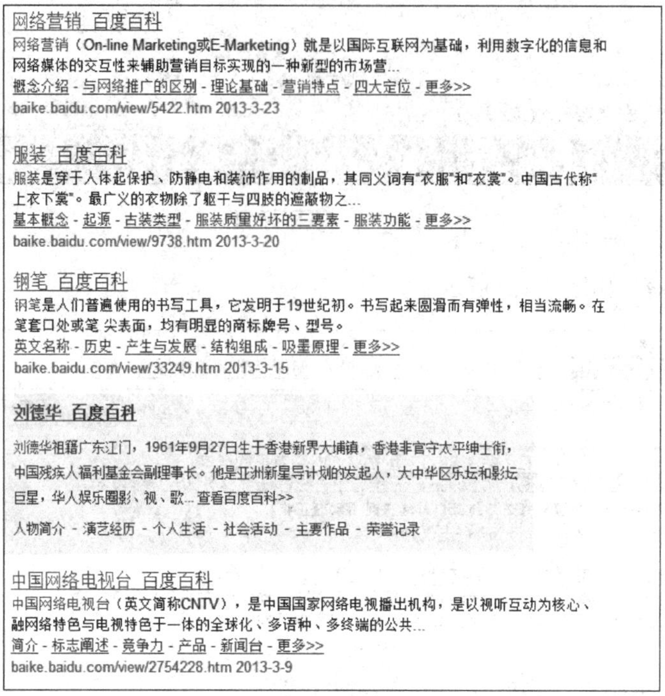

图 4.3.5 搜索多个名词的百度百科标题

3. 网页标签

网页优化的标签包括两个部分,即描述标签和关键词标签。

描述标签是 HTML 代码中 head 部分除标题标签外与 SEO 有关系的另一个标签,用于说明页面的主体内容。描述标签的代码格式如下。

```
<head>
  <meta name="description" content="忠于视界的评论,关注 SEO、互联网、电子商务的博客" />
  …
</head>
```

描述标签的文字并不显示在页面可见内容中,用户只有查看源文件和在搜索结果列表中才能看到描述标签里的文字。描述标签对关键词排名并没有太大的影响,但对点击率有影响。在搜索结果列表页,描述标签吸引人的内容会引来更多的点击。

关键词标签用于说明页面的主题关键词,其代码格式如下。

```
<head>
  <meta name="keywords" content="关键词 1,关键词 2,关键词 3…" />…
</head>
```

4. 网页关键词

1) 关键词的意义

关键词是用户输入搜索框中的文字,也就是用户向搜索引擎传输搜索指令的东西,可以命令搜索引擎寻找任何内容。首先,目标关键词有人搜索才有价值,没人搜索的词对网站而言是没有任何价值的;其次,选择关键词的前提是找到搜索量到达一定级别的词,但不宜太热,太热的关键词虽然搜索次数多,但竞争难度非常大,优化困难,而且也很难确定搜索这些热门关键词的人都是公司的目标客户。

2) 选择关键词的要点

(1) 与网页内容相关。目标关键词必须跟网页的内容相关,且应是当前网页的词语提炼,搜索引擎可以从中判定该网页的信息内容。

(2) 不宜使用太热和太冷的关键词。一般而言,关键词的搜索量与竞争热度成正比:搜索量越大,竞争热度越高;反之则越低。

(3) 避免关键词太宽和太窄。太宽的关键词,一是竞争热度太高,很难将排名做上去;二是搜索词的目的不清、意图不明,转化率较低。例如,若用户搜索"手机"一词,搜索引擎就很难判定用户是买手机的,还是想下载手机游戏的。

3) 确定和扩展关键词

确定核心关键词是选择关键词的第一步,核心关键词通常就是网站首页的目标关键词。如产品展示和购物网站通常会把最主要的产品类别当成目标关键词,并进行合理布局,其结构分布如图 4.3.6 所示。

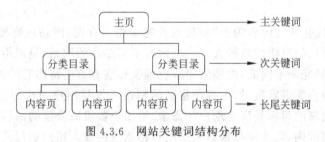

图 4.3.6　网站关键词结构分布

例如,以卖"风扇"产品为例的网站,假如将"家用风扇"作为核心关键词,则次关键词可能包含有"家用无叶风扇""家用转头风扇""家用床头风扇"等,而在有关"家用无叶风扇"目录下的内容页里,则可能包含的长尾关键词有"家用无叶风扇参数""家用无叶风扇使用方法""家用无叶风扇价格"等。

在确定核心关键词时应尽量多地列出与网站产品相关的、热门的关键词,并查看竞争对手网站的关键词,这样一方面可以参考同行业竞争者都使用了哪些关键词,以免遗漏,且寻找灵感进行补充;另一方面可以避开完全重复。另外,还可利用一些工具如百度指数来查询。

对于一个拥有成千上万网页的网站来说,几个核心关键词远远不够,因此按照网站的关键词分布结构,在选出核心关键词后,还需要进行关键词扩展,方法如下。

(1) 使用关键词工具,常见的工具有百度指数、百度推广关键词工具,取任何一个关键词都可以进行重新组合扩展,如此不断挖掘,就可以扩展出成百上千的关键词,如图 4.3.7 所示。

(2) 使用相关搜索,在百度或 Google 搜索框输入关键词时,都会出现下拉的与关键词相关的提示词;当然也可以在搜索结果页里查看到相关搜索,如图 4.3.8 所示。

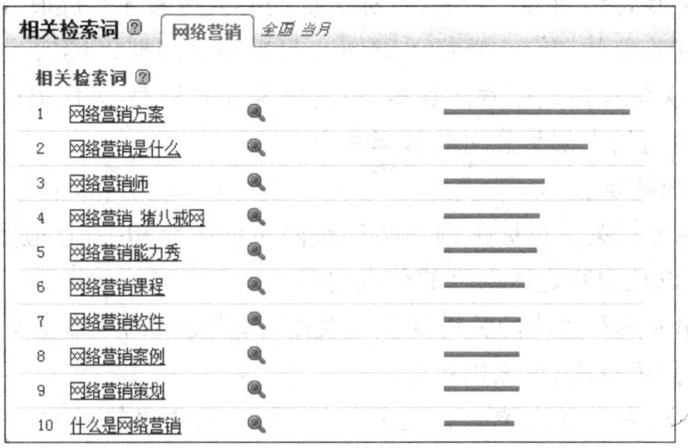

图 4.3.7　百度指数相关检索词工具

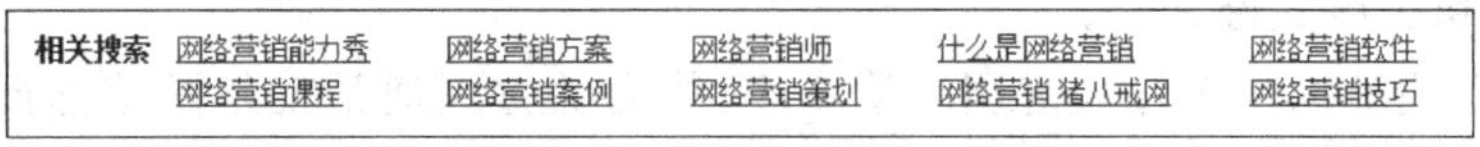

图 4.3.8　百度相关搜索词工具

5．网站内容

在搜索引擎优化中，"内容为王"的观点普遍适用。首先，网站内容要丰富，网站内容越多，满足用户需求的可能性就较大。一个内容丰富多彩的网站，呈现给用户的体验跟几乎无内容的网站是完全不同的，而搜索引擎也偏爱那些有着丰富内容的网站。

其次，网站内容要讲求质量，内容质量高的网站不仅受用户的欢迎，也受搜索引擎的青睐，因为搜索引擎的目标是满足用户的需求，给用户提供高质量的内容。网站只有提供高质量的、有价值的内容，才能与搜索引擎的目标达成一致。用户通过搜索引擎找到你的网站并满足其需求。这就是网站提供原创内容的原因。

6．网站的反向链接

1）反向链接的作用与意义

反向链接指若网页文档 A 包含指向文档 B 的链接，并将其命名为"A-B"，则对 B 来说这个"A-B"即为反向链接。对某个网页文档来说，所有来自其他文档指向自己的链接都称为"反向链接"。

反向链接的数量越多越好，质量越高越好。数量越多，代表这个网页内容的"关注度"和"支持率"越高；质量越高，代表越受到"高地位"网站的重视。

在搜索引擎优化中，将反向链接建设提到了跟内容建设同等重要的位置，"内容为王，链接为皇"说明了链接跟内容一样不可忽视。

2）增加反向链接的方法

通过一些方法可以增加反向链接，如与网站互换链接、购买反向链接，这些都是通过置换的方式以达成各自的需求，还有通过在网站上发布内容，带上链接，这包括开通博客、论坛，或在网站上投稿，并将这些网站上的文章内容链接到自己的网站上。

五、搜索引擎竞价排名

1. 搜索引擎竞价的概念

用户在搜索引擎如百度、Google 等搜索关键词后所显示的搜索结果,由两部分组成,一部分是自然网页排名结果,另一部分是广告链接(文字、图片)。广告链接是由厂商付费投放的,其目的是向用户展示并推送其产品和品牌,这就是搜索竞价。搜索竞价除一般展示在右侧外,左侧展示在不同搜索引擎中有不同的标示。例如,在 Google 用色块标示,在百度则用"推广"字样或色块标示。

2. 搜索引擎优化与竞价排名的区别

(1)效果持续性。搜索引擎优化花费的时间较长,精力较多,效果呈现较慢,但稳定性好,在一定时间内流量不断。竞价排名效果立竿见影,只要操作得当和出价合适,在极短时间内就可以将关键词排在结果页前面。但一旦停下广告,排名会很快消失。

(2)操作可控性。搜索引擎优化受搜索引擎的影响,排名的操作性、可控性只能在一个大致的范围内控制。而搜索竞价对广告标题、广告创意、广告着陆页、投放时间、投放地域都有着很强的控制性,可以及时地调整和优化,这对提高网站的转化率有很大帮助。

(3)搜索竞价广告的展示位置。搜索竞价广告展示在搜索结果页中,不同搜索引擎在对搜索竞价的广告标示不同,Google 和雅虎将位于左侧的广告链接用浅底色标示,以便跟自然搜索结果列表加以区分。而百度则习惯于把左侧的广告链接用"推广"字样标示,但对某些关键词或再度刷新关键词搜索时也用底色标示,如图 4.3.9 所示。

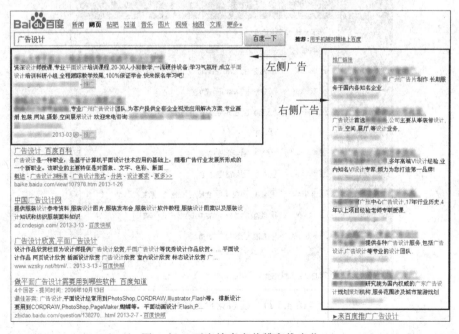

图 4.3.9 百度搜索竞价排名推广位

(4)如何操作搜索竞价。各大搜索引擎竞价排名的本质都是相类似的:以关键词出价和广告质量得分共同作用影响关键词的排名,其操作细则也大致相同,下面以百度推广为例来说明它们如何操作搜索竞价。

① 开通系统,添加账户(账户有金额)。

② 设定广告投放预算和推广地域、推广时间的定向,如图 4.3.10～图 4.3.12 所示。

图 4.3.10　搜索竞价预算设定

图 4.3.11　搜索竞价地域定向

③ 建立推广计划。在推广计划下建立推广单元,在推广单元下放关键词,推广计划和推广单元的作用相当于不同层级的文件夹,每个层级被赋予不同的修改权限:推广地域、广告预算、创意展现方式、推广时段等。

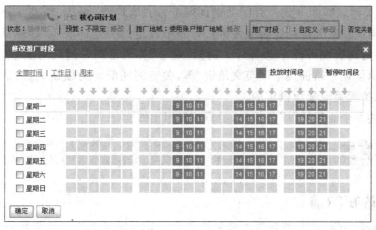

图4.3.12 搜索竞价时间段定向

④ 添加关键词。竞价排名关键词的选择与搜索引擎优化中关键词的选择有相似的地方：既要考虑到目标关键词的竞争热度，也要考虑到出价的高低，应在两者间取得平衡，其最终目标是以最低的成本，实现最高的转化。

⑤ 撰写广告标题和广告创意内容。用户首先看到的是标题，创意内容则在标题下面展示，且标题和创意内容须包含关键词，关键词以高亮方式显示。

标题和创意均有字数限制，百度推广标题限制为50个字符，创意内容为160个字符。且广告内容展示在左侧和右侧时对字数的限制并不相同，在推广位能完整展示的广告如果出现在右侧推广位时，后半段会被截掉，在撰写广告内容时应兼顾到这两种情况，如图4.3.13所示。

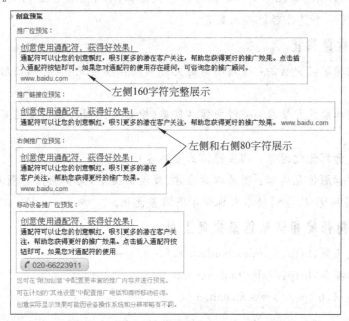

图4.3.13 百度竞价推广中关键词和广告创意的字数要求

⑥ 设置关键词匹配方式。百度关键词匹配方式有广泛、短语、精准3种方式。关键词匹配是指网民搜索关键词是否触发推广计划中设定的关键词展示,即使是搜索意图相同,但搜索关键词表现可能形态各异。例如,对于"英语培训",网民可能搜索"英语的培训""广州英语培训""培训英语""英文培训"等,关键词匹配即为锁定人群、最大化引入目标人群、过滤掉无关流量而设定的。

经过上述6个流程后,广告推出,经审核即可上线。

拓展视野

1. 网站的PR值

PR(page rank)是一种网页的级别技术,是Google排名运算法则的一部分,用于标识网页的等级/重要性。

级别从0~10,PR值越高说明网站越重要。例如,PR值为1说明网站不太具有流行度,而像新浪等PR值在7以上,则表明网站很受欢迎,一般而言,PR值达4以上,就是一个不错的网站。

PR值的计算公式为

$$PR = 1 - d + d\,PR(t_1)/C(t_1) + \cdots + d\,PR(t_n)/C(t_n)$$

其中,d是网站的投票权值,为常数值0.85,$PR(t_n)$表示外部链接本身的PR值,$C(t_n)$表示该外部链接网站所拥有的外部链接数量。如果某个网站有10个PR值为8的外部链接,而且每个外链网站又都有16条外部链接,那么这个网站的PR值为$PR(A) = (1-0.85) + 10 \times 0.85 \times (8/16) = 4.4$,可由公式得知,影响PR值的因素,一个是外部链接的质量,另一个是外部链接的数量。

2. 淘宝标题优化

(1) 淘宝标题优化目的:通过不同的关键词组合策略优化标题,使店铺获得更多的流量。

(2) 淘宝标题优化要求:关键词排名靠前(搜索关键词时在前面位置上能找到该商品)。

(3) 淘宝标题优化对象:购买商品的潜在客户。

(4) 淘宝标题优化内容:商品本身名称、属性的提炼,同类商品标题参考与选取,标题撰写与商品发布,监测排名与标题不断调整优化。

3. 关键词拓展和网站信息查询工具

(1) 百度指数,http://index.baidu.com/。

(2) 淘宝指数,http://shu.taobao.com/。

(3) 爱站网,http://www.aizhan.com/。

实训 淘宝商品标题优化

实训场景

某公司官方旗舰店将在淘宝店上推出一批夏装,这批夏装以男士九分休闲裤为主,作为网店引入的一个新品,在前期阶段主要通过搜索引擎引流的方式来推广。如何在竞争激烈的淘宝市场中脱颖而出?标题的优化成为重中之重,这也是网店自然流量的最主要渠道。

实训内容

(1) 根据商品的名称、属性等提炼关键词。
(2) 根据淘宝类目、属性和搜索下拉列表框等扩展关键词。
(3) 参考淘宝同类商品扩展关键词。
(4) 组合不同关键词制作成不同标题。
(5) 监测关键词的排名并进行关键词的调整优化以达到最佳效果。

实训目的

(1) 了解搜索引擎优化关键词的策划和选取。
(2) 掌握搜索引擎优化效果监测与持续调整方法。

成果形式

符合淘宝规则的标题,关键词搜索能在靠前位置上展示。

实训方法

任务驱动。

实训准备

联网计算机、某公司官方淘宝旗舰店。

实训步骤

步骤 1 注册淘宝账号,申请注册淘宝店铺,完成基本装修,并在分销平台上申请获得厂商商品授权,将厂商授权商品图文下载到自己的店铺中,并上架。

步骤 2 策划产品关键词,使用头脑风暴法,在一张纸上以关键词的方式,尽量多地写出该商品的功能、属性。

步骤 3 参考淘宝网站上该商品所属的类目、属性和搜索下拉列表框关键词、相关搜索等关键词,并将这些关键词记下来。

步骤 4 参考淘宝网同类商品的标题,至少记录下 10 个标题,并对这些标题分门别类。

步骤 5 将前述方法获得的关键词筛选、组合,形成新的商品标题并发布。

步骤 6 隔一天搜索标题中的不同关键词,观察其排名。

步骤 7 通过关键词的组合优化,调整关键词,并分析思考其对排名、进店人数的影响。

实训评价

淘宝商品标题优化实训评价表见表 4.3.4。

表 4.3.4　淘宝商品标题优化实训评价表

评价项目	撰写关键词内容（20%）	关键词获取数（10%）	关键词组合策划（10%）	标题优化效果监测(40%)	职业素养（20%）
评价标准	A. 非常合理 B. 较合理 C. 不合理	A. 多于15个 B. 8个左右 C. 少于5个	A. 非常合理 B. 较合理 C. 不合理	A. 非常好 B. 较好 C. 不好	A. 大有提升 B. 略有提升 C. 没有提升
分项得分					
总分					

说明：
1. 表格内按百分制打分
2. 可以邀请合作企业专业人员、电商协会等机构专业人士担当第三方参与评分
3. 各标准对应的分数范围：A. 80～100 分　B. 60～79 分　C. 60 分以下

任务测评

一、判断题

1. 搜索引擎优化就是为了使网站获得好的排名,这是搜索引擎优化的最终目标。
 (　　)
2. 搜索引擎优化与竞价排名各有优点,因此应结合实际情况来选择使用。　(　　)
3. 与其他网站推广方式相比,搜索引擎优化效果太慢,不值得推荐。　 (　　)

二、选择题

1. 增加反向链接的方法有(　　)。
　A. 购买　　　　　　　　　　B. 网站交换
　C. 站内多做链接　　　　　　D. 在其他平台上发布链接
2. 对于"夏装"关键词,可以进行关键词拓展为(　　)。
　A. 连衣裙夏装　　　　　　　B. 亲子装夏装
　C. 2020 年流行夏装　　　　　D. 潮流韩版服装

三、填空题

1. 搜索引擎优化 SEO 是指为_____、_____,遵循搜索引擎自然排名机制,对网站内部和外部的调整优化,从而使关键词在搜索引擎中自然排名靠前的过程。
2. 服务器因素影响搜索引擎,主要表现在_____、_____、_____ 3 个方面。
3. 在确定核心关键词时应尽量查看_____的关键词,一方面可以参考同业竞争者都使用了哪些关键词,以免遗漏,并寻找灵感进行补充,另一方面可以避开完全重复。

四、简答题

1. 影响搜索引擎优化的因素有哪些?
2. 搜索引擎优化与竞价排名的区别是什么?

五、案例分析题

最近保健品左旋肉碱在网上热销,利润较高,在保健品行业打拼多年的小明看到了商机。他先将厂商进货渠道打通后,专门请人做了一个营销型网站来售卖这类型产品。这

个网站各方面条件都不错,小明想通过最低成本的方式来推广网站,于是请了人来做网站优化,并按照 SEO 的基本思路,根据关键词做内容,发外链。结果折腾了 3 个月,并不见多大效果,而对小明来说,已经贻误了商机。对于这类主卖高利润产品的新网站,什么样的推广方式是最佳的方法?

任务四　网络广告推广

网络广告推广能力标准见表 4.4.1。

表 4.4.1　网络广告推广能力标准

能力标准		
技　能	知　识	职业素养
1. 能分析网络广告投放目标群体 2. 能制订出简单的网络广告设计方案 3. 能对网络广告进行简单的策略分析	1. 掌握网络广告的概念 2. 掌握网络广告与传统广告的区别 3. 掌握网络广告的特点和优势 4. 掌握网络广告的类型与表现形式 5. 掌握网络广告的收费方式	1. 具有网络品牌意识 2. 具有良好的沟通能力和团队协作精神 3. 树立良好的网络广告服务意识

(1) 网络广告的设计。

(2) 网络广告的实施。

(3) 网络广告的评价。

(1) 网络广告概述。

(2) 网络广告的类型和表现形式。

(3) 网络广告的策划过程。

(4) 网络广告的发布方式。

(5) 最常见的网络广告的收费方法。

(6) 网络广告收费方式的对比分析。

一、网络广告概述

1. 网络广告的概念

网络广告就是广告主借助于网络平台开展的广告,其表现形式主要是通过网站上的广告横幅、文本链接、多媒体等方法和手段,在互联网上刊登或发布广告,并通过网络传递给互联网用户。

2. 网络广告的优点

网络广告体得益于网络的快速发展,被称为快速崛起的第四媒体。与传统的传播媒体(报纸、杂志、电视、广播)广告及近来备受垂青的户外广告相比,其有着传统广告无以比拟的特点。它速度快、范围广、全天候、效果好,是网络营销促销的主要形式,也是中小企业发展壮大的很好途径,对于广泛开展国际业务的公司更是如此。

网络广告的优越性在于以下几方面。

(1) 不受时间限制,广告宣传效果持续性强。

(2) 不受空间限制,广告范围大,受众群体大,有广阔的传播空间。

(3) 方式灵活多样,实时交流、互动性强。

(4) 可以分类检索,广告针对性强。

(5) 发布方便快捷,费用低廉、不受折旧影响。

(6) 可以准确地统计受众数量。

二、网络广告的类型

网络广告最初仅体现在网页本身,但随着商业网络化,网络广告为网络商业带来了可观的利益,网络广告表现的形式也就越来越多,内容也越来越丰富。按其表现形式的不同可以分为以下几个类型。

(1) 网幅广告。网幅广告就是将 JPG 等图形图像文件定位于网格中以表现广告内容,同时还可使用 JavaScript 等语言使其产生交互性,用 ShockWave 等插件工具增强表现力。它是最早的网络广告形式。

(2) 电子邮件广告。电子邮件是网民最经常使用的互联网工具,对企业管理人员尤为如此。电子邮件广告具有针对性强、费用低廉的特点,而且广告内容不受限制。电子邮件广告一般采用的是文本格式,就是把一段广告性的文字放置在新闻邮件或经许可的 E-mail 中间,也可以设置一个 URL 链接到广告主公司主页或提供产品或服务的特定页面。文本格式的电子邮件广告兼容性最好,在直复营销方面的应用也较为广泛。

(3) 链接广告。链接广告是一种对浏览者干扰最少,需要的宽带最小,但却非常有效的网络广告形式。链接广告的安排非常灵活,可以出现在页面的任何位置,它可以竖排也可以横排,每个图标就是一个链接按钮,单击任何地方都可以进入相应的广告页面。这种广告的优势就是可以根据浏览者的喜好提供相应的广告信息,对于这一点,其他的广告形式是很难做到的。

(4) 插播式广告。自动弹出式广告就是插播式广告的一种。插播式广告有各种尺寸,有全屏的也有小窗口的,且互动的程度也不同,从静态到全部动态的都有。广告主很喜欢这种广告形式,许多网站都使用了自动弹出窗口式广告,且只有 1/8 屏幕的大小,这样就不会影响正常的网站浏览。

三、网络广告的策划

网络广告策划是指广告策划者从互联网的特征出发,根据网络用户群的不同需求特性,对某产品或服务进行全面筹划和宣传的一项工作。

网络广告策划在本质上仍然属于广告策划的一种,因此,在实施过程中的环节与传统广告有很多相同的做法。具体可以将网络广告策划分成筹备阶段、设计制作阶段、测试评估阶段、实施阶段。本节主要介绍筹备阶段的内容。

1. 确定网络广告的目标

筹备阶段的第一步是确定网络广告的目标,即通过信息沟通使消费者产生对品牌的认识、情感、态度和行为的变化,从而实现企业的营销目标。在公司的不同发展时期有不同的广告目标,例如,是形象广告还是产品广告。对于产品广告在产品的不同发展阶段,广告的目标可分为提供信息、说服购买和提醒使用等。

国际推销专家海英兹·姆·戈得曼在研究了消费者的购买行为与推销活动之间的关系后总结了一个重要的法则——AIDA法则。它的具体含义是指一个成功的推销员必须把顾客的注意力吸引或转变到产品上,使顾客对推销人员所推销的产品产生兴趣,这样顾客购买欲望也就随之产生,然后再促使其采取购买行为,达成交易。AIDA法则是网络广告在确定广告目标过程中的规律,AIDA法则过程模型图如图4.4.1所示。

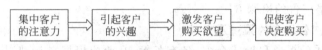

图4.4.1　AIDA法则过程模型图

(1) 第一个字母A是"注意"(attention)。在网络广告中意味着消费者通过计算机网络对广告通过视觉、听觉上的感受,逐渐对广告主的产品或品牌产生认识和了解。

(2) 第二个字母I是"兴趣"(interest)。网络广告受众注意到广告主所传达的信息之后,对产品或品牌发生了兴趣,想要进一步了解广告信息,他可以点击广告,进入广告主放置在网上的营销站点或网页中。

(3) 第三个字母D是"欲望"(desire)。感兴趣的广告浏览者如果对网络广告上的商品或服务产生"购买"的欲望,他们必定会仔细阅读广告主的网页内容,这时就会在广告主的服务器上留下网页阅读的记录。

(4) 第四个字母A是"行动"(action)。最后,广告受众把浏览网页的动作转换为符合广告目标的行动,可能是在线注册、填写问卷参加抽奖或者是在线购买等。

2. 确定网络广告的目标群体

简单来说就是确定网络广告希望让哪些人来看,确定他们是哪个阶层、哪个群体、哪个区域。只有让合适的用户来参与广告信息活动,才能使广告有效地实现其目标。

3. 进行网络广告创意及策略选择

(1) 醒目诱人的标题。一个好的标题往往能给受众留下深刻的印象。

(2) 简洁明了的广告信息。信息繁冗反而让受众选择"关闭"。

(3) 带有趣味互动性。在网络广告上增加游戏功能,通常能提高访问者对广告的兴趣。

(4) 合理安排网络广告发布的时间。网络广告的时间策划是其策略决策的重要方面。它包括对网络广告时限、频率、时序及发布时间的考虑。时限是广告从开始到结束的时间长度,即企业的广告打算持续多久,这是广告稳定性和新颖性的综合反映;频率即在一定时间内广告的播放次数,网络广告的频率主要用在许可邮件广告形式上;时序是指各种广告形式在投放顺序上的安排;发布时间是指广告发布是在产品投放市场之前还是之后。实际上,消费者上网活动的时间多在晚上和节假日,因此要对网络广告作出合理的发布安排。

(5) 网络广告费用预算。公司首先要确定整体促销预算,再确定用于网络广告的预算。整体促销预算可以运用量力而行法、销售百分比法、竞争对等法或目标任务法来确定。而用于网络广告的预算则可依据目标群体情况及企业所要达到的广告目标来确定,既要有足够的力度,也要以够用为度。量力而行法即企业确定广告预算的依据是他们所能拿得出的资金数额;销售百分比法即企业按照销售额(销售实绩或预计销售额)或单位产品售价的一定百分比来计算和决定广告开支;竞争对等法是指企业比照竞争者的广告开支来决定本企业广告开支的多少,以保持竞争上的优势;目标任务法的步骤:①明确地确定广告目标;②决定为达到这种目标而必须执行的工作任务;③估算执行这种工作任务务所需的各种费用,这些费用的总和就是计划广告预算。

(6) 制订网络广告的检测方案。

4. 选择网络广告发布的渠道及方式

网上发布广告的渠道和形式众多,各有长短,企业应根据自身情况及网络广告的目标,选择网络广告发布的渠道及方式。在目前,可供选择的渠道和方式主要有以下 8 种。

(1) 主页形式。建立自己的主页,对于企业来说,是一种必然的趋势。它不仅能树立企业形象,也是宣传产品的良好工具。在互联网上做广告的很多形式都只是提供了一种快速链接公司主页的途径,所以建立公司的 Web 主页是最根本的。从今后的发展看,公司的主页地址也会像公司的地址、名称、电话一样,是独有的,是公司的标识,将成为公司的无形资产。

(2) 网络内容服务商。如新浪、搜狐、网易等,它们提供了大量互联网用户感兴趣的并需要的免费信息服务,包括新闻、评论、生活、财经等内容,因此这些网站的访问量非常大,是网上最引人注目的站点之一。目前,这样的网站是网络广告发布的主要阵地,但在这些网站上发布广告的主要形式是旗帜广告。

(3) 专类销售网。这是一种专业类产品直接在互联网上进行销售的方式。进入这样的网站,消费者只要在一张表中填上自己所需商品的类型、型号、制造商、价位等信息,然后单击一下"搜索"按钮,就可以得到所需要商品的各种细节资料。

(4) 企业名录。这是由一些 Internet 服务商或政府机构将一部分企业信息融入他们的主页中形成的。如香港商业发展委员会的主页中就包括汽车代理商、汽车配件商的名录,只要用户感兴趣,就可以通过链接进入选中企业的主页。

(5) 免费的 E-mail 服务。在互联网上有许多服务商提供免费的 E-mail 服务,而且很多上网者都喜欢使用。利用这一优势,能够帮助企业将广告主动送至使用免费 E-mail 服务的用户手中。

(6) 黄页形式。在 Internet 上有一些专门用以查询检索服务的网站,如 Yahoo、Infoseek、Excite 等。这些站点就如同电话黄页一样,按类别划分,便于用户进行站点的

项目四 典型网络推广模式

查询。采用这种方法的好处,一是针对性强,查询过程都以关键字区分;二是醒目,处于页面的明显处,易于被查询者注意,是用户浏览的首选。

(7)网络报纸或网络杂志。随着互联网的发展,多数报纸和杂志纷纷在Internet上建立了自己的主页,更有一些新兴的报纸或杂志,放弃了传统的"纸"的媒体,完完全全地成为一种"网络报纸"或"网络杂志"。其带来的影响非常大,访问的人数不断上升。对于注重广告宣传的企业来说,在这些网络报纸或杂志上做广告,也是一个较好的传播渠道。

(8)新闻组。新闻组是人人都可以订阅的一种互联网服务形式,阅读者可成为新闻组的一员。成员可以在新闻组上阅读大量的公告,也可以发表自己的公告,或者回复他人的公告。新闻组是一种很好的讨论和分享信息的方式。广告主可以选择与本企业产品相关的新闻组发布公告,这将是一种非常有效的网络广告传播渠道。

四、网络广告收费方式

在实际应用中,最常见的网络广告收费方式有以下几种类型,见表4.4.2。

表4.4.2 网络广告收费方式

序号	类型	定义	举例	应用
1	CPC(cost per click)	每次点击成本	假设一则广告的单价是250元/CPC,那么5000元则可以购买到20个千次点击,也就是2万次点击	百度、谷歌
2	CPD(cost per day)	每天成本	例如,一则广告的单价是250元/CPD,那么5000元则可以购买到20个CPD,也就是可以播放20天	新浪首页
3	CPM(cost per mille)	每千人(次)印象成本	假设某一个广告横幅的单价是1元,那么每1000人次看到这个广告语就收1元,以此类推,10000人次访问的主页就是10元	雅虎
4	CPA(cost per action)	每次行动成本	例如,形成一次点击、获得一个注册用户、产生一次下载行为、完成一笔交易等。这类模式直指游戏、电子商务广告主的核心需求——产生注册和订单	淘宝、Ebay、易趣、招聘网

 拓展视野

1. 网络广告的起源

网络广告起源于美国,早在1994年10月,美国著名的Wired杂志推出了网络版的Hotwired,其主页www.hotwired开始有AT&T等十多个客户的广告Banner(旗帜广告)。这就是网络广告史上的一个里程碑式标志。中国的商业性网络广告出现在1997年,广告表现形式为468像素×60像素的动画旗帜广告。Intel和IBM都是国内较早在互联网上投放广告的企业之一。

2. 旗帜广告

旗帜广告通常置于页面顶部,最先映入网络访客眼帘,就像一面旗帜,创意绝妙的旗帜广告对于建立并提升客户品牌形象有着不可低估的作用。在互联网时代之初,旗帜广告是在线营销的主要方式之一,也称"网幅广告""页眉广告""头号标题",其形式颇像报纸的报眼广告。

实训 牛仔裤服装网络广告策划

实训场景

某公司准备向市场投放一种新型的青春女式牛仔裤,目标市场是年龄在14~30岁的女性群体,公司决定采用网络广告策略在网上促销。根据所给线索,请设计一则网络广告为产品进行推广。

实训目的

通过实训帮助学生达到初步掌握网络广告策划的基本程序、技能要求,以及培养学生的团队合作精神。

实训准备

联网计算机。

实训步骤

步骤1 针对所经营的牛仔裤产品,分析研究"客户是谁",找准目标市场。

步骤2 分析客户购买心理及其影响因素并列举出来。

步骤3 为产品设计有针对性的网络广告标题,并以文字形式叙述清楚。

步骤4 撰写简洁的广告信息,突出产品特点。

步骤5 广告中须涵盖广告设计的基本要素,并充分利用图片、动画等多媒体形式体现出产品的特点。

步骤6 修改广告。根据测试结果对网络广告进行修改、补充和完善。

步骤7 广告发布。反复审核修改后的网络广告,确定无任何问题之后可以发布,否则需要再次修改。

实训评价

网络广告的策划实训评价表见表4.4.3所示。

表4.4.3 网络广告的策划实训评价表

评价项目	广告对象分析(25%)	广告设计(50%)	职业素养(25%)
评价标准	A. 非常清楚 B. 清楚 C. 不清楚	A. 目标很明确、内容很合理 B. 目标明确,内容一般 C. 目标模糊,内容较差	A. 大有提升 B. 略有提升 C. 没有提升

续表

评价项目	广告对象分析(25%)	广告设计(50%)	职业素养(25%)
分项得分			
总分			

说明：
1. 表格内按百分制打分
2. 可以邀请合作企业专业人员、电商协会等机构专业人士担当第三方参与评分
3. 各标准对应的分数范围：A. 80~100 分　B. 60~79 分　C. 60 分以下

任务测评

一、判断题

1. 网络广告的传播不受时间和空间的限制，通过互联网可以把广告信息 24h 不间断地传播到世界各地。（　）
2. 电子邮件广告是通过互联网将广告发到用户电子邮箱的网络广告形式，类似于传统广告方式中的直邮广告。（　）
3. CPA 是指按点击数量进行收费的方式，对于广告主来说效果会比 CPC 和 CPM 好得多。（　）
4. 电视广告也是网络广告的一种。（　）
5. 目前最常见的网络广告收费方式是 CPD。（　）

二、选择题

1. 只要具备上网条件的任何人在任何地点任何时候都可以浏览到的广告是（　）。
   A. 电视广告　　B. 户外广告　　C. 报纸杂志广告　D. 网络广告
2. 目前网络营销广告行业内普遍采用的收费方式是（　）。
   A. CPC　　　　B. CPD　　　　C. CPM　　　　　D. CPA
3. 下列广告形式中不属于链接式广告的是（　）。
   A. 网页广告　　　　　　　　B. 图标广告
   C. 标志广告　　　　　　　　D. 按钮式广告
4. CPC 是（　）的英文缩写。
   A. 每千人成本　　　　　　　B. 每购买成本
   C. 每回应成本　　　　　　　D. 千次点击成本
5. 网络广告与传统广告最大的区别在于（　）。
   A. 能播放视频　　　　　　　B. 能与企业交流
   C. 不受空间限制　　　　　　D. 能将文字和动画结合在一起

三、简答题

1. 网络广告有哪些优点？
2. 网络广告在筹备阶段的策划程序有哪些？

任务五 口碑营销

 能力标准

口碑营销能力标准见表 4.5.1。

表 4.5.1 口碑营销能力标准

能力标准		
技　能	知　识	职 业 素 养
1. 能注册论坛账号 2. 能设计帖子,并进行发帖、跟帖操作 3. 能设计问答页面 4. 能进行数据监测	1. 了解什么是口碑营销 2. 掌握论坛营销的策略 3. 掌握论坛营销的操作步骤 4. 掌握问答类平台营销的操作 5. 掌握评价类平台营销的特征	1. 培养诚信意识 2. 培养创新意识 3. 提升团队合作意识

 工作流程

(1) 口碑营销的需求分析。
(2) 口碑营销方案的设计。
(3) 口碑营销的实施。
(4) 口碑营销的结果分析。
(5) 撰写口碑营销的总结报告。

 学习任务

(1) 对营销的目标、产品等信息进行需求分析。
(2) 精选目标论坛。
(3) 发帖、回帖和顶帖的技巧。
(4) 互动的设计。
(5) 制订阶段性的营销手段和方案。
(6) 对营销活动进行总结。

口碑营销是企业在调查市场需求的情况下,为消费者提供需要的产品和服务,同时制订一定的口碑推广计划,让消费者自动传播本公司产品和服务的良好评价,从而让人们通过口碑了解产品、树立品牌、加强市场认知度,最终达到企业销售产品和提供服务的目的。从传播效果看,口碑营销满足的是美誉度,通过引导用户相互之间口口相传,以达到增加用户信任度和认可度的目的。口碑营销在具体操作时需要论坛、微博、软文、新闻等的辅助和配合。

一、论坛营销概述

1. 论坛营销的概念

论坛营销就是企业利用论坛这种网络交流的平台,通过文字、图片、视频等方式发布企业产品和服务的信息,从而让目标客户更加深刻地了解企业的产品和服务,最终达到企业宣传其品牌、加深市场认知度的网络营销目的。论坛营销的网络语言说明见表4.5.2。

表 4.5.2 论坛营销的网络语言说明

序号	名　　称	说　　明
1	马甲	论坛账号,除了主账号之外的账号
2	发帖	灌水
3	回帖	顶、飘过
4	看帖	踩楼
5	抢楼	回帖的次序依次叫抢沙发、板凳等
6	网络水军	为网络公关公司发帖造势并赚取报酬的网民

2. 论坛营销的特点

(1) 论坛营销的针对性强。
(2) 口碑宣传的比例高,互动性好。
(3) 低投入,发布信息即时,推广快。
(4) 能及时掌握用户的反馈信息,便于及时调整营销策略。

3. 论坛营销的操作步骤

论坛营销的操作步骤见表4.5.3。

表 4.5.3 论坛营销的操作步骤

序号	操作步骤	说　　明
1	了解需求	需要了解营销的目标、产品、用户和竞争对手
2	找到最佳卖点	可以是备受关注或有争议的人;制造话题或有争议的话题;热门事件或者策划的事件
3	制造不同阶段的话题	就像一部电视剧,不断的增加续集,目的是将营销效果延续并放大
4	互动的设计	内容需要关联所推广的产品,能引起用户的共鸣和讨论,造成轰动效应
5	阶段性的营销手段和方案	例如,将帖子炒热阶段、将帖子炒火阶段、帖子被各大论坛竞相转载的火爆阶段,不同阶段应使用有针对性的手段和方案
6	做营销总结	分析收获与不足,及时总结并改进

4. 论坛营销的策略

1) 精选目标论坛

选择每个论坛的核心板块即热门板块,由于人气旺,帖子的曝光率较高,但难度较大。所以地方性论坛和小论坛的网民也极有可能成为你的潜在客户,可根据公司的实力选择论坛板块。

2) 严守版规，输入正能量

帖子一定要严格遵守版规，关注社会热点，一定要输入正能量，以得到版主的青睐。避免做杨白劳，帖子因不合格，被版主删除。

3) 多发原创帖

常发高质量的原创帖不仅能得到版主的青睐，而且也容易被搜索引擎发现，所以对于大型论坛里面的原创文章和帖子搜索引擎会很快将其收录，帖子内的网址也会很快被收录。

4) 回帖的技巧

对于垃圾帖不需要回复，以免影响企业的自身形象。但是对于精华帖或论坛管理人员发的帖子，可以回，并且回的内容中要加一些赞扬的话语，这样既能建立良好的人际关系，又可以提高被关注度。

5) 自顶帖技巧

回帖最好的方法是换几个"马甲"和换一个IP地址，每当帖子下来的时候，可以适当地顶一下。

6) 使用论坛短消息

借助工具可以对论坛里的所有会员发送短消息，当然版主和管理员除外。在发送的时候最好申请一个临时账号，避免等级高的账号被封。

二、问答类平台营销

1. 问答类平台营销的概念

站长或者企业网商借助问答类平台网站提出与自己业务相关的问题或回答与自己业务相关的问题，借此来推广与自己业务相关的信息，当然也包括被策划的自问自答。

2. 问答类平台营销的优点

(1) 目标精准，问答类信息比较有针对性。不论是提问者还是回答者，都与此信息有密切的关系，因此黏性好且转化率较高。

(2) 有助于企业对自己的品牌进行口碑营销，及时压制负面信息。问答类信息平台依赖于其显著的人气及与各大搜索引擎的隶属关系，搜索相关信息排名权重很高，当然可带外链的推广也是不错的外链策略。

(3) 可劫持竞争对手的流量，进行品牌拦截。因问答类信息平台是免费的，而且容易操作，当然一篇有商业价值的问答是被周密策划的正面信息的宣传。

3. 知名的问答类平台

知名的问答类平台见表4.5.4。

4. 问答类平台营销的操作（以百度知道为例）

(1) 申请百度知道的多个账户，了解百度知道的版规。以第三者的身份提问和回答问题，账号忌讳用需要发布的产品去命名，建议用随意的网名效果会更好。

项目四 典型网络推广模式

表 4.5.4 知名的问答类平台

序号	平台名称	网址
1	百度知道	http://zhidao.baidu.com/
2	天涯问答	http://wenda.tianya.cn/
3	新浪爱问	http://www.iask.com/
4	搜狐问答	http://wenda.sogou.com/
5	搜搜问问	http://wenwen.soso.com/
6	奇虎问答	http://www.qihoo.com/

(2) 关于提问。

① 设置关键词。选取适合的关键词来提问,可以用长尾词。例如,你是推销箱包的,箱包就是你的关键词,长尾词可以设置为防辐射箱包、什么品牌的防辐射箱包好、在哪能买到好的防辐射箱包等,问题的关键词堆砌 2~3 次就可以了。

② 设置问题。要认真去提问题,按照用户的搜索习惯对问题标题进行策划,并且一定要和推广主题相结合,主题内容要有针对性。提问可加悬赏分,提高问题的曝光率,减少被删的概率,还可增加补充问题,提高问题的真实性和可信度,问题的内容要自然,最好是分享式的。例如,日本核泄漏事件后,防辐射产品热销,问题可设置为"我近期要赴日本出差,想购买防辐射箱包,要真材实料的哦,有知道的麻烦帮忙回答一下,拜谢!!!"。

(3) 关于回答。提问和回答不能使用同一个 IP 地址,可以考虑使用在线代理。要先把账户的等级升高,如提升到 5 级后再去回答问题,提高可信度。设置周期,如第一天提问,第二天回答,第三天采纳,提高帖子的支持率,减少被删帖率。一个账户最好不要总是提相同或者相近的问题,每天仅限 3 个问题以内。链接的添加设置:不能够随便添外链,一个问题中只能出现一次链接,且尽可能地不要加首页链接,最好是能链接到具体的内容页面上去。也不能总是用自己网站的链接,可以用你做的推广内容作为链接,只要和问题相同就可以。至于操作的时间段,不要总是在同一时间段内回答问题,最好是分开时间段,可随机性回答问题。

(4) 关于顶帖。最后要及时监控提出的问题的问答和对问题回答的评价,选择一个满意的答案。切忌在问答时密集推广自己的产品和网站。在提交地址后,记录好问题地址,发布答案的时候,把地址与答案一并发给回答问题的朋友,同时做好地址记录。还可以适当把地址发给朋友,请朋友帮忙顶帖,每天 10 条即可。

三、评价类平台营销

1. 评价类平台营销的概述

随着 Web 2.0 的出现,越来越多的民众正逐渐开始利用网络平台来使用自己的话语权,在这个共享平台上交换信息,交流感受,使各种不同的价值最大化。评论式营销作为一种越来越活跃的市场运营模式,虽然与传统的营销手段有许多相通之处,但是它也有其自身的特征,可以概括为如下几个方面,见表 4.5.5。

表 4.5.5 评价类平台营销区别于传统营销的特征

序号	区别	特　　征
1	定义	以评论为主的营销模式
2	服务	个性化，第三方用户评价公司提供的是专业的用户评价管理服务
3	作用	多方位客观地评价、把握动态中的市场走势
4	特征	针对性强，便于企业及时进行业务分析，改进自身产品
5	优势	迎合客户的择优心理，提高可信度和公众认可度
6	方法	灵活多样的评价方法，可以针对不同的市场选择不同的方法

2. 评价类平台营销的成功案例

评价类平台营销的成功案例见表 4.5.6。

表 4.5.6 评价类平台营销的成功案例

序号	评价类知名网站	特　　点
1	当当	网上购书系统，借助于读者的书评提高可信度及公众认同度
2	淘宝网	利用钻石、皇冠的买家卖家信誉来保证双方相互的信任度，大大提升交易效率
3	京东商城	电子类消费品的成功卖家，以详尽的用户使用体验、很好的产品价格而展开的评论式营销
4	豆瓣	综合类评论网站，对人们日常生活中的休闲类项目：书籍、音乐、电影等提供了一个综合的评论平台，并以消费者的经验选择进行口碑营销
5	大众点评网	全球最早建立的独立第三方消费点评网站，致力于为网友提供餐饮、购物、休闲娱乐及生活服务等领域的商户信息、消费优惠，以及发布消费评价的互动平台

拓展视野

> **论坛营销网址推荐**
>
> (1) 一大把网络营销，http://promote.yidaba.com/bbs/。
> (2) 论坛营销实战经验与技巧分享平台，http://www.ebrun.com/。

实训　论坛营销的实施

实训场景

一天，阿霞的好朋友阿雅突然在 QQ 上求助，她幸运地被聘为某商城的运营主管，但看到老板交给她的第一个任务就哭了。老板要求她在一个月内提高该商城的美誉度，将商城的有效注册用户由 100 人提升到 10000 人，否则就只能下岗走人。阿霞立刻想到了

"口碑营销",QQ另一端的阿雅立刻行动了起来。

实训目的

(1) 掌握论坛营销的操作。

(2) 掌握问答类平台营销的操作。

(3) 提升诚信意识。

实训准备

联网计算机。

实训步骤

进行营销的需求分析,在确定卖点信息之后采取下列步骤开展工作。

步骤1 打开 IE 浏览器,进入论坛。例如,在地址栏输入 http://bbs.egou.com/,登录易购论坛,并用不同的 IP 地址注册成为多个会员。

步骤2 选择"鞋帽箱包"板块,制造话题帖子,进行发帖。

步骤3 通过发帖团队,进行互动设计,并及时处理一些负面的信息。

步骤4 设计不同阶段的发帖方案及相应的手段。

步骤5 监测数据,重点是点击量、回复量、参与 ID 数、传播量,做好记录。

步骤6 打开 IE 浏览器,在地址栏中输入 http://zhidao.baidu.com/,登录百度知道网,用不同的 IP 地址注册成为多个会员,至少 10 个;在地址栏中输入 http://wenda.tianya.cn/,登录天涯问答网,用不同的 IP 地址注册成为多个会员,至少 10 个;在地址栏中输入 http://www.iask.com/,登录新浪爱问网,用不同的 IP 地址注册成为多个会员,至少 10 个。

步骤7 在搜索框中直接搜索防震箱包的关键词。

步骤8 找到最新待解决的问题。

步骤9 先用 A 账号提问,问题应该符合用户的搜索引擎,然后换其他账号换个问法。

步骤10 团队合作,用其他账号进行回答问题,并在一周内将其中一个账号的答案设置为最佳答案。至少制造 10 个问答页面。

步骤11 记录好地址,进行顶帖。

步骤12 撰写项目总结。

实训评价

填写论坛营销实训评价表见表 4.5.7。

表 4.5.7 论坛营销的实训评价表

评价项目	主题帖的回复数 (20%)	参与 ID 数 (20%)	制作的问答页面数 (20%)	转载量 (20%)	职业素养 (20%)
评价标准	A. 100 条以上 B. 70 条左右 C. 50 条以下	A. 40 个以上 B. 25 个左右 C. 15 个以下	A. 20 个以上 B. 10 个左右 C. 7 个以下	A. 100 条以上 B. 70 条左右 C. 50 条以下	A. 大有提升 B. 略有提升 C. 没有提升

续表

评价项目	主题帖的回复数（20%）	参与ID数（20%）	制作的问答页面数（20%）	转载量（20%）	职业素养（20%）
分项得分					
总分					

说明：
1. 表格内按百分制打分
2. 可以请合作企业专业人员、电商协会等机构专业人士担当第三方参与评分
3. 各标准对应的分数范围：A. 80～100分　B. 60～79分　C. 60分以下

任务测评

一、判断题

1. "网络水军"是指为网络公关公司发帖造势进行娱乐的网民。（　　）
2. 论坛营销找到最佳卖点就是找到商品的亮点和特色。（　　）
3. hao123网站是知名的问答类平台。（　　）
4. 评价类平台营销是以评论为主的营销模式。（　　）
5. 大众点评网是评价类平台营销的成功案例。（　　）

二、选择题

1. 论坛营销的操作步骤有（　　）。
   A. 找到最佳卖点　　　　　　B. 制造不同阶段的话题
   C. 病毒营销　　　　　　　　D. 互动的设计
2. 论坛营销的策略有（　　）。
   A. 精选会员　　　　　　　　B. 多转帖
   C. 多发原创帖　　　　　　　D. 使用论坛短消息
3. 论坛营销的特点是（　　）。
   A. 针对性强　　　　　　　　B. 低投入
   C. 发布信息即时性　　　　　D. 互动性好
4. 以下是知名的问答类平台的是（　　）。
   A. 百度知道　　B. 新浪爱问　　C. 雅虎知识堂　　D. 大众点评网
5. 评价类平台营销区别于传统营销的特征是（　　）。
   A. 个性化
   B. 第三方用户评价公司提供的是专业的用户评价管理服务
   C. 灵活多样的评价方法
   D. 迎合客户的择优心理

三、填空题

1. 口碑营销是企业在_____的情况下，为消费者提供需要的产品和服务，同时制订一定的_____计划，让消费者自动传播公司产品和服务的良好评价，从而让人们通过_____了解产品、树立品牌、加强市场认知度，最终达到企业销售产品和提供服务的

目的。

2. 论坛营销是指企业利用_____这种网络交流的平台,通过_____、_____、_____等方式发布企业的产品和服务的信息,从而让目标客户更加深刻地了解企业的产品和服务,最终达到企业宣传其_____、加深市场_____的网络营销活动。

3. 问答类平台营销就是站长或者企业网商借用_____网站提出_____的问题或回答_____的问题,借此来推广与自己业务相关的信息,当然也包括被策划的_____。

4. 问答类平台营销的优点是_____,问答类信息比较有针对性。有助于企业对自己的品牌进行_____,及时压制负面信息。可劫持_____,进行品牌拦截。

5. 评价类平台营销的成功案例中,如网上购书系统,借助于读者的书评提高可信度及公众认同度的知名网站有_____和_____,如综合类评论网站,对人们日常生活中的休闲类项目:书籍、音乐、电影等提供了一个综合的评论平台,以消费者的经验选择进行口碑营销的知名网站是_____。

四、简答题

1. 分析口碑营销与病毒营销的区别是什么?应如何应用?
2. 简述论坛营销的策略。
3. 评价类平台营销区别于传统营销的特征是什么?

任务六　数据化营销

能力标准

数据化营销能力标准见表4.6.1。

表4.6.1　数据化营销能力标准

能力标准		
技　能	知　识	职业素养
1. 能懂得如何提升二次购买率 2. 能懂得如何提升客单价 3. 能懂得如何提升客单件	1. 了解数据化营销的基本特点 2. 学习影响二次购买率的因素和提升二次购买率的方法 3. 掌握影响客单价的因素和提升方法 4. 懂得影响客单件的因素和提升方法	1. 培养数据营销思维 2. 培养店铺数据观察和分析的素质

阿霞所在的公司正式进驻淘宝商城,售卖夏装。为了在淘宝上经营好这个店铺,公司组建起一个团队,专门负责淘宝店铺的日常运营工作,这个团队前期将由运营、推广、文案、网页设计、客服等岗位构成。由于阿霞有较好的团队协调能力,对电商也有一定的认识和经验,于是被任命为运营主管,将带领淘宝店铺团队完成淘宝业绩目标。阿霞在上任后,立即召开团队会议,从数据化营销的角度对淘宝店铺运营工作进行部署,所有工作的绩效将体现在数据上。阿霞根据团队成员特点进行了分工,明确各项工作任务,并制作工作时间表,分工见表4.6.2。

表 4.6.2　淘宝店铺运营小组任务分工

序号	工作任务	成员	团队职位	时间分配	成果形式
1	资质准备和申请店铺开张	阿霞	运营主管	15天	
2	店铺装修	阿莉	网页设计	7天	
3	产品上传和上下架管理	阿杜	客服	长期	产品上线
4	关联营销设置	阿霞	运营主管	长期	
5	产品文案写作	阿娇	文案	7天	产品上线
6	淘宝推广	阿涛	推广	长期	
7	客服值守和客情管理	阿杜	客服	长期	
8	数据监测和运营调整	阿霞	运营主管	长期	数据监测表

工作流程

(1) 开设淘宝店铺并将产品上线售卖。
(2) 策划产品详情页的内容设计。
(3) 将产品分类并从相关产品类别做好关联营销。
(4) 建立起淘宝客户标准应答话术。
(5) 建立起详细的客户档案。
(6) 监测淘宝店铺运营数据并及时调整。

学习任务

(1) 数据化营销概述。
(2) 提升二次购买率的方法。
(3) 提高客单价的方法。
(4) 提升转化率的方法。
(5) 提升客单件的方法。

一、数据化营销概述

1. 理解数据化营销

企业为了达到产品销售或品牌塑造的营销目的,通过采集和整理会员(组织机构、用户或消费者)的信息,在经过分析筛选后,使用电子邮件、短信、电话和信件等方式进行客户深度挖掘和关系维护,从而使销售过程数据化和精准化。

数据化营销的数据是通过善意的商业调查、会员注册提交资料及市场研究信息等方式获得的。建立起庞大的用户数据库,目的就是与顾客建立一对一的互动沟通关系,满足顾客个性化的需求。

数据化营销在欧美得到了广泛的应用。据统计,企业增长的 47% 都来源于数据化营销。在中国,因互联网和电子商务的蓬勃发展,企业也越来越重视数据化营销。通过电子邮件、短信、电话和传真等方式的数据化营销手段,也受到了企业的青睐。

2. 为什么要做数据化营销

相比传统营销注重经验积累与竞争对手比较,数据化营销反倒对过时的经典案例并不那么倚重。数据化营销大多借助于互联网技术,使一切营销活动变得数据化、可追踪化,并将这些数据用于指导实践。下面列举数据化营销的优势。

(1) 数据化、简便化、图表化。营销活动将涉及的要素,尤其是客户资源制作成图表,客户的喜好、年龄、联系方式等各项与营销活动相关的要素均以数据统计的方式呈现,方便管理,符合"数字社会"的大趋势。

(2) 科学数据能更好地反映营销规律。市场营销作为一门科学,对产品、价格、渠道、促销活动及客户的分析研究,必须基于营销本身存在的内在规律,而科学数据将这些因素作多维度呈现提供了方便。

(3) 快速为营销决策提供支持。数据化管理的目的,是为营销决策作支持和服务的。数据化营销使一切营销活动涉及的因素均量化处理,可以为营销决策提供快速支持。

二、提升二次购买率

1. 二次购买的概念

二次购买是指顾客第一次购买某品牌(或某商家)产品后,对品牌(或商家)形成记忆,并再次回头购买的行为。二次购买与顾客忠诚度有很大关系,顾客受商家首次营销的影响而产生首次购买,并且基于第一次购买形成第二次购买,通常把这认为是对品牌或商家的认可。

2. 影响二次购买的因素

网络营销是产品建立在网络平台上的营销活动,它将互联网当成营销中的一种推广工具和手段,目标是产品销售、品牌建设,其营销效果与互联网工具、产品本身有直接的关系。二次购买作为网络营销效果的一种体现,工具的应用及产品本身都影响到二次购买。

以某电商店铺为例,店主在客户的体验、商铺设计,以及附加价值本身等几个方面来提升二次购买应如何做。

(1) 客情关系维护:着重建立客户档案及会员积分制度以维护客情关系。

① 建立客户档案,登记每个客户的消费情况,包括客户的性别、生日和地域等信息。并定期回访老客户,促销与优惠信息适时推送,第一时间知会老客户。

② 建立会员积分制度,以优惠返现和礼品馈赠方式作为积分兑换,积分与利益挂钩,买得越多越便宜,鼓励客户提升积分而获得更多利益。

(2) 商铺设计。

① 物品丰富,琳琅满目。商品在种类上必须有一定的数量,例如,除卖钢笔系列之外,搭配有墨水和纸张等不同物品,并放置在显眼的位置,以满足消费者在购买文具时的多样需求。

② 文案和图片设计。一个粗糙简单的页面跟一个精心设计的页面,其引导客户下单消费的作用是不同的,其实是消费心理学的运用。如对需求的"渴望"和规避"痛楚"的适当运用,将使促进用户购买起到事半功倍的效果。

(3) 附加价值。对来网店购物的顾客赠送小礼品,这些小礼品通常成本低,但属于精致的小礼品；另外，网店还可以邮寄公司刊物给客户。

三、提高客单价

1. 客单价的含义

客单价是指顾客在一段时间内在店铺里购买金额的均值，即平均交易金额，它是有明显的时间段概念的，根据截取的时间不同，客单价的定义也不同。客单价分类见表4.6.3。

表4.6.3 客单价分类

截取时间	按日	按周	按月
分类	日均客单价	周均客单价	月均客单价

客单价的决定因素公式为

单个顾客的客单价＝日均客单价×购买频次

这个公式的含义是：将顾客一天之内在同一店铺内购买的金额按日合并，算作一次消费，这就是日均客单价。而在一段时间内购买了多少次（一周、一个月等），即购买频次。

由上述公式可知，提升客单价，即需要从提升日均客单价和购买频次入手。

2. 日均客单价的影响因素

将一天之内的同一店铺购买金额算一次消费，则可得

日均客单价＝商品平均单价×每一顾客平均购买商品个数

从上述公式可以看出，影响日均客单价的影响因素是购买商品数和价格，而顾客购买商品数量则跟店铺的关联营销有关。

关联营销是一种通过暗示、提示和推荐让顾客对多种商品产生兴趣的营销方式。超市结账处摆放口香糖、电池等商品即属于此类关联营销，提醒顾客不要忘了购买这些小件商品。关联营销有着丰富的手段，关联营销的宝贝之间有一定的关系，互补或相似。例如，功能、风格是形成互补的商品，如钢笔和墨水、茶具和茶叶、衬衫和西裤，它主要是满足人群同时或先后产生的需求。这种关联营销是以促成买家同时或先后购买两种或两种以上的产品为目标的。图4.6.1所示是销售衬衫，并通过关联营销将西裤进行搭配销售，顾客在购买衬衫时，看到西裤可能会增加客户购买，从而提升日均客单价。

图4.6.1 商品功能互补关联营销

而图 4.6.2 所示是在网上书店购买书籍《营销管理》时,将有关管理类的书籍一并促销,通过关联产品推荐,总有一件商品适合顾客。并通过价格优惠,引导顾客同时购买多个宝贝。

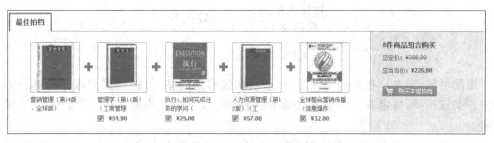

图 4.6.2 相似商品的关联营销

3. 客户购买频次的影响因素

客户购买频次是指一个买家在一段时间内在店铺购买了多少次,它反映的是客户对网站、店铺的黏性。归根结底,它涉及客户对品牌的认知和忠诚程度。

客户购买频次跟客户满意度和客户的忠诚度有关,而客户满意度和客户的忠诚度是很主观的概念,但在数据化营销中,则可以通过一些具体的手段、方式和数据来把控和测量。通常其测量手段如下。

(1) 客户评价和反馈。客户评价直接反映了客户的满意度,在很多购物网站上都有一个评价体系,以便客户对商品进行评价。

(2) 客户反馈。客户对店铺、产品、服务的满意程度可以直接通过客服人员的反馈而获得。

四、提升转化率

转化率是指在一段时间内,完成转化行为的次数占推广信息的总点击次数的比率。其计算公式为

$$转化率 = \frac{转化次数}{点击量} \times 100\%$$

转化行为是指客户完成一次商家所期望的行动,转化行为见表 4.6.4。

表 4.6.4 转化行为

序号	转化行为表现
1	客户在网站上停留一定的时间
2	通过电话进行咨询
3	在网站上注册或提交订单
4	浏览了网站上的特定页面,如注册页面,"联系我们"等页面

对电子商务类的网站而言,转化率是客户在进入网站后,达成实际付款的目标,即成交转化率。

如果有100名客户看到其某个广告推广,其中有50名客户点击了这个广告,并跳转到产品的页面上,有20名客户将商品放入"购物车",其中10名客户最终付款,那么,其店铺成交转化率就是20%,计算过程如下。

$$\frac{转化次数}{点击量}\times 100\% = 转化率$$

$$\frac{10}{50}\times 100\% = 20\%$$

由此可见,当客户在进入店铺之后,从店铺装修到商品、价格和客户服务等都在影响着客户买或不买,决定着多少数量的客户买或不买,下面这些因素是提升转化率的重要因素。

(1) 网店页面中首页是网店的形象,在网站运营过程中视觉设计占有很大比重,而首页的设计水平集中体现了整个网店的水平。大部分运营成功的网店均在视觉设计上做到了图片设计精美、吸引人,有助于提升整个店铺的形象。

商品详情页则从多角度、多方面遵循营销的规律对商品进行展示,凸显商品的卖点,以达成客户的期望,即卖点与买点的重合。而哪些是客户的买点,哪些是客户所需求的,则不同商品有不同的内容。

(2) 商品本身。满足客户需求的产品能提升转化率,商品的外观、性能和质量等相对可以时时变化,但对店铺而言其是客观存在、不可更改的,客户对产品的了解只能通过网店页面的文字、图片来了解,但网页的内容也必须是产品的客观描写和真实反映,这也促使商家必须在商品上下工夫,使商品能够满足用户的需求。

(3) 商品价格。低价和高价都是一个相对的概念,低价并非是客户产生购买的必然因素,有的商品价低甚至引起客户的怀疑,所以应研究什么样的价格既能使客户放心,同时也让客户承受得起,因为大多数客户买的是商品的性价比,即性价比能提升商品的转化率。

(4) 客服人员服务质量。按对客户进行服务的不同阶段,客服分售前、售中、售后,每个阶段的侧重点不同,但热情、耐心、专业等特点是优秀客服素质的共性,提升客服的素质,使顾客满意,能促进成交转化率。

(5) 其他细节。如关联营销图片、口碑营销设置(评论)、资质证书、评价、收藏量等,均有可能影响到成交转化率。

五、客单件和客单价

将一定时间内(如一天)顾客在同一店铺的购买金额算一次消费,则可得日均客单价。

日均客单价 = 商品平均单价 × 每一顾客平均购买商品个数

也可以对一定时间内的销售金额和销售单通过计算而得客单价。

客单价 = 销售金额 ÷ 销售单

由于一笔销售单可能包含多件商品,按照销售金额和销售单间的关系得到单件。

客单件 = 销售总件数 ÷ 销售总单

例如,一个鞋店在5月1日卖鞋销售总额为10万元,顾客总计下单200单(一天内多次购买的该顾客算一单),共卖出500双鞋,则其客单价为500元,客单件为2.5双/单。

客单件和客单价均反映了顾客在该店铺的购买力度,客单件与客单价一样,电子商务网站通过关联营销能提升客单件,如图 4.6.3 所示为钢笔搭配墨水和吸墨器销售。

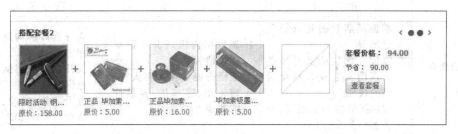

图 4.6.3　钢笔搭配墨水和吸墨器销售

实训　淘宝店数据化营销

实训场景

某公司官方淘宝店为了增加销量,提升营业额,对淘宝店进行数据化营销管理,将从提升二次购买率、客单价、转化率等方面进行精细化操作,为进一步的营销决策提供科学支持。

实训目的

(1)了解电商运作的数据化营销知识。

(2)淘宝店铺数据化营销的操作技能。

实训素材

联网计算机、淘宝店铺。

实训步骤

步骤1　在淘宝上开通淘宝店上传商品(可用淘宝厂家分销商品),并完成基础装修。

步骤2　设计产品详情页介绍文案,并用图文呈现。

步骤3　在产品详情页上设置关联营销。

步骤4　收集撰写适合网购平台客服用语,以作常规问题解答。

步骤5　设计附送给客户的小礼物(可以是创意卡片寄语、漫画等)。

实训评价

淘宝店数据化营销基础操作实训评价表见表 4.6.5。

表 4.6.5　淘宝店数据化营销基础操作实训评价表

实训任务	淘宝店数据化营销基础操作
实训日期	
任务内容	1. 开设淘宝店铺并进行基础装修、上线产品 2. 策划设计具有吸引力的产品详情页图文 3. 设置关联营销并做好客户管理工作

续表

实训方法	任务驱动		
评价要素	知 识	技 能	职业素养
	1.掌握网店数据化营销关键知识 2.掌握在淘宝的商品详情页用图文表现数据化营销的技能 3.掌握提升客户忠诚度、维护客户关系的方法	1.能根据淘宝店分析数据化营销的要素 2.能懂得提升二次购买率、转化率、客单价、客单件的基础方法	1.提升良好的沟通协调能力 2.提升良好的团队合作意识 3.提升积极、主动、认真负责的工作态度
任务重点	数据化营销中的各个影响因素		
任务难点	提升二次转化率和客单价的实操方法		
工作内容	1.开通淘宝店铺、上线商品(可分销)并做基础装修 2.设置关联营销 3.收集撰写客服答疑用语集锦 4.设计额外提升客户满意度的创意礼品		
成果形式	淘宝店铺经营情况		
评价项目	开设淘宝店铺(20%)	关联营销(30%)	客服答疑用语(20%)	创意小礼品(20%)	职业素养(10%)
评价标准	A.信息完善、装修精美 B.信息完善 C.不完善	A.非常合理 B.合理 C.不合理	A.非常合理 B.合理 C.不合理	A.有创意 B.一般 C.不理想	A.大有提升 B.略有提升 C.没有提升
分项得分					
总分					

说明：
1.表格内按百分制打分
2.可以请合作企业专业人员、电商协会等机构专业人士担当第三方参与评分
3.各标准对应的分数范围：A.80～100分　B.60～79分　C.60分以下

任务测评

一、判断题

1.客单价就是顾客每次购买产品的产品单价。　　　　　　　　　　　　　　　(　)

2.淘宝店面中首页设计非常重要,首页是网店的形象,在网站运营过程中视觉设计占有很大比重,首页的设计水平集中体现整个网店的水平。　　　　　　　　　　(　)

二、选择题

1.如果有600名客户看到某个广告,其中有120名客户点击了这个广告,并跳转到商品的页面上,有40名客户将商品放入"购物车",其中30名客户最终付款,那么,其店铺转化率是(　　)。

　　A.75%　　　　　B.25%　　　　　C.33.3%　　　　　D.5%

2. 商品价格因素影响店铺的转化率,从客户心理上讲,客户购买的是( )的商品。
   A. 价格低廉　　　B. 性价比高　　　C. 质优价高　　　D. 性价比低

三、填空题

1. 关联营销是一种通过_____的方法让顾客对多种商品产生兴趣的营销方式。
2. 客户的满意度和忠诚度可以通过网站上的_____、_____来进行测量。
3. 淘宝细节如关联营销图片、_____、_____、评价、收藏量等,均有可能影响到转化率。

四、简答题

1. 影响二次购买的因素有哪些?
2. 淘宝店铺提升转化率的措施有哪些?

五、案例分析题

某个淘宝店,经过一段时间的推广,访客增加了1倍,但是销售额却并没有增加,利润也没有增加。从客单价的角度考虑,是什么原因导致其流量增加而销售没增加?

任务七　视 频 营 销

能力标准

视频营销能力标准见表4.7.1。

表 4.7.1　视频营销能力标准

能 力 标 准		
技　　能	知　　识	职 业 素 养
1. 能根据产品的需求设计视频营销推广方案 2. 能根据产品的特点创作微电影拍摄剧本 3. 能通过团队协作进行微电影拍摄与后期制作 4. 能选择合适的网络平台进行视频投放与推广 5. 能跟踪分析视频营销推广效果	1. 理解视频营销的概念和特点 2. 掌握视频营销推广的方法和效果分析 3. 掌握微电影的创作与拍摄技巧 4. 掌握视频后期处理制作的方法	1. 培养良好的沟通能力和团队协作精神 2. 培养良好的审美观和艺术欣赏能力 3. 提高计算机运用水平、数据统计与分析能力 4. 养成规范的写作习惯

日前,为了迎接公司本年度新款文化衫的上市推广活动,公司决定筹备拍摄一部关于校园毕业季的微电影——《那些年我们一起走过的青春》,并开展相关的一系列的视频营销活动。鉴于阿霞有较强的组织协调能力,公司决定任命阿霞为此项目负责人,负责拍摄的工作分配和总体协调统筹相关工作。由于阿霞从未接触过微电影的拍摄,便聘请做广告策划的好友阿强为微电影导演,同时组建工作团队并分配好工作任务,很快投入到剧本的创作和电影的拍摄当中。拍摄小组任务分工见表4.7.2。

表 4.7.2　拍摄小组任务分工

序号	工作任务	成员	职位	时间/天	成果形式
1	制定微电影拍摄方案	阿霞	负责人	4	拍摄方案书
2	拍摄剧本创作与修改	阿强	导演组	5	剧本
3	拍摄的前期准备工作：演员选择、场地选定和设备租用等	阿平等4人	公关协调员	4	演职人员安排表
4	微电影拍摄过程	阿强	导演	4	分场景拍摄
5	根据拍摄场景，进行后期剪辑处理，制作成片	阿锋	影片制作员	3	影片剪、配音等
6	进行微电影投放宣传推广	阿霞	营销推广员	2	推广方案
7	进行微电影的推广效果跟踪调研	阿霞	负责人	8	调研报告

工作流程

(1) 视频营销方案撰写。
(2) 微电影剧本创作。
(3) 微电影拍摄。
(4) 微电影后期处理与制作。
(5) 微电影的投放与推广。
(6) 微电影效果分析报告撰写。

学习任务

(1) 视频营销概述。
(2) 视频营销的表现形式。
(3) 视频营销的策略。
(4) 视频营销的技巧。
(5) 视频营销的发展趋势。

一、视频营销概述

1. 视频营销的定义

视频营销是指通过多媒体与网络技术将产品服务和企业形象的视频图像、动画图片等传输至 Internet 上，以达到一定宣传目的的营销手段。视频营销的形式类似于电视视频短片，但是投放推广是在互联网开放的平台上。

视频营销的内容可以是企业产品、企业形象等直观内容，也可以是一些间接信息，如公益宣传、动画影像等。视频可以采用 DV 或摄像机进行直接拍摄得到，然后对其内容进行剪辑处理；也可以采用计算机制作 Flash、3D 动画等获得。

2. 视频营销的特点

视频营销是"视频"与"互联网"的完美结合，这种创新营销形式具备了两者的优点，受到了社会各界的广泛关注，如图 4.7.1 所示。

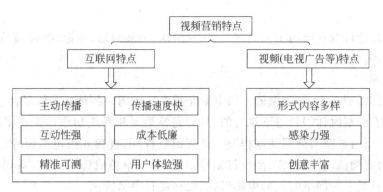

图 4.7.1 视频营销的特点

二、视频营销的表现形式

视频营销随着多媒体技术的发展和互联网的普及,表现形式不断创新发展,以下从两种主要形式来分析。

1. 企业宣传片

1) 企业宣传片的概念

企业宣传片是企业自主投资制作,主观介绍企业主营业务、产品、企业规模及人文历史的专题片。它是新兴计算机行业技术发展衍生出来的一个广告行业,不属于新闻行业范畴。企业宣传片制作分前期与后期两部分。前期制作包括策划及拍摄;后期制作包括剪辑、特效、动画、影音合成等。

2) 企业宣传片的种类

企业宣传片的种类如图 4.7.2 所示。

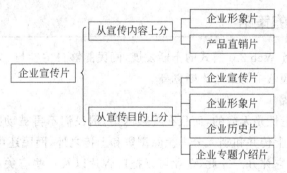

图 4.7.2 企业宣传片的分类

3) 企业宣传片的作用

对企业内部的各个层面有重点、有针对、有秩序地进行策划、拍摄、录音、剪辑、配音、配乐、动画、特效、合成输出制作成片,能够充分展现企业的现有发展状态、表现价值取向、文化传承、经营理念、产业规模等;也能够凸显企业独特的风格面貌、彰显企业实力,让社会不同层面的人士对企业产生良好印象,从而建立对该企业的好感和信任度,信赖其产品与服务。

企业宣传片可以直接用于促销现场、项目洽谈、会展活动、竞标、招商、商品发布会、网络宣传推广等。

2. 微电影

微电影即微型电影,又称微影。微电影是指专门运用在各种新媒体平台上播放的、适合在移动状态和短时休闲状态下观看的、具有完整策划和系统制作体系支持的具有完整故事情节的"微时放映""微周期制作"和"微规模投资"的视频或类电影短片,内容融合了幽默搞怪、时尚潮流、公益教育、商业订制等主题,可以单独成篇,也可以系列成剧。微电影是微时代开始——网络时代的电影形式,名称富有中国特色。

微电影的特点见表4.7.3。

表 4.7.3　微电影的特点

序号	特　　点	具　体　表　现
1	微时长、微周期、微投资	微电影在很短的时间内完成叙事,内容具有创意性,后期制作周期短,投资成本不高,利于快速传播
2	传播渠道利用新媒体播放	微电影可在电脑、手机等网络媒体上播放,突破了时空限制,方便快捷;可在汽车、飞机等交通工具上播放,受众面广泛,传播快速
3	传播主体和制作水平的专业性高	微电影的创作者一般都是由专业团队组成,导演、摄像、演员等技术人员都有从事过电影或者电视剧等相关行业的工作经验,甚至有明星加入,并且有一定的资金支持
4	与受众的互动性增强	微电影改变了传统电影点对面的单向传播模式,其传播模式呈现出双向性和交互性的特征,增强了与受众的互动

三、视频营销的策略

随着互联网业务Web 2.0模式的不断发展,网民能够自主参与、交互式和个性化的互联网平台在促使视频营销的策略不断创新。

1. 网民自创策略

中国网民的创造性是无穷的,而且在视频网站,网民们不再被动接收各类信息,而是能自制短片,并喜欢上传并和别人分享。除浏览和上传之外,网民还可以通过回帖就某个视频发表己见,并给它评分。因此,企业可以把广告片以及一些有关品牌的元素、新产品信息等放到视频平台上来吸引网民的参与,例如,向网友征集视频广告短片、对一些新产品进行评价等,这样不仅可以让网友有收入的机会,同时也是非常好的宣传机会。

2. 病毒营销策略

网民看到一些经典的、有趣的、轻松的视频总是愿意主动去传播,通过受众主动自发地传播企业品牌信息,视频就会带着企业的信息像病毒一样在互联网上扩散。病毒营销的关键在于企业需要有好的、有价值的视频内容,然后寻找到一些易感人群或者意见领袖帮助传播。

3. 事件营销策略

事件营销一直是线下活动的热点,国内很多品牌都依靠事件营销取得了成功。策划有影响力的事件,把它编制一个有意思的故事,并将这个故事拍摄成视频,这样的视频更容易被网民点击并传播。将事件营销思路放到视频营销上将会开辟出新的营销价值。

4. 整合传播策略

由于每一个用户的媒介和互联网接触的行为习惯不同,因此单一的视频传播很难有好的效果。因此,视频营销首先需要在公司的网站上开辟专区,吸引目标客户的关注,其次也应该跟主流的门户、视频网站合作,提升视频的影响力。而且对于互联网的用户来说,线下活动和线下参与也是重要的一部分,因此通过互联网上的视频营销,整合线下的活动、线下的媒体等进行品牌传播,将会更加有效。

四、视频营销的技巧

据相关数据显示,中国网络视频用户覆盖率超过 90%,视频成为规模较大的互联网应用。通过视频观看新闻资讯、电影、综艺的网民人数正在剧增,视频网站应在各自细分领域为网民打造更多优质的内容及良好的用户体验,吸引更多的视频用户关注视频网站。那么企业应如何充分利用好视频营销进行品牌提升和产品服务的宣传呢?具体应从以下三方面进行挖掘。

1. 以内容为本是视频传播最大卖点

视频营销的关键在于"内容",视频的内容决定了其传播的广度。好的视频自己会"长脚",能够不依赖传统媒介渠道,通过自身魅力使无数网友竞相传播。网友看到一些或经典,或有趣,或惊奇的视频总是愿意主动去传播,自发地帮助推广企业品牌信息,这样视频就会带着企业的信息在互联网以病毒扩散的方式蔓延。因此,如何找到合适的品牌诉求,并且和视频结合是企业需要重点思考的问题。

2. 视频发布力争上频道首页

在视频类网站如优酷、土豆、搜狐、新浪等都分了多个专题频道,企业可以根据自己的视频内容选择频道发布,力争上频道首页,如果能上大首页则更好,能让更多网民看到。在推广的时候也要注意命名标签、关键词的运用,这样有利于搜索。

3. 增强视频互动性,提升参与度

网民的创造性是无穷的,与其等待网民被动接收视频信息,不如让网民主动参与传播。在社会化媒体时代,网友不仅希望能够自创视频内容,同时也喜欢上传并与他人分享。因此有效整合其他社交媒体平台,提高视频营销的互动性,可以进一步增强营销的效果。例如,在视频发布出之后,留意网友的评论并互动等。

五、视频营销的发展趋势

随着互联网的高速发展,网民数量不断增加,视频营销发展出现品牌视频化、视频网络化、广告内容化的发展趋势,如图 4.7.3 所示。

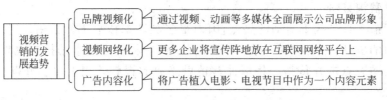

图 4.7.3 视频营销的发展趋势

 拓展视野

国内外知名视频网站

专业调查网站推荐:
(1) 优酷网,http://www.youku.com。
(2) 土豆网,http://www.tudou.com。
(3) 乐视网,http://www.letv.com。
(4) 爱奇艺网,http://www.iqiyi.com。
(5) 酷6网,http://www.ku6.com。
(6) 腾讯视频,http://v.qq.com。
(7) 搜狐视频,http://tv.sohu.com。
(8) YouTube,http://www.YouTube.com。

实训 微电影的投放与推广

实训场景

某公司开展2020年夏季文化衫的营销推广工作,拍摄了一部关于校园毕业季的微电影《那些年我们一起走过的青春》,想借助视频网站平台来宣传公司形象,吸引更多的年轻人了解公司新款文化衫,拓宽销售渠道,并充分了解老顾客、潜在客户的新需求,为即将到来的校园毕业季的文化衫销售旺季做好营销准备工作。

实训内容

(1) 撰写视频营销策划方案。
(2) 注册视频网站会员,上传视频并测试播放。
(3) 充分利用网络平台进行推广,提升视频人气。
(4) 跟踪营销效果并作分析报告总结。

实训目的

(1) 掌握视频营销的策划方案的撰写。
(2) 掌握视频营销推广的技巧。
(3) 掌握对视频营销效果的监控、对统计数据进行分析的方法。

成果形式

视频营销策划方案、视频数据统计报表、视频营销效果报告。

实训方法

分组讨论、任务驱动。

实训准备

联网计算机、视频材料、视频网站。

实训步骤

步骤1　学生根据公司已经拍摄好的微电影《那些年我们一起走过的青春》进行视频营销策划,然后向实训教师提交一份策划方案,写明视频营销的创意策划过程,而且要对营销对象进行深入分析,确定营销对象的核心价值,点明策划原则。

步骤2　学生可以在实训教师规定的范围内选择任意一个或多个知名网站为平台进行视频营销,例如优酷网(www.youku.com)、土豆网(www.tudou.com)、酷6网(www.ku6.com)等的视频"原创"专栏。

步骤3　在视频网站上注册会员,上传微电影《那些年我们一起走过的青春》,待平台审核通过后,检查视频播放效果。

步骤4　学生小组讨论可以采用哪些方法来进行视频推广,提升视频人气。

步骤5　学生小组论述对营销效果的监控过程,以及如何对统计数据进行分析,并整理成资料。

实训评价

视频营销实训评价表见表4.7.4。

表4.7.4　视频营销实训评价表

评价项目	视频营销策划方案(30%)	视频上传发布(10%)	视频人气(网站平台浏览次数)(30%)	视频营销总体效果(15%)	职业素养(15%)
评价标准	A. 非常合理 B. 合理 C. 不合理	A. 非常熟练 B. 熟练 C. 不熟练	A. 高(1000次以上) B. 中(100~1000次) C. 低(100次以下)	A. 非常好 B. 较好 C. 不好	A. 大有提升 B. 略有提升 C. 没有提升
分项得分					
总分					

说明:
1. 表格内按百分制打分
2. 可以请合作企业专业人员、电商协会等机构专业人士担当第三方参与评分
3. 各标准对应的分数范围:A. 80~100分　B. 60~79分　C. 60分以下

任务测评

一、判断题

1. 视频营销是"视频"与"互联网"的结合,具备了两者的优点。　　　　　　　(　　)
2. 微电影是能被广大网民比较喜欢接受的广告形式,因为它互动性强,制作投资成本较高。　　　　　　　　　　　　　　　　　　　　　　　　　　　　　　　(　　)
3. 企业宣传片的目的是凸显现企业独特的风格面貌、彰显企业实力。　　　　(　　)
4. 视频营销的关键在于"形式",视频的内容决定了其传播的广度。　　　　　(　　)

5. 进行视频营销首先需要在公司的网站上开辟专区,吸引目标客户的关注,其次跟主流的门户、视频网站合作,提升视频的影响力。   (   )

二、选择题

1. 视频营销的策略有(   )。
   A. 网民自创策略   B. 病毒营销策略
   C. 事件营销策略   D. 整合传播策略
2. 企业宣传片可直接用于(   )。
   A. 促销现场   B. 项目洽谈   C. 会展活动   D. 网络宣传推广
3. 随着互联网的高速发展,网民数量不断增加,视频营销发展出现(   )发展趋势。
   A. 品牌视频化   B. 视频网络化   C. 成本市场化   D. 广告内容化
4. 随着互联网的发展,视频营销推广的技巧有(   )。
   A. 内容为本   B. 增加投入,邀请明星加入
   C. 视频发布力争上频道首页   D. 增强视频互动性,提升参与度
5. 企业宣传片按宣传内容可分为(   )。
   A. 企业专题介绍片   B. 企业历史片
   C. 企业形象片   D. 产品直销片

三、填空题

1. 微电影的"三微"指的是_____、_____、_____。
2. 视频营销的发展趋势有_____、_____、_____。

四、简答题

1. 视频营销有哪些特点?
2. 如何进行视频营销?

五、案例分析题

阿里巴巴巧借视频做广告

2009年5月19日,一段长度为3分23秒的阿里巴巴广告视频《鞋袭——总统的反击》几乎在同一时间出现在土豆、优酷等大型视频网站中。

《鞋袭——总统的反击》和《一只鞋子引发的血案》这样的名字,使人很容易就猜到这可能是胡戈的新作,联想到以前胡戈众多作品中的《一个馒头引发的血案》《中国队勇夺世界杯》等,这段拥有两个名字的视频,很快就吸引了众多网友的注意,人们情不自禁地开始点击进行观看,它像病毒般迅速传播开来,视频在土豆、优酷等网站的点播次数很快就超过了百万。

试讨论、分析阿里巴巴进行视频营销的策略。

任务八 其他方式推广

 能力标准

其他方式推广能力标准见表4.8.1。

项目四 典型网络推广模式

表 4.8.1 其他方式推广能力标准

能力标准		
技　能	知　识	职业素养
1. 能根据公司产品和服务的特点制订网络事件推广方案 2. 能根据公司产品和服务的特点制订数据库推广方案 3. 能根据公司产品和服务的特点制订病毒式推广方案 4. 能根据公司产品和服务的特点制订即时通信营销方案 5. 能根据公司产品和服务的特点制订网络危机公关方案	1. 了解网络事件推广的定义和特点 2. 了解数据库推广的定义和特点 3. 了解病毒式推广的定义和特点 4. 了解即时通信营销的定义和特点 5. 了解网络危机公关的定义和特点 6. 熟悉多种网络推广方式的运用	1. 培养良好的沟通能力，团队协作精神 2. 提高计算机运用水平、数据分析能力 3. 养成规范的写作习惯

近期，阿霞在公司的主要工作是进行一系列的网络推广活动，让更多人认知公司品牌，了解最新款的文化衫的促销活动，并结合之前拍摄完成的微电影《那些年我们一起走过的青春》和相关的图片、文字广告进行新一轮的网络营销推广。项目负责人阿霞按照推广方式对团队进行了分组，细化了工作任务，见表4.8.2。

表 4.8.2 任务分工

序号	工作任务	成员	团队职位	时间/天	成果形式
1	实施网络事件推广方案	阿霞	组长、助理	5	方案、效果反馈
2	实施数据库推广方案	阿锋	组长、助理	5	方案、效果反馈
3	实施病毒式推广方案	阿成	组长、助理	5	方案、效果反馈
4	实施即时通信营销方案	阿琴	组长、助理	5	方案、效果反馈

工作流程

（1）制订推广活动方案。
（2）进行推广活动准备工作。
（3）实施推广活动。
（4）推广活动的效果分析及反馈。
（5）撰写推广活动总结报告。

学习任务

（1）网络事件推广的概述与实施。
（2）数据库推广的概述与优势。
（3）病毒式推广的概述与特点。
（4）即时通信营销的概述与优势。
（5）网络危机公关的概述与实施。

一、网络事件推广

1. 网络事件推广概述

网络事件推广是指企业、组织主要以互联网为传播平台,通过精心策划、实施可以让公众直接参与并享受乐趣的事件,并通过这样的事件达到吸引或转移公众注意力,改善、增进与公众的关系,塑造企业、组织良好的形象,以谋求企业长久、持续发展的营销传播活动。

网络事件可以归纳为两种类型:自发性事件和操作性事件。例如,自发性的网络事件有"百变小胖""贾君鹏,你妈叫你回家吃饭!""犀利哥"等,它们都是网络舆论自发形成的事件。而操作性的网络事件如"蒙牛冠名超级女声""凤姐""杜甫很忙"等,这些都是为了达到某种目的操作炒作形成的,这就是本质的区别。

2. 网络事件推广的实施

如何策划和运作网络事件推广是大家都比较感兴趣的话题,也是当今网络环境下的热门话题,那么应如何策划事件推广呢?可以把网络事件推广理解为是通过把握新闻的规律,制造具有新闻价值的事件,并通过具体的操作,让这一新闻事件得以传播,从而达到广告的效果。网络事件推广的实施流程如图 4.8.1 所示。

图 4.8.1 网络事件推广的实施流程

1) 善于发现话题

网络事件推广的根本就是能够吸引观众的眼球,例如,"2012 年 12 月 21 日世界末日"的传说事件,当全世界人都在关注这件事件的时候,商家找到消费者最关注的话题,结合自身产品策划了促销方案,创造了很多产品促销免费推广的机会。

2) 规划推广方案

在发现话题后,需要迅速作出针对性的反应,也就是制订相应的营销方案,确定营销目标与实施步骤。从内容上来说,可以写一篇软文。从渠道上来说,可以在微博、贴吧、论坛、QQ 群等地方进行大规模的"轰炸"。最重要的是确定与话题相关的销售策略,以促进产品销售。

3) 合理分配人员

一次网络事件推广不可能是一个人能够完成的,所以就需要团队协作配合。提前分配好团队各个角色应承担的任务,能够防止在营销开始后造成混乱的场面。例如,微博营销,可以以一个微博为主,再让所有参与者都来转发这个微博,就要比大家都使用自己的微博发布同一条信息要好得多。

4) 利用人脉资源

人脉是需要平时积累的,在行业有影响力的人需要去认识。如果他们帮助宣传一下营销的内容就可以省去很多力气。无论SEO还是网络推广或者事件推广,都不再是技术的时代了,而是人脉的时代。我们不缺想法,而是缺能够帮助我们实现这些想法的人。

5) 监测推广效果

事件推广是一件有成本的活动,所以还要对营销效果进行监测。检查是否达成预期目标,如果未达成,则要分析是哪些环节出了问题;如果达成,则要分析哪些环节还可以改善。这都是进行二次事件推广的数据来源支持。

二、数据库推广

1. 数据库推广概述

数据库推广是指企业通过收集和积累会员(用户或消费者)信息,经过分析筛选后有针对性地使用电子邮件、短信、电话、信件等方式进行客户深度挖掘与关系维护的营销方式。数据库推广以与顾客建立一对一的互动沟通关系为目标,并依赖庞大的顾客信息库进行长期促销活动。数据库推广有4种典型应用,如图4.8.2所示。

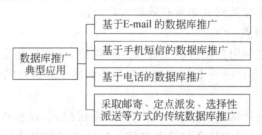

图 4.8.2 数据库推广典型应用

2. 数据库推广的优势

目前,越来越多的企业开始选择数据库推广,这与它相对传统营销推广所具有的独特优势是密不可分的。

(1) 精准。因为最终可以做到与会员的一对一沟通,因此数据库推广是一种可测度的广告形式。你能够准确地知道如何获得客户的反应及这些反应来自何处,这些信息将被用于继续、扩展或重新制订、调整你的营销计划。而传统的广告形式(报纸、杂志、网络、电视等)只能面对一个模糊的大致的群体,究竟目标人群占多少无法统计,所以效果和反馈率通常让人失望。

(2) 性价比高。开发老客户的成本肯定要比开发新客户低很多。据分析,维持一个老顾客所需的成本是寻求一个新顾客成本的一半甚至更低,用回头客忠诚度数据库营销经常地与消费者保持沟通和联系,可以维持和增强企业与消费者间的感情纽带。另外,运用储存的消费记录来推测其未来消费者行为具有相当精确性,从而使企业能更好地满足消费者的需求,建立起长期的稳定的客户关系。

(3) 竞争隐蔽化。如投网络广告、软文营销、新闻营销等方法,任何人都是可见的,竞争对手也都会看到。但是对于数据库推广,除了内部的人,谁也不知道企业都做了哪些事。还可与消费者建立紧密关系,而且一般不会引起竞争对手的注意,避免公开对抗。

(4) 个性化。可以针对每个用户的特点及不同情况,进行有针对性的营销。数据库推广可以使企业能够集中精力于更少的人身上,最终将目标集中在最小消费单位的那个人身上,实现准确定位。由于运用消费者数据库能够准确找出某种产品的目标消费者,企业就可以避免使用昂贵的大众传播媒体,可以运用更经济的促销方式,从而降低成本,增强企业的竞争力。

(5) 反馈率高。人们在做营销推广时,很头疼的一个问题就是怎么能知道用户心里在想什么。而数据库推广的用户反馈率是极高的,能让人们很容易地把握到用户的心理,增强用户忠诚度。数据库推广就像科学实验,每推进一步,都可以得到反馈并进行分析。

三、病毒式推广

1. 病毒式推广概述

所谓病毒式推广,简单来说就是"让大家告诉大家",即发起人将有价值有吸引力的产品或服务的最初信息发送到用户,然后通过用户的口碑宣传,再利用网络的快速复制和传递的性能将信息传向数以万计、百万计的受众,达到信息像病毒一样传播和扩散的效果。这是网络营销中的一种常见而又非常有效的推广方法。

2. 病毒式推广的特点

病毒式推广是通过利用公众的积极性和人际网络,让营销信息像病毒一样传播和扩散向数以万计、数以百万计的受众的。它存在一些区别于其他营销方式的特点。

1) 吸引力强

病毒式推广是一种特殊的、零成本的、免费的营销模式,该模式充分利用了目标消费者的参与热情,在传播过程中受众的这种热情会带动他们的自愿性、自发为信息提供传播渠道。这种能激发消费者主动自觉的传播信息的热情主要靠商家的智慧。其实信息的第一传播者传递给目标群的并不是赤裸裸的广告信息,而是经过加工的、具有很大吸引力的产品和品牌信息,消费者可能会被这些品牌效应和产品优惠所吸引。正是这一披在广告信息外面的漂亮外衣,突破了消费者戒备心理的"防火墙",促使其完成从纯粹受众到积极传播者的转变。

2) 传播速度快

一般情况下,大众媒体发布广告的营销方式是"一对多"的辐射状传播,都只是单一地对受众进行广告宣传,实际上无法确定广告信息是否准确无误真正传播到了目标受众。而病毒式推广是自发的、扩张性的信息推广,它并非均衡地、同时地、无分别地传给社会上每一个人,而是通过类似于人际传播和群体传播的渠道,只要一个目标受众感兴趣,产品和品牌信息就都会被传递给那些与他们有着某种联系的个体,病毒式推广有着几何倍数的传播速度。

3) 接收效率高

大众媒体投放广告有一些难以克服的缺陷,如信息干扰强烈、接收环境复杂、受众戒备、抵触心理严重等。而对于那些"病毒"信息,是受众从熟悉的人那里获得或是主动搜索而来的,同时也是自己所感兴趣的信息,在接受过程中自然会有积极的心态,而且经过包装过后的信息,显性的广告成分被掩盖,受众的抵触心理大大降低;另外,接收渠道也比较私人化,如手机短信、电子邮件、个人空间等,会存在多个人同时阅读或个人反复接收的情况,这样反而扩大了传播效果。

4) 跨时空

因为它结合了互联网本身没有时空限制的特点,任何时间、任何地点、任何人都能够成为传播信息的有效手段。营销手段和互联网的完美结合,不仅能够满足病毒式推广的高传播速度的需求,还能大幅度地提高信息的接收效率。网络的信息传播简单有效,在越来越深入大众生活的网络时代,更多的信息将从网络接收,网络已成为人们不可分割的一部分,这就给病毒式推广提供了有利的发展空间,而且还有更多的发展潜力有待挖掘。

5) 更新速度快

网络产品有自己独特的生命周期,一般都是来得快去得也快,病毒式推广的传播过程比较特别,通常是呈S形曲线的,即在传播开始时很慢,当其扩大范围至受众的一半时速度突然加快,波及范围迅速扩大,而接近最大饱和点时又慢下来。针对病毒式推广传播力的衰减趋势,一定要在受众对信息产生免疫力之前,将传播力转化为购买力,方可达到最佳的销售效果。

四、即时通信营销

1. 即时通信营销概述

即时通信营销是企业通过即时通信工具帮助企业推广产品和品牌的一种手段,现在常见的即时通信工具有微信、QQ、旺旺、微博、YY语音、MSN、Skype等软件。即时通信营销常见的表现形式如图4.8.3所示。

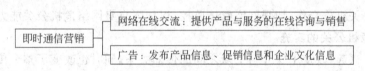

图4.8.3 即时通信营销常见的表现形式

2. 即时通信营销的优势

即时通信营销是网络营销的重要手段,是进行商机挖掘、在线客服、病毒营销的有效利器,是继电子邮件营销、搜索引擎营销后的又一重要营销方式,它克服了其他非即时通信工具信息传递滞后的不足,实现了企业与客户无延迟、全方位的沟通。

即时通信营销的优势具体表现如下。

1) 互动性强

无论哪一种即时通信营销,都会有各自庞大的用户群,即时的在线交流方式可以让企业掌握主动权,摆脱以往等待关注的被动局面,将品牌信息主动展示给消费者。当然这种主动并不是让人厌烦的广告轰炸,而是巧妙地利用即时通信营销的各种互动应用,可以借用即时通信营销的虚拟形象服务秀,也可以尝试即时通信营销聊天表情,将品牌不露痕迹地融入进去,这样的隐形广告很少会遭到抗拒,用户也乐于参与这样的互动,并在好友间广为传播,在愉快的氛围下自然加深对品牌的印象,促成日后的购买意愿。

2）营销效率高

一方面，通过分析用户的注册信息，如年龄、职业、性别、地区、爱好等，以及兴趣相似的人组成的各类群组，针对特定人群专门发送用户感兴趣的品牌信息，能够诱导用户在日常沟通时主动参与信息的传播，使营销效果达到最佳。另一方面，即时通信营销传播不受空间、地域的限制，类似促销活动这种消费者感兴趣的实用信息，通过即时通信营销能在第一时间告诉消费者，传播效率非常高。

3）传播范围广

大部分人在上班后，第一件事就是打开自己的即时通信软件，随时与外界保持联系。任何一款即时通信营销工具都聚集着大量的人气，并且以高品质和高消费的白领阶层为主。即时通信营销有无数庞大的关系网，而且它们的好友之间有着很强的信任关系，企业任何有价值的信息，都能在即时通信营销开展精准式的扩散传播，产生的口碑影响力远非传统媒体可比。

五、网络危机公关

1. 网络危机公关概述

网络危机公关是指利用互联网对企业的相关品牌形象进行公关，尽可能地避免在搜索企业的相关人物与产品服务时出现负面信息的网络活动。

当今的互联网已经成为企业危机公关的触发器与放大器，在网络的作用力下，精英媒体时代转向草根媒体时代，来自网络的企业危机一触即发。随着地球村时代的来临，每个人都是演员，人人都有选择的权利，墙倒众人推，使一次危机事件不断被扩大。企业必须与专业危机公关机构合作，加强网络媒体监控，以加强自身网络危机公关能力。

2. 网络危机公关的实施

互联网的兴起，改变了媒介与受众之间的传播关系，同时也改变了整个传播的话语环境。网络媒体的开放性、互动性、隐蔽性、全民性使得信息来源几乎无法控制，信息的过滤难度极大，肆意的批评和攻击更为容易，网络危机几乎变得艰巨而复杂。那么面对网络危机，企业是不是就束手无策呢？那倒未必，只要企业能正确认知危机并及时采取适当的策略，对危机各利益相关主体进行有效的公关，品牌就会渡过危机难关。可以说成熟高效的危机公关，不仅能让企业转"危"为"安"，甚至可以化"危"为"机"，如图4.8.4所示。

图4.8.4 网络危机公关的实施流程

（1）利用网络技术为企业建立起高效的危机预警监测系统监测组织环境。相比传统的信息传播媒介，企业可以通过互联网，随时监控各类行业、专业网站上的信息，通过对信息的分类进行评估，及时将有利或者不利的信息反馈到相关部门，并作出积极的回应；尤其是当发现不利于企业的舆论时，要马上采取相应的手段进行沟通，消除误解，以维护企业的形象。

（2）当网络中出现引起关注的负面报道时，企业应该立即启动网络危机应对方案，与危机发生的源头网站进行沟通，及时找出危机源头，迅速处理化解。这是消除事件进一步炒作和民众猜测的最好方法。网络事件传播的一个特点在于，容易扭曲事实真相并以过激言语刺激各个相关群体的不同反应，冲突双方的关联人往往都只会看到对自身有利的一面并予以反击，这个时候，会出现两种类型的声音：反对意见的声音和鼓励赞成的声音——对于前者，不能一味地阻止，而应尊重个人意见，允许不同意见者发声，然后用后者去巧妙地给以应对。每个言论一旦在互联网上发布，即意味着其很难消逝，即使在这个页面被删除，却依旧可以用技术留存转向另一个页面，长尾效应在此显露无遗。

（3）企业应该勇于承担责任，公正还原事件真相。当企业危机出现后，应该勇于承担，在危机公关中"态度决定结果"。公关传播考虑的是如何影响人的心理，现代人都有很强的自我意识和消费者至上的理念，如果危机公关采用一种强势的宣传姿态去表达，会很容易激发人们的反感。放下架子，真诚沟通，反而会使人们产生对企业或品牌的好感。要知道，网络不像传统媒体，网络中个体也有信息传播权和舆论批评权，网络的长尾效应使个体左右舆论的能力可以与传统媒体相匹敌。

（4）优化搜索引擎是解决公关危机的一个重点技术应用区域。搜索引擎使网络行为模式变得更加捉摸不定，当危机出现时，人们希望看到企业的说法，希望解决问题，消除顾虑。但通常情况下搜索引擎看不到来自企业自身任何正式的回应或者说明，这在现实中增强了大众对"危机"的认同。当危机出现时，可以优化搜索引擎，在技术层面上使得公司的声明、新闻、相关链接排在关键词搜索的前列，并利用新闻稿网络优化企业博客，和既有的互联网"声誉"化解危机。

  拓展视野

即时通信工具知多少？

即时通信（instant messaging，IM）是一种终端服务，允许两人或多人使用网络即时传递文字、文件、语音与视频等进行交流。通过即时通信软件，你可以知道你的亲友是否正在线上，及与他们即时通信。即时通信比传送电子邮件所需时间更短，而且比拨电话更方便，无疑是网络时代更方便的通信方式。

即时通信软件是通过即时通信技术来实现在线聊天、交流的软件，目前中国最流行的有微信、支付宝、QQ、千牛（阿里旺旺）、MSN等，而国外主要使用Skype、ICQ、MSN。

实训　病毒式推广

实训场景

某公司开展本年度夏季文化衫的营销推广工作，将结合之前的微电影《那些年我们一起走过的青春》的视频营销，通过"网络事件推广"营造传播话题，策划运作一个全市职业院校"校园好声音"选拔比赛,并在宣传材料中附上该公司名称和新款文化衫的元素,充分利用师生的实体社会和虚拟社会中人际关系网络的重要作用,通过微信、QQ、电话、短信、微博等迅速地把活动资讯及促销信息扩散出去,引起师生的热议,让大家接触公司品牌文化,了解公司新款文化衫等的最新促销信息。

实训内容

(1) 病毒式推广方案的整体规划和设计。

(2) "校园好声音"活动策划,撰写产品相关的营销软文,策划产品相关的网络话题。

(3) 注册微博账号(新浪、腾讯)和微信账号,通过微博、微信公众号平台发布"校园好声音"活动话题,开展关注微博、微信并积极转发活动资讯有奖活动(奖品为新款文化衫等),快速积聚社区网络的关注人气。

(4) 将病毒式推广的原始选拔活动信息在易于传播的校园内进行发布和推广。

(5) 对病毒式推广的效果进行跟踪和分析,形成报告资料。

实训目的

(1) 掌握病毒式推广的策划方案的撰写方法。

(2) 掌握网络营销软文的撰写方法。

(3) 熟悉微博、微信、QQ平台的功能。

(4) 掌握微博、微信、QQ有关发布推广的操作。

(5) 掌握微信公众号平台的编辑操作。

(6) 掌握对病毒式推广的监控、对营销数据进行分析总结。

成果形式

(1) 病毒式推广方案。

(2) "校园好声音"活动策划方案。

(3) 网络营销软文。

(4) 推广效果报告。

实训方法

任务驱动、分组教学。

实训准备

联网计算机、视频材料、促销软文、各大社区网站平台。

实训步骤

步骤1 学生根据公司新款文化衫的市场定位,提交一份病毒式推广策划方案,写明"校园好声音"选拔活动方案,要对营销对象进行深入分析,确定营销对象的核心价值,点明策划原则。

步骤2 学生结合校园文化与丽人衣橱的公司文化,提交一份"校园好声音"选拔活动方案和撰写一篇营销软文,并投放到各大校园论坛以及同城社区网站。

步骤3 注册微博账号(新浪、腾讯)和微信公众号,并将微博、微信公众号信息(二维码)添加到活动的宣传画册里,通过微博、微信平台发布"校园好声音"活动话题,开展关注微博、微信并转发活动资讯有奖活动(奖品为新款文化衫等),快速积聚社区网络的关注人气。

步骤 4 通过发优惠券和赠送礼品的方式宣传鼓励在校师生通过微博、微信、论坛、贴吧、QQ、短信等方式将活动资讯快速扩散出去。

步骤 5 学生小组讨论综合各种推广方式为活动造势，提升公司品牌价值和新款文化衫市场影响力。

步骤 6 学生小组讨论对推广效果的监控过程，以及如何对统计数据进行分析，并整理成资料形成报告。

实训评价

病毒式推广实训评价表见表4.8.3。

表4.8.3 病毒式推广实训评价表

评价项目	病毒式推广策划方案(20%)	校园活动策划方案与营销软文(20%)	活动人气(话题转发次数)(30%)	病毒式推广总体效果(20%)	职业素养(10%)
评价标准	A. 非常合理 B. 合理 C. 不合理	A. 非常合理 B. 合理 C. 不合理	A. 高(1000次以上) B. 中(100～1000次) C. 低(100次以下)	A. 非常好 B. 较好 C. 不好	A. 大有提升 B. 略有提升 C. 没有提升
分项得分					
总分					

说明：
1. 表格内按百分制打分
2. 可以请合作企业专业人员、电商协会等机构专业人士担当第三方参与评分
3. 各标准对应的分数范围：A. 80～100分 B. 60～79分 C. 60分以下

任务测评

一、判断题

1. 病毒式推广是一种特殊的零成本无付费、自发的、扩张性的营销模式。（　　）
2. 即时通信营销实现了企业与客户无延迟、全方位的面对面的沟通。（　　）

二、选择题

数据库推广的优势有（　　）。

A. 精准　　　　　B. 性价比高　　　　C. 反馈率低　　　　D. 个性化

三、填空题

1. 网络事件可分为_____、_____两种。
2. 即时通信营销常用的主要有_____、_____两种情况。

四、简答题

1. 病毒式推广的特点是什么？
2. 如何将网络危机公关转"危"为"机"？

五、案例分析题

可口可乐的火炬在线传递

2008年3月24日,可口可乐公司借助QQ平台推出奥运火炬在线传递活动,堪称经典病毒性营销案例。活动规定如果你争取到火炬在线传递的资格,将获得"火炬大使"的称号,头像处将出现一枚未点亮的图标,之后就可以向你的一个好友发送邀请。如果在10min内可以成功邀请其他用户参加活动,你的图标将被成功点亮,同时将获取"可口可乐"火炬在线传递活动专属QQ皮肤的使用权。而这个好友就可以继续邀请下一个好友进行火炬在线传递,以此类推。网民们以成为在线火炬传递手为荣,"病毒式"的链式反应一发不可收拾,"犹如滔滔江水,绵延不绝"。

这个活动在短短40天之内就"拉拢"4000万人参与其中。平均起来,每秒就有12万多人参与。一个多月的时间,在大家不知不觉中,身边很多朋友的QQ上都多了一个火红的圣火图标,同时也附带了可口可乐的广告图标。作为国际奥委会全球合作伙伴的可口可乐公司借机宣传推广了产品服务,提升了品牌价值。

试讨论可口可乐的病毒式推广的成功之处体现在哪些方面?

任务九 网络整合营销

能力标准

网络整合营销能力标准见表4.9.1。

表4.9.1 网络整合营销能力标准

能 力 标 准		
技　　能	知　　识	职业素养
1. 能够对企业推广的产品定位进行分析 2. 能够针对企业产品的特点设计整合营销策划方案 3. 能够制定网络整合营销的费用	1. 理解网络整合营销概念 2. 理解网络整合营销4I原则 3. 掌握网络整合营销步骤 4. 掌握对网络整合营销案例的分析方法	1. 具有培养良好的沟通交流 2. 具有良好的合作意识 3. 具有较好的文字表达功底

工作流程

(1) 熟悉企业推广的产品。
(2) 针对企业产品的特点设计整合营销策划方案。
(3) 对整合营销策划方案的可实施性讨论。
(4) 制定网络整合营销的费用。
(5) 评估网络整合营销的效果。

学习任务

(1) 网络整合营销概述。
(2) 网络整合营销步骤。
(3) 网络整合营销的原则。
(4) 网络整合营销案例。

一、网络整合营销概述

网络整合营销是指在一段时间内,营销机构以消费者为核心重组企业和市场行为,综合协调使用以互联网渠道为主的各种传播方式,以统一的目标和形象,传播连续、一致的企业或产品信息,以实现与消费者的双向沟通,迅速树立品牌形象,建立产品与消费者的长期密切关系,更有效地达到品牌传播和产品行销的目的。

网络整合营销是一种对各种网络营销工具和手段的系统化结合,并根据环境进行即时性的动态修正,以使交换双方在交互中实现价值增值的营销理念与方法。网络整合营销就是为了建立、维护和传播品牌,以及加强客户关系,而对品牌进行计划、实施和监督的一系列营销工作。网络整合营销就是把各个独立的营销综合成一个整体,以产生协同效应。这些独立的营销工作包括广告、直接营销、销售促进、人员推销、包装、事件、赞助和客户服务等。

二、网络整合营销步骤

在开展网络整合营销活动之前必须有一个详细的目标市场分析,然后在对目标市场分析基础上制订详细的营销方案。网络整合营销方案的创意和可操作性会直接影响到整合营销的结果,其一般过程如下。

(1) 对市场进行细分,找准市场机会和营销目标。

(2) 设计客户体验功能,然后是通过取得第一批客户,建设以他们为主导的信息和商务服务网站。如果企业的自身实力不够,可以选择专业建站的外包公司。

(3) 利用技术和数据库手段,根据这部分用户反馈的信息进行分析,确定主要营销战术,以满足更多更重要的用户需求。

(4) 设计论坛和社区,建立用户与用户的交流平台,设计商家与顾客的交互功能,以获得用户的忠诚度。一般开发自己的论坛需要几年的积累,最好选择已经应用广泛的论坛进行推广。

(5) 确定对外传播信息,根据已有用户的信息涉及和分配各人群的需求,进行对外口碑传播。

(6) 分析各传播工具的特性以及信息需求,引导外在用户产生兴趣和需求。

(7) 实施各种免费服务策略,发现用户潜在需求,并诱导其传播和消费。

网络整合营销的决策过程如图4.9.1所示。

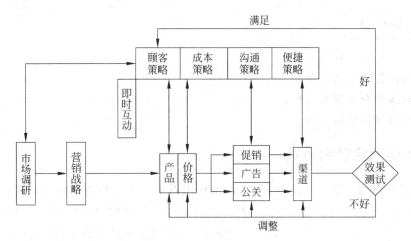

图 4.9.1　网络整合营销的决策过程

三、网络整合营销原则

网络整合营销 4I 原则：趣味原则（interesting）、利益原则（interests）、互动原则（interaction）和个性原则（individuality）。

1. 趣味原则

当越来越多的信息都戴着"泛娱乐化"的假面时，一个"娱乐至死"的年代来临了。互联网带有很强的娱乐属性，在互联网这个"娱乐圈"中生存，广告、营销也必须是娱乐化、趣味性的。显然，制造一些趣味、娱乐的"糖衣"的香饵，将营销信息的鱼钩巧妙包裹在趣味的情节当中，是吸引鱼儿们上钩的有效方式。"伟大的网络营销，它身上流淌着趣味的血液！它不是一则生硬的广告，娱乐因子在它身上灵魂附体！"

2. 利益原则

网络是一个信息与服务泛滥的江湖，营销活动如若不能为目标受众提供利益，必然寸步难行。但这里想跟大家强调的是，在网络营销中提供给消费者的"利益"外延更加广泛，人们头脑中的第一映射物质实利只是其中的一部分，还包括信息、资讯、功能或服务、心理满足或荣誉、实际物质、金钱利益等。

3. 互动原则

网络媒体区别于传统媒体的另一个重要的特征是其互动性，直接沿用传统广告的手法，无异于买椟还珠。再加上网络媒体在传播层面上失去了传统媒体的"强制性"，如此的"扬短避长"，单向布告式的营销肯定不是网络营销的前途所在，只有充分挖掘网络的交互性，充分地利用网络的特性与消费者交流，才能扬长避短，让网络营销的功能发挥到极致。而消费者们完全可以参与到网络营销的互动与创造中来，让消费者亲自参与互动与创造的营销过程，会在他们的大脑皮层回沟中刻下更深的品牌印记。把消费者作为一个主体，发起其与品牌之间的平等互动交流，可以为营销带来独特的竞争优势。未来的品牌将是半成品，另一半由消费者体验、参与来确定。当然，营销人找到能够引领和主导两者之间互动的方法很重要。

4. 个性原则

个性在网络营销中的地位凸现,在如今追求多元化的时代,专属、个性显然更容易俘获消费者的心。因为个性,所以精准,所以诱人。个性化的营销,让消费者的心理产生了"焦点关注"的满足感,这样更能投消费者所好,更容易引发互动与购买行动。但是在传统营销环境中,要做到"个性化营销"成本非常高,因此很难推而广之,仅仅是极少数品牌会品尝极少次的豪门盛宴。但在网络媒体中,数字流的特征让这一切变得简单、便宜,细分出一小类人,甚至一个人,做到一对一营销都已成为可能。

四、网络整合营销案例

江南 Style 品牌整合营销传播案例解读

自《江南 Style》的 MV(见图 4.9.2)被上传到视频分享网站 YouTube 开始,该"神曲"就不断创造奇迹和经典,在全世界范围内掀起了一场江南 Style 风潮。短短 6 个月时间,《江南 Style》音乐视频在 YouTube 的点击量已突破 10 亿次。此前,《江南 Style》已凭借好评数和点击率刷新了两项新的世界吉尼斯纪录,同时摘得了美国、英国、巴西、比利时等 35 个国家的 iTunes 单曲榜第一名。是什么魔力让这个跳着"骑马舞"、其貌不扬的韩国男歌手在短时间内风靡全球?《江南 Style》的成功又给企业家和营销人员带来何种启示?

图 4.9.2 《江南 Style》

1. 定位精准,突破传统

从社会心理学上来说,《江南 Style》主人公鸟叔窥探有钱人生活的搞笑故事,非常符合人们自嘲的心理,从而迅速吸引到更多人围观和参与,它通过精准的定位牢牢抓住了观众的眼球,为其成功打下坚实基础。

在内容的设计上,《江南 Style》的 MV 情节和歌词都非常简单,即使不懂韩语也能对其内容大致了解。"鸟叔"朴载相的"骑马舞"动作和歌词"oppa gangnam style"一遍又一遍不断地重复,大大加深了其在观众脑海中的印象,在歌曲结束后,观众脑海里普遍仍留有舞蹈和旋律的影子。它以易于模仿的"骑马舞"和充满动感的音乐旋律淡化了语言的障碍,用世界通用的肢体语言赢得全世界观众的追捧。

2. 放弃版权攒人气,创新商业模式

版权问题是如今人们对于影视音乐作品非常关注的一个话题,与其他音乐产品不同的是,《江南 Style》选择放弃 MV 的版权,任何人都可以制作相关的 MV 上传网络。于是,无论是明星精英还是无名小卒,只要有想法都可以录一段属于自己的"江南 Style"与别人进行分享。

3. 创意首发,有效利用网络营销新平台

《江南 Style》选择在 YouTube 上进行首发是一个非常聪明的选择,这个全球性的网络营销平台直接将其置身于全世界潜在消费者的面前,迅速积攒起第一波人气,为其红遍全球做了有效预热。随后《江南 Style》MV 视频被转载于各大社交网站及其他视频网站,

迅速放大了这一热潮。国外的Facebook、Twitter,国内的微博、人人网等网络社交平台,已经成为年轻人工作生活的一部分,名人的推荐和朋友的转发,都在无形之中为《江南Style》做起了低成本高效率的广告,尤其是明星大腕的推荐和参与,对于《江南Style》的走红也起到了不可估量的推动作用。

4. 大胆取舍,成功实践病毒式营销

《江南Style》选择以网络而非电视等其他媒介作为最主要的营销平台,更为病毒式推广的成功起到了推波助澜的作用。让顾客传播给顾客,是病毒式推广的精髓所在。而将娱乐与产品特性紧密地联系在一起,让目标消费群乐于参与,同时能够在参与中记住产品则是其运作的根本。

综上所述,《江南Style》在全球范围内的持续走红并非偶然,除了源于其精准的产品定位、内容设计和对传统的突破外,还得益于其营销团队在版权问题、运作策略等方面对商业模式进行了有效重构。

  拓展视野

网络营销就是在网络中卖东西的技术

为什么这样说?其实网络营销的实质就是在网上卖东西,此时或许有人要问了,那么那些展示广告是做什么用的?答案还是卖东西。这些广告只是为了宣传品牌,有了品牌能干什么?能更好地去卖东西。因此我们只能把网络营销比作在网络中卖东西的技术,不管你是负责品牌营销的,还是产品直销的,最终目的就是为了更好地把东西卖出去。

或许有人要问,在网络中卖东西与租个摊位卖东西有什么区别?其实可以说没有什么区别,网络营销与传统买卖不同的就是如何让更多的人来到你的摊位。当网络"摊位"起初没有网民去观看时,你就或多或少的可以想象出商品打折等策略吸引消费者前来观看。网络营销就是如此,需要你具备常人没有想到的创意,将网民带到你的"摊位"前,此时便是看你如何引导网民进行购买产品的技巧。

好多企业不会运用网络营销的原因就是他们把网络营销想象得过于复杂、过于烦琐。

实训　网络整合营销实战

实训名称

网络整合营销实战。

实训场景

针对某公司天猫店上的产品,提出网络整合营销的建议书。

实训内容

(1) 行业情况。从营销环境的微观环境和宏观环境入手,分析该公司所在行业情况。

(2) 主营产品。登录公司网站,如金圣斯天猫网站 http://kingsons.tmall.com,运用

4P理论,对其经营的电脑包的产品特点进行讨论分析。

(3) 竞争对手。再登录天猫,搜索其他电脑包销售商家的网站,并和金圣斯的产品进行比较,指出金圣斯产品的优势和劣势。

(4) 目标客户。对企业的目标消费者进行讨论分析,明确目标消费者的消费习惯,目标消费者获取商品信息的习惯,然后教师引导学生对金圣斯网络整合营销推广形成建议书。

实训目的

(1) 掌握分析企业运营的方法。

(2) 掌握选择网络整合营推广的方法。

实训准备

互联网计算机、纸张和笔。

实训步骤

步骤1 分小组讨论金圣斯的行业情况和行业地位,并得出结论。

步骤2 讨论金圣斯主营的产品特点是什么,并得出结论。

步骤3 经过比较,讨论金圣斯产品的优势和劣势,并得出结论。

步骤4 讨论金圣斯目标客户的情况,并得出结论。

步骤5 给出对企业采用网络整合营销推广方法的建议书。

实训评价

网络整合营销实战实训评价表见表4.9.2。

表 4.9.2 网络整合营销实战实训评价表

评价项目	对企业运营的四大基本分析(35%)	针对企业产品的特点设计整合营销策划方案(40%)	职业素养(25%)
评价标准	A. 非常准确到位 B. 比较准确 C. 不准确	A. 非常合理,可实施性强 B. 比较合理 C. 不合理	A. 大有提升 B. 略有提升 C. 没有提升
分项得分			
总分			

说明:

1. 表格内按百分制打分
2. 可以邀请合作企业专业人员、电商协会等机构专业人士担当第三方参与评分
3. 各标准对应的分数范围:A. 80~100分 B. 60~79分 C. 60分以下

任务测评

一、判断题

1. 网络整合营销是一种以消费者为核心的、重组企业和市场的行为。 (   )

2. 网络整合营销方案的创意和可操作性直接影响到整合营销的结果,因此不需要进行市场细分的工作。 (   )

3. 网络营销就是在网络中卖东西的技术,不管你是负责品牌营销的,还是产品直销的,最终目的就是为了更好地把东西卖出去。   (   )

二、选择题

1. 以下属于网络整合营销原则的是(   )。
   A. 趣味原则   B. 利益原则   C. 互动原则   D. 个性原则
2. 以下对于网络整合营销,说法正确的是(   )。
   A. 网络整合营销是一种对各种网络营销工具和手段的系统化结合,并根据环境进行即时性的动态修正
   B. 网络整合营销是为了建立、维护和传播品牌,以及加强客户关系,而对品牌进行计划、实施和监督的一系列营销工作
   C. 网络整合营销就是把各个独立地营销综合成一个整体,以产生协同效应
   D. 网络整合营销是以消费者为核心重组企业和市场行为,综合协调使用以互联网渠道为主的各种传播方式
3. 以下选项中对于网络整合营销步骤,说法正确的是(   )。
   A. 设计客户体验功能
   B. 设计论坛和社区,建立用户与用户的交流平台
   C. 分析各传播工具的特性以及信息需求,引导外在用户产生兴趣和需求
   D. 实施各种收费服务策略,满足企业赢利需求

三、简答题

1. 简述网络整合营销的7个步骤。
2. 简述网络整合营销的原则。
3. 简述《江南 Style》品牌整合营销传播成功的原因。

任务十　网络推广效果评估

 能力标准

网络推广效果评估能力标准见表 4.10.1。

表 4.10.1　网络推广效果评估能力标准

能力标准		
技　能	知　识	职业素养
1. 能评估店铺网络推广的效果 2. 能评估店铺搜索引擎优化效果 3. 能评估店铺的转化率 4. 能监测店铺 UV 值、PV 值 5. 能进行网络推广评估的综合运用	1. 了解网络推广效果评估的一般标准 2. 掌握搜索引擎优化效果评估的方法 3. 掌握网络推广流量评估的方法 4. 理解店铺的转化率 5. 学习监测店铺 UV、PV 值	1. 具有网络推广效果监测评估意识 2. 培养良好的网站数据分析能力 3. 具备搜索引擎优化的职业道德

阿霞及其团队通过采用多种方式进行网络推广,使公司的网站获得了不错的流量,公司的网店也引来了大批网上客户。一时间,网上客户咨询应接不暇。这时,数据分析、客户管理等工作提上议事日程。从网络数据化营销的角度来看,这对阿霞的工作提出了更高的要求——需要对网络推广的效果进行综合评估。

于是,阿霞着手准备对数据负责,即从网络推广的访问量到转化率,从广告点击率到广告转化率等一系列指标进行监控和评估,以便不断调整网络推广手段,对其进一步优化。阿霞立即调集团队,明确分工,对网站的数据开始收集、分析、监控、评估。网络推广效果评估小组任务分工见表 4.10.2。

表 4.10.2　网络推广效果评估小组任务分工

序号	工作任务	成员	团队职位	时间	成果形式
1	查询跟进监控网站的收录和外链数	阿杜	外链专员	长期	数量表
2	查询跟进监控网站关键词排名	阿飞	优化专员	长期	关键词排名表
3	跟进监控网站 PV、UV 等流量指标	阿莉	团队负责人	长期	网站流量表
4	采集与分析网站访客行为数据	阿霞	团队负责人	长期	数据分析报告
5	分析与改善网站成交转化率	阿霞	团队负责人	长期	数据分析报告

工作流程

(1) 查询网站的百度收录数量和外部链接数量。
(2) 分析网站的关键词,并查询关键词在搜索引擎上的排名情况。
(3) 从站长统计工具进入数据统计分析后台。
(4) 对比查看 PV、UV 等各项流量指标。
(5) 从访客停留时间、跳转率等数据分析客户的行为。
(6) 统计分析网站的访客转化率。

学习任务

(1) 网络推广效果的评估标准。
(2) 网络推广效果的评估方法。
(3) 网站转化率的评估方法。
(4) 网站独立访客的评估方法。
(5) 网站 PV 量的评估方法。
(6) 网站客户行为分析的评估方法。

一、网络推广效果的评估标准

网络推广效果评估从不同角度看有不同的评估标准。

1. 投入产出比

网络推广的最终极目标是达成销售目标。投入产出比(又称投入产出率,ROI)是效果评估的最终标准:通过投资而返回的价值,即从一项投资性商业活动中的投资中得到的经济回报。

2. 流量数据指标

流量数据指标包含5个方面,见表4.10.3。

3. 非流量指标

对于搜索引擎优化的评估指标,还包括非流量数据指标,它由3个方面组成,见表4.10.4。

表4.10.3 流量数据指标组成

项目	评估内容/代表含义
访问量	指在网络推广期间网站被访问的总人次,如果在一天内有10个人分别访问一个网站2次,那么访问量是20
独立访客	指在某段时期内访问网站的实际人数,这个数值通常低于访问量
访问页面数	指在某段时间内被访问的页面总数,如果在一天内有10个人分别访问一个网站2次,每次访问5个页面,那么访问页面数就是100
平均页面访问数	指访问页面数除以访问人数,代表用户访问网站时平均看了多少个页面。平均访问数代表了网站黏度,一般而言,网站质量越高,用户看的页面越多,平均页面访问数也越高
转化率	指达成网站的目标的人数跟来访总人数的比值,不同网站转化率含义不同,电子商务网站以产品销售为主要目的,则用销售订单作为衡量标准;游戏网站以会员注册为主要目的,则用会员注册为衡量标准

表4.10.4 非流量指标组成

项目	评估内容/代表含义
收录数量	指网页被搜索引擎收录的数量,大网站收录数据在千万级别以上,其网站权重也高
排名监测	指目标关键词在搜索引擎上的排名位置,排名越前,则有更多的流量
外部链接数	外部链接是衡量搜索引擎优化效果的重要部分,外部链接是否增加,增加多少都是监测数据

二、网络推广效果评估的方法

投入产出比ROI的其计算公式为

$$投入产出比(ROI) = \frac{投入(花费)}{产出(收入)} \times 100\%$$

例如,在付费广告中,效果评估公式为

$$效果评估 = \frac{广告花费}{销售金额} \times 100\%$$

如果一个星期百度推广花费1000元,营业额4000元,则一个星期百度推广ROI计算如下。

$$ROI = \frac{1000}{4000} \times 100\% = \frac{1}{4} \times 100\% = 25\%$$

采用网站程序对网站数据流量指标进行监测和分析,使得这项工作变得简单易用,其方法通常是在网站中安装统计代码,将一段有特定功能的代码放入要统计的页面中,当访客访问该页面时，程序自动记录访问量、IP 数等信息，从而实现对数据的监测、追踪和分析。

1. 收录数据查询

目前在国内讲的网站收录数，主要指百度的收录数。查询百度收录数的方法是：在百度网页搜索框中输入 site 命令，如 site：domain，如图 4.10.1 所示，输入 site：youboy.com 命令，即可查询该域名下网站在百度上的收录数据。

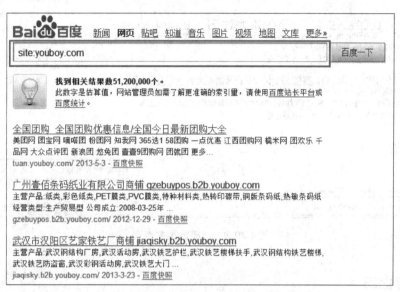

图 4.10.1　使用 site 命令查询网站百度收录数据

2. 排名监测查询

目标关键词在搜索引擎上的排名位置，如图 4.10.2 所示，如果你的网站目标关键词有"网络营销推广"，那么使用这个关键词在搜索引擎上查询，看在第几页的第几个位置上

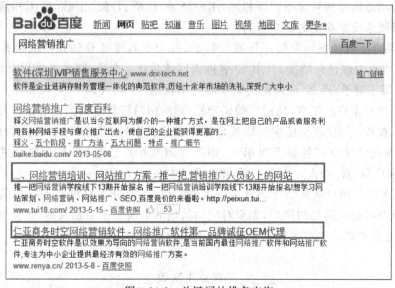

图 4.10.2　关键词的排名查询

能找到,排名越前,推广效果越好。

3. 外部链接数查询

在百度上的外部链接数用 domain 命令查询,如查询 youboy.com 网站的外部链接数,只需要输入 domain：youboy.com 即可查询外部链接数量,返回"相关结果",如图 4.10.3 所示。

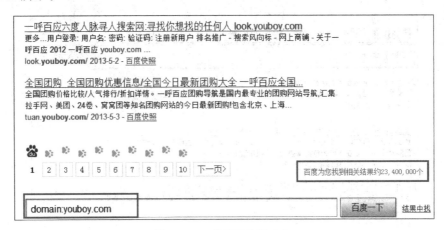

图 4.10.3　外部链接数查询

三、转化率

转化率有多种分类,在网络营销中,特指网站转化率,指在一个统计周期内,完成目标行动转化的次数占推广总点击次数的比率。其计算公式为

$$转化率 = \frac{转化次数}{点击数} \times 100\%$$

目标行动因网站的目标不同而相异,用户登录、注册、订阅、下载、购买和阅读某个特定页面等都属于商家期望的用户行为。

例如,某电子商务网站投放广告推广鞋子,有 100 名顾客看到某个网络推广广告信息,80 名顾客点击该信息链接,其中 40 名进入网站并登录会员,则登录转化率是 50%;有 5 名顾客购买了鞋子,那么,该网站的购买转化率就是 $5 \div 80 \times 100\% = 6.25\%$。

从推广引起用户的注意,到用户购买产品,影响网站转化率的因素有以下几种。

(1) 点击率。如投放在搜索引擎竞价排名上的文字链、其他门户网站上的图片链接广告,点击率高低反映广告是否吸引人,用户在浏览推广信息时,是否愿意进来看。如 1000 人看到广告,有 50 人点击进来看,则广告素材的点击率为 5%。

(2) 二跳率。用户从某个外部链接进入网站后,一部分用户没有下一步的动作而离开。而二跳率指进入网站的用户,如果对网站其他的页面或产品感兴趣,就会进行二次点击,这就是二次跳转。二跳率越高表示越多的用户对网站内容或产品有兴趣。其计算公式为

$$二跳率 = \frac{二次点击次数}{网站访客数} \times 100\%$$

(3) 咨询转化率。用户在浏览商品页面后,如果对产品感兴趣,他们会通过在线沟通工具(旺旺、QQ)、400电话等进行咨询,这是考察页面转化率的指标。其计算公式为

$$咨询转化率 = \frac{咨询量}{产品页访客数} \times 100\%$$

(4) 订单转化率。用户在咨询后,是否下订单,完成购买,由用户和客户的咨询、沟通决定。也有一部分客户在看了产品页面后,无须咨询直接下订单购买的。其计算公式为

$$订单转化率 = \frac{有效订单数}{总访问人数} \times 100\%$$

一个网站的转化率越高,反映其网站运营水平越高,这是网站运营的主要考核指标。

四、独立IP访问量(UV)

独立IP访问量(UV是unique visitor的简写,指通过互联网访问的自然人)是指独立的用户访问某个网站或信息内容不同IP地址的人数。在同一天的0:00—24:00内,独立IP只记录第一次进入网站的具有独立IP的访问者,如果计算机重启,则在同一天内再访问该网站的访问者不计数。

通过Cookie文件记录的方法,独立访客能准确地反映在一定时间段内,有多少个访问者浏览了相应的页面。例如,在一天之内,1个用户虽然访问了网站7次,但UV值为1。

独立访客是衡量网站数据的一个重要指标,相比IP数,它更能反映一个网站的访客情况。图4.10.4显示了某网站独立访客的时间分布。

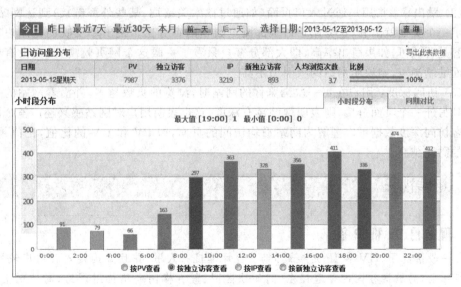

图4.10.4 某网站一天的UV分布

五、页面访问量(PV)

一个 PV(page view,页面访问量)是指一次从网站下载一个页面的请求。通俗地说,只要点击了一个链接,无论是否完全打开(下载)了这个页面,都计入一次 PV。

根据这个原理,一个人在一台计算机上打开一个网页,并刷新 10 次页面,每一次页面刷新,都算做一次 PV 流量,但只算一次 UV 和一个 IP。

PV 是衡量一个网站或新闻的一个主要指标,高 PV 代表网站或新闻内容很受欢迎。所以说,一条新闻是否具有吸引力,PV 的大小就能说明。

通常情况下,PV 远大于 UV,一个人在进入网站之后,如果网站的内容吸引用户,用户就会多次点击网站的多个页面,分别浏览不同页面的内容,那么,其 PV 值就高过 UV 值。

图 4.10.4 也展示了某网站一天的 PV、UV 和 IP 值,其 PV 值远高过 UV 值。

六、其他评价指标

在网站数据分析中,IP、UV、PV 等数据指标都属于网站流量指标,对这些指标必须统计并加以对比分析,通过流量分析改善页面质量,提供用户浏览价值。

除流量指标之外,还有网站的用户行为,也可以通过数据指标进行监测和分析。对用户行为主要监测停留时间、跳出率和访问深度 3 项,掌握用户行为对于网站流量提升有很大的帮助。

(1)访问停留时间:指用户一次访问的停留时间。它的计算方法是用户最后一次操作时发生的时间减去第一次操作发生的时间。用户在某个页面停留的时间越长,说明当前页面对用户的吸引力越大。

(2)跳出率:指用户通过入口页面(如通过搜索关键词、某些外部链接)到达网站,只浏览了一个页面就离开,这类用户占全部浏览数量的百分比。跳出率反映的是用户对网站内容是否认可,如果跳出率高,即大部分客户只看了一眼这个网页就离开,而没有到其他页面继续浏览,则说明网站的吸引力不高。

(3)访问深度:用户在每一次浏览你的网站时,浏览的页数越多,并沿着网站的一个链接到另外一个页面链接,则表明网站越有深度,这也表明用户对网站感兴趣。整个网站的访客访问深度数据可以理解为网站平均访问的页面,即 PV 和 UV 的比值,比值越大,网站的黏性越高。

 拓展视野

> **网站的 UV 和 IP 值**
>
> 一般情况下,UV 和 IP 是接近的,一台计算机一人用,并且直接接入公用广域网。但实际上,局域网在国内普遍存在,例如社区网、教育楼网或单位用网络,局域网上的所有计算机在广域网上又看到一个地址,这时,UV 值大于 IP 值。
>
> 通过不断换 IP 地址的方式上网,这种情况使 IP 值大于 UV 值。常见于移动设备换 IP 地址,或有些特殊操作需要不断拨号换 IP 地址,使得 IP 与 UV 不等值。

项目四 典型网络推广模式

实训 网络推广效果评估

实训概述

对已上线运营的官方网站进行推广数据统计和分析,并对收录数、外部链接数、页面访问量(PV)、独立 IP 访客量(UV)、来源、访问停留时间、跳出率、访问深度、转化率等指标分别予以衡量统计,观察和分析这些数据所代表的意义,以及对网站的影响。

数据统计分析的项目是监测网络数据的各项指标,评估网络推广的效果,以便为持续的网络推广调整和优化提供数据支持。

数据统计分析要求明晰各项指标的含义,精确统计和分析。

实训目的

(1)了解网络推广中效果评估的一般标准和方法。

(2)了解网络推广效果评估各项指标的含义。

实训素材

联网计算机、独立网站、数据统计分析工具。

实训步骤

步骤 1 查询网站的百度收录数量和外部链接数量。

步骤 2 分析网站的关键词,并查询关键词在搜索引擎(如百度)上的排名。

步骤 3 利用站长统计工具进入数据统计分析后台(如是淘宝,则进入量子恒道工具)。

步骤 4 对比查看 PV、UV 等各项流量指标(按时段对比、按页面对比)。

步骤 5 从访客停留时间、跳转率等数据分析客户的行为。

实训评价

网络推广效果评估实训评价表见表 4.10.5。

表 4.10.5 网络推广效果评估实训评价表

实训任务	网络推广效果评估实训		
实训日期			
任务内容	1. 网站的优化查询:收录数、反链数和关键词排名 2. 网站的 PV、UV 数查询、统计分析		
实训方法	任务驱动		
评价要素	知识	技能	职业素养
	1. 了解网站的搜索引擎推广优化效果查询方法 2. 了解网站的流量、访客、用户行为等数据分析标准和指标	1. 能查询网站的搜索引擎收录数、反向链接数、关键词排名 2. 能掌握网站的流量、访客、用户行为数据指标的查询方法	1. 提升良好的沟通协调能力 2. 提升良好的团队合作意识 3. 提升积极、主动、认真负责的工作态度 4. 培养数据分析思维能力
任务重点	网络推广的综合效果评估		
任务难点	网络推广中成交转化率的影响因素		

续表

工作内容	1. 搜索引擎优化效果查询 2. 网站流量、访客、行为数据统计分析				
成果形式	能形成网络推广效果数据报告				
评价项目	查询收录、返链、关键词排名(25%)	PV、UV等网站流量数据分析(25%)	访客行为分析(30%)	效果综合评估(10%)	职业素养(10%)
评价标准	A. 非常准确 B. 一般 C. 不准确	A. 非常合理 B. 合理 C. 不合理	A. 非常合理 B. 合理 C. 不合理	A. 非常好 B. 较好 C. 不好	A. 大有提升 B. 略有提升 C. 没有提升
分项得分					
总分					

说明：
1. 表格内按百分制打分
2. 可以请合作企业专业人员、电商协会等机构专业人士担当第三方参与评分
3. 各标准对应的分数范围：A. 80～100分　B. 60～79分　C. 60分以下

任务测评

一、判断题

1. 从某个外部链接进入网站后，会有一部分用户没有下一步的动作就离开称为二次跳转。　　　　　　　　　　　　　　　　　　　　　　　　　　　　（　　）

2. 一个网站的PV值有时大于UV值，有时小于UV值。　　　　　　　（　　）

3. 访客停留时间的计算方法是用用户最后一次操作时发生的时间减去第一次操作发生的时间。　　　　　　　　　　　　　　　　　　　　　　　　　　　（　　）

二、选择题

1. 某音乐网站，有500名访客看到音乐推广广告信息，其中100名访客点击广告信息进入网站，有50名访客登录网站下载音乐，那么，则网站的下载转化率是（　　）。

　　A. 20%　　　　　B. 10%　　　　　C. 25%　　　　　D. 50%

2. 反映广告是否吸引人，即用户在看到推广信息或推广广告后是否愿意进来看的指标是（　　）。

　　A. 点击率　　　B. 二跳率　　　C. 跳出率　　　D. 曝光率

三、填空题

1. 网站转化率是指在一个统计周期内，完成目标行动转化的次数占推广总点击次数的比率，其计算公式为_____。

2. 查询网站的外链数，可使用百度上外部链接数用domain命令查询，如查询youboy.com网站的外部链接，只需要输入_____即可查询外部链接数量。

3. 能准确地反映在一定时间段内，有多少个访问者来到了相应的页面的指标是_____。

四、简答题

1. 网站的搜索引擎优化监测指标有哪些？
2. 通过网站的用户行为进行数据指标监测和分析指标有哪些？

五、案例分析题

查询网站 www.youboy.com 的搜索引擎优化指标（收录数、外链数、关键词排名），并隔周查询这些数据指标的变化，思考其变化的原因。对于此类大中型网站，其关键词排名应如何作监测？

项 目 小 结

网络推广是网络营销的重要组成部分，不仅要做好网络推广，提高企业的知名度，更重要的是要提升客户的转化率，提高企业的收益。

邮件推广的关键是用户许可，必须做好推广前的活动策划，并对于发出的邮件要及时跟踪和反馈，做好总结工作。

竞价排名是在网络关键词营销中最易见效果的一种推广方式，竞价排名的基础是对关键词了解并熟悉，能根据产品对关键词进行分析，并结合关键词拓展工具进行拓展，然后从大量的关键词中筛选出符合推广目的的进行宣传投放。在竞价排名中，精准定向对投放的效果起着重要作用，人群、地域、时间段、场景等均可对其产生制约。排名决定广告能否让客户看到，创意决定广告被看到客户愿不愿意点击进去，只有对这些因素熟悉，才能使广告投放产生最大效用。

随着互联网的兴起和普及，以及电子商务的发展，网络广告成了网络促销的主要形式，是吸引用户或消费者注意力的营销利器。

网络广告有多种多样的表现形式，其中最常见的有横幅广告、电子邮件广告、链接广告、插播式广告等。与传统的广告相比，网络广告有着范围广、主动性强、交互性强、针对性强、受众可精确计算、低成本、全天候等优点。

网络广告的策划过程包括筹备阶段、设计制作阶段、测试评估阶段、实施阶段 4 个阶段。目前最常见的网络广告收费方式是 CPC 和 CPM。

口碑营销不仅是对营销内容的策划和营销手段的应用，数据的监测也至关重要，还要学会及时进行分析和总结，有效沟通，及时调整各阶段的手段和方案。

数据化营销目前大多依托于互联网技术，通过采集和整理会员的信息，并经过分析筛选后，使用电子邮件、短信、电话、信件等方式进行客户深度挖掘和关系维护，从而使销售过程数据化、精准化。例如，淘宝以其平台本身的优势，使商家依靠平台的数据信息，通过二次转化率、客单价、转化率等的判断就能对营销作出调整，以达到满足客户，实现销售的目的。

在视频营销过程中，企业将企业文化和产品服务以各种视频短片形式投放到互联网上，以达到一定的宣传目的。其突出的特点是形式新颖、传播速度快、推广渠道范围广泛以及对用户的体验度好、见效快。随着互联网的发展和视频网站的兴起，视频营销也越来越被很多品牌企业所重视，已成为在网络营销中可以采用的利器之一。

随着互联网技术的不断发展、网络传播应用广泛，以及网民数量的剧增，网络推广方式也迅速发展，出现了多样性、精准性、高效性、自主性和互动性的特点。以微博、微信等为代表的社交平台整合了网络资源,同时由于移动互联网的兴起,让更多人关注网络推广。企业也根据自身产品特点和发展需要充分利用网络平台,采用多种网络推广方式提升品牌价值,增加产品和服务的效益。

网站推广标准从流量标准和非流量标准给予了不同角度的评估,其方法也不相同。搜索引擎优化如搜索引擎收录、反向链接数等是评估网站优化的一个标准,而独立访客、浏览量、转化率是在网站运营中更重要的数据指标,其对网站的作用不言而喻。观察和监测其中的数据变化,给网站的优化和调整提供了较为科学的参考价值。

项目五

网络营销发展动态

项目情境

随着互联网技术突飞猛进的发展,电子商务的应用广泛深入延伸到社会各个领域中,各种网络营销手段层出不穷。阿霞所在的公司不断地改革创新网络营销手段,一直站在行业的前沿。阿霞经过一段时间的学习及历练,已成功地建立起公司的网络营销团队,且已有不错的操盘能力。

目前,公司顺应市场发展准备推行新的网络营销手段,阿霞作为资深网络营销人员也参与到开辟新项目的工作中。经过不断的探索、研究和创新,公司顺利地开展了O2O项目、联合营销项目、移动营销项目、C2B项目以及微信营销项目等。

任务一 认 识 O2O

能力标准

O2O能力标准见表5.1.1。

表5.1.1 O2O能力标准

能 力 标 准		
技 能	知 识	职业素养
1. 能区分O2O与其他营销方式 2. 能通过互联网收集整理信息 3. 能分析O2O案例优缺点 4. 能找出O2O开展方式 5. 能口头汇报情况	1. 掌握O2O的概念和作用 2. 了解O2O与B2C、C2C的区别 3. 掌握开展O2O的方法 4. 掌握信息整理方法 5. 掌握项目计划书的基本纲要 6. 掌握口头汇报的要点	1. 具有良好的沟通能力和团队协作精神 2. 培养良好的逻辑思维素养 3. 养成规范的写作习惯 4. 养成紧致严谨的工作态度 5. 为人诚恳

工作流程

(1) 调查分析O2O市场情况。
(2) 确定线上线下营销产品与服务。
(3) 评估O2O创造的价值。

(4) 确定线上线下营销执行方式。

学习任务

(1) 理解 O2O 营销概述。
(2) 了解 O2O 营销的优点。
(3) 了解 O2O 营销如何开展。
(4) 掌握 O2O 营销项目计划书纲要。

一、O2O 概述

1. O2O 的概念

O2O(online to offline,从线上到线下)是一种让互联网成为线下交易前台的营销方式。O2O 的核心就是通过打折、提供信息和服务等方式,把线下商店的消息推送给互联网用户,从而把他们带到现实的商店中去——消费者在线支付购买线下的商品和服务,再到线下去享受服务,如图 5.1.1 所示。

2. O2O 与 B2C 的对比

O2O 商务模式的关键是首先在网上寻找消费者,然后将他们带到现实的商店中。它是支付模式和为店主创造客流量的一种结合(对消费者来说,也是一种"发现"机制),实现了线下的购买。它本质上是可计量的,因为每一笔交易(或者是预约)都发生在网上。O2O 与 B2C 的对比见表 5.1.2。

图 5.1.1　O2O 模式

表 5.1.2　O2O 与 B2C 的对比

项　　目	O2O	B2C
侧重点	服务性消费,包括餐饮、电影、美容、SPA、旅游、健身、租车及租房等	实体商品购物,如电器、服饰等
消费形式	消费者到现场获得服务	消费者待在办公室或家里,等货上门
库存	服务	商品
相同点	1. 消费者与服务者第一次打交道是在网上(特别是手机) 2. 主流程是闭合的,且都是在网上,如网上支付、客服等 3. 需求预测管理在后台,供需链管理是 O2O 和 B2C 成功的核心	

二、O2O 的优点

(1) O2O 模式充分利用互联网跨地域、无边界、海量信息以及海量用户的优势,同时充分挖掘线下资源,进而促成线上用户与线下商品与服务的交易,团购就是O2O的典型代表。

(2) O2O模式可以对商家的营销效果进行直观的统计和追踪评估,规避了传统营销模式推广效果的不可预测性。O2O将线上订单和线下消费相结合,所有的消费行为均可以准确统计,进而吸引更多的商家进来,为消费者提供更多优质的产品和服务。

(3) O2O在服务业中具有优势,价格便宜,购买方便,且折扣信息等能及时获知。

(4) 将拓宽电子商务的发展方向,使其由规模化走向多元化。

三、O2O的开展方式

对于传统企业来说,开展O2O电子商务主要有以下方式。

(1) 自建官方商城＋连锁分子店铺。消费者直接向距离最近门店的网络店铺下单购买,然后线下体验服务,在这个过程中,品牌商提供在线客户服务及随时调货支持(在缺货情况下),加盟商收款发货。这种方式适合全国连锁型企业,好处是可以将线上和线下店铺一一对应;缺点是投入大,需要很大的推广力度。

(2) 借助全国布局的第三方平台,实现加盟企业和分站系统完美结合,并且借助第三方平台的巨大流量,迅速推广并带来客户。

(3) 建设网上商城,开展各种促销和预付款,线上销售线下服务,这种方式适合本地化服务企业。

四、O2O的项目计划书(纲要)

企业开展O2O业务,撰写项目计划书的一般格式见表5.1.3。

表5.1.3　项目计划书的一般格式

第一部分　项目实施背景	4. 产品与服务
1. 行业环境分析	5. 网站策划
2. 用户分析(目标用户)	6. 技术可行性
3. 市场机会	7. 市场策略
4. 竞争优势与可行性分析	8. 盈收项目
第二部分　项目综述	9. 投资预算表
1. 项目概述	第三部分　执行计划
2. 项目定位	1. 执行计划进程
3. 服务对象	2. 执行团队管理架构

拓展视野

电商创新经典案例——煎饼阿姨的O2O

学校旁边卖煎饼的阿姨建立了一个微信群,同学们在阿姨摆摊前就在群里留言向她下单。然后她统计微信下单名单,提前做好煎饼并用纸条塞上标签,这样,学生们过来后就可以直接扫码付款取货。这就是O2O!

煎饼阿姨O2O的成功案例给中小O2O带来什么启示呢？

(1) 解决用户需求。煎饼阿姨的O2O解决了同学们排队等待的问题，实现了快捷、方便的交易。

(2) 线下服务更重要。假如阿姨手艺很差，做的煎饼让人倒胃口，就没有产生二次营销的机会。

(3) 营销低成本。阿姨借助微信群来实现营销，微信群本身就免费，所以她的营销成本几乎为零。

(4) 小行业细分。对于一般创业者来说，尽量不要试图去挡巨头的路，而应该选择一个垂直行业，作出巨头们不能达到的深度。

实训　O2O项目认知

实训场景

某公司现已筹划线上线下营销整合工作，具体由阿霞来负责此项工作。阿霞根据项目的需求，先对O2O项目进行了充分的了解和分析。

实训内容

(1) 寻找实际O2O案例。

(2) 理解分析O2O案例中的优缺点。

(3) 分析案例开展方式。

实训目的

(1) 掌握O2O的概念。

(2) 理解O2O执行的要点。

成果形式

案例分析报告。

实训方法

任务驱动。

实训准备

联网计算机。

实训步骤

步骤1　打开IE浏览器，在地址栏输入 http://www.baidu.com，并在"搜索"框中输入"O2O最新案例"。

步骤2　在搜索展示页中找出符合O2O项目特征描述的案例。

步骤3　参考课程内容分析实际案例中的优缺点。

步骤4　分析在实际案例中采取了哪一种开展方式。

实训评价

O2O实训评价表见表5.1.4。

表 5.1.4　O2O 实训评价表

评价项目	搜索 O2O 案例(25%)	案例要点分析(50%)	职业素养(25%)
评价标准	A. 非常准确 B. 准确 C. 不准确	A. 流畅、详细、精准 B. 简明、扼要、基本到位 C. 表述不清、未触及核心	A. 大有提升 B. 略有提升 C. 没有提升
分项得分			
总分			

说明：
1. 表格内按百分制打分
2. 可以邀请合作企业专业人员、电商协会等机构专业人士担当第三方参与评分
3. 各标准对应的分数范围：A. 80～100 分　B. 60～79 分　C. 60 分以下

任务测评

一、判断题

1. O2O 中库存是服务，B2C 中库存是商品。（　　）
2. O2O 商务模式的关键是要在网上寻找广告商，用网络广告吸引客人。（　　）
3. 团购不是 O2O。（　　）

二、选择题

1. O2O 即 online to offline，其核心就是通过（　　）等方式，把线下商店的消息推送给互联网用户，从而把他们带到现实的商店中去。
　A. 打折　　　　B. 提供信息　　　C. 服务　　　　D. 发传单
2. O2O 项目计划书中的项目实施背景需要调查（　　）。
　A. 行业环境分析　　　　　　　B. 用户分析(目标用户)
　C. 市场机会　　　　　　　　　D. 竞争优势与可行性分析
3. O2O 模式充分利用了互联网（　　）的优势。
　A. 跨地域　　　B. 无边界　　　　C. 海量信息　　　D. 海量用户

三、填空题

1. O2O 的消费者到现场获得服务，涉及_____；B2C 的消费者待在办公室或家里，等货上门，涉及_____。
2. O2O 将_____和_____结合，所有的消费行为均可以准确统计，进而吸引更多的商家进来，为消费者提供更多优质的产品和服务。
3. O2O 和 B2C 的相同点：消费者与服务者第一次打交道是在_____，特别包括_____。

四、简答题

1. O2O 有什么优势？
2. 找出两个国内使用 O2O 整合的案例。
3. 就上述找出的两个案例进行分析，找到各自优劣点。

五、案例分析题

在如聚划算、美团等团购网站中选取一家生活类商品营销案例,分析它是以什么形式进行的 O2O 营销,有什么优势。

任务二 联合营销

能力标准

联合营销能力标准见表5.2.1。

表 5.2.1 联合营销能力标准

能 力 标 准		
技 能	知 识	职 业 素 养
1. 能找出关联企业 2. 能通过洽谈确定联合商品 3. 能确定联合营销方式 4. 能适当的展现联合营销	1. 掌握联合营销概念和作用 2. 掌握联合营销的类型 3. 掌握联合营销的展现方式 4. 掌握口头汇报的要点	1. 具有良好的沟通能力和团队协作精神 2. 培养良好的逻辑思维素养 3. 养成规范的写作习惯 4. 养成细致严谨的工作态度

工作流程

（1）找到联合营销合作方。
（2）确定联合营销形式。
（3）找到展现联合营销的适当方式。

学习任务

（1）理解联合营销的概念。
（2）了解联合营销的特征。
（3）了解联合营销的类型。
（4）了解联合营销的利弊。
（5）掌握联合营销的基本步骤。

一、联合营销的概念

联合营销是指两个或两个以上的企业为达到资源的优势互补,增强市场开拓、渗透与竞争能力,联合起来共同开发和利用市场机会的行为。

有一个经典的联合营销案例:一条合作广告在各大媒体高频率播出,在广告中,海尔洗衣机研发人员告诉消费者,海尔洗衣机为给用户满意的洁净,联合碧浪机洗洗衣粉测试去顽渍能力,带来机洗洁净的惊喜,在广告最后出现了碧浪与海尔两个品牌的 Logo。海尔洗衣机之所以在其广告中力推碧浪,原因有两点:一是碧浪分担了广告费用;二是碧浪以等价资源回馈海尔。

二、联合营销的特征

(1) 联合营销的核心是积极促进和发展伙伴关系。在传统营销中,营销是竞争的导向观念,而在联合营销中合作是导向观念,通过与经销商、供应商甚至竞争者的合作来更好地满足顾客需要,企业之间既有合作又有竞争的关系。由此可见,联合营销的核心是积极促进事物发展的伙伴关系,而这种伙伴关系的建立是以双方核心能力的差异性或互补性为基础的。这种互补性使得双方的合作产生协同效应,创造"1+1>2"的效果,从而实现合作双方的"双赢"。

(2) 在合作过程中,合作双方保持各自实体上的独立性。联合营销过程中的合作并不是指合作各方在企业整体层面的共同运作,而是仅限于成员企业部分职能(如新产品开发、仓储、市场等)的跨组织合作,合作各方保持各自实体上的独立性。因此,与合资、兼并和收购相比联合营销仅是企业间较为松散的一种合作形式。

(3) 联合营销范围广泛。一个企业可以根据实际的需要同产业链甚至产业链以外的多家企业建立联合营销关系,以涉及不同的行业和地域,此范围相当广泛。

(4) 合作的局限性。合作的范围应具体,相对独立单一,两个企业的兴旺或衰败可不受对方的限制,而且应一方为主体,另一方为附体,但附体必须有相对的独立性,可仅是某种资源的提供者。

三、联合营销的类型

1. 不同行业企业的联合营销

不同行业企业的联合营销是联合营销最常见的形式,不同行业之间不仅不存在竞争关系,而且还可以优势互补。做洗衣机的"小天鹅"与做洗衣粉的"碧浪"曾在许多大专院校开办了"小天鹅—碧浪"洗衣房。在"碧浪"洗衣粉的包装上写着:"推荐一流产品小天鹅洗衣机";而"小天鹅"在销售时,则赠送"碧浪"洗衣粉给顾客试用。由于"小天鹅"与"碧浪"都是知名品牌,且双方不存在竞争关系,这种不同行业企业的联合营销能产生名牌叠加效应,达到双赢目的。

2. 同一企业不同品牌的联合营销

例如,上海太太乐调味食品有限公司推出了多品牌联合促销活动:消费者购买"太太乐"鸡精、宴会酱油、任选两款调味包、一个礼品袋,一共只需花10元钱。这些商品原售价为19元左右,这相当于50%的折价优惠。这种同一企业不同品牌的联合营销,可以用来搭卖滞销商品,比单一品牌折价促销效果更好。由此可见,同一企业不同品牌的联合营销,也能达到单一品牌营销无法达到的效果。

3. 制造商与经销商之间的联合营销

制造商与经销商之间的联合营销实例在现实中比比皆是。例如,京东商城对全场商品8折促销,其中厂家承担10%的降价损失,商家承担10%的降价损失,但商品在打8折后双方仍都有钱可赚。这种厂、商之间的合作营销,不但效果好,而且流通环节少、资金回笼快,产、销双方都乐于接受。

4. 同行企业之间的联合营销

俗话说"同行是冤家",但同行之间并不是没有合作的余地。由一家企业单独举办产品看样订货会,很难吸引较多客商;而多家同行企业联合起来,共同展示各自的产品,才能吸引较多客商前来看样订货。同行企业也需要互相利用,借助对方,以达到双赢的目的。在目前同行企业众多的情况下,这也是一条提高本企业竞争力的重要途径。

四、联合营销的优缺点

1. 优点

联合营销的优点具体体现在以下 4 个方面。

(1) 投入少,收效大。联合营销的成本费用由各合作方分摊,降低了各合作方的营销投入,同时却可能收到更好的效果。如前面讲到的"碧浪+海尔"的营销案例,电视广告费用由两家品牌分摊,而品牌效应却得到了增强。

(2) 获得单独营销无法达到的效果。武汉市中南商业大楼的布匹销售专柜,曾专门请了几名技术高超的裁缝在其旁边开设"店中店",吸引了很多消费者前去买布,因为可以就近请好裁缝为自己量体裁衣。有的消费者干脆请裁缝做自己买布的参谋,不但布匹销售增加了不少,裁缝店生意也非常火爆,这种联合营销的效果是合作方中任何一方单方面都无法做到的。

(3) 借合作方产品的知名度为自己增加新的消费者群。摩托罗拉与上海汽车联手合作:凡购买上汽桑塔纳轿车的用户都可获得摩托罗拉 DSP 车载免提通话系统及手机 1 部。上汽与摩托罗拉公司的这种捆绑合作,目的是通过不同产业间名牌产品的组合,以品牌的震撼力激活各自的市场。

(4) 与强势品牌联合营销的弱势品牌可借对方的知名度带动自己品牌的销售。有的厂家把自己滞销品牌的折价券,放进畅销品牌的包装中或包装上,发送给消费者;还有的超市在收银机的账单纸带反面,印上另一家生意萧条的电影院购买电影票的折价券,这样不但促销了电影票,对超市的销售也有一定好处。当然,弱势品牌要想搭强势品牌的便车往往需要满足对方的一定条件。

2. 缺点

联合营销的缺点也不容忽视,主要包括以下 4 个方面。

(1) 联合各方所承担的费用难以商定,利益冲突及相互关系较难处理。

(2) 营销活动的时间、地点、内容和方式较难统一,各方都希望选取对自己最有利的活动时间、地点、内容和方式。

(3) 在营销活动开始后,各方为了把顾客吸引到自己周围,或提高自己产品的销量,有可能互相拆台,使合作伙伴成为竞争对手。

(4) 在联合营销活动中,要突出本企业或本企业产品的特色,有一定困难。

五、联合营销的基本步骤

(1) 企业开展联合营销,首先是根据自己的营销目标正确地选择联合营销合作伙伴。

优秀的合作伙伴通常需要符合以下标准。

① 双方通过联合营销,可以实现互利互惠。

② 合作各方的目标市场相同或者相近、提供的产品或服务具有相关性。

③ 合作双方的品牌高度要接近,最好能给消费者带来良好的关联联想。

④ 联合各方能实现优势互补,如能把自身的低价值资源提供给对方,并将其变成对方的高价值资源为最佳。

(2) 基于第一步的标准,企业先筛选出一批具有合作基础的企业,并逐一接洽联系,并最终找到具有合作意愿的联合营销合作伙伴。

(3) 在找到适合的联合营销合作伙伴后,需要就具体的联合营销方案展开策划。策划一次联合营销行动的关键点概括如下。

① 合作各方需明确提出各自的需求、目标及可提供的营销资源。

② 共同确定联合营销行动开展的时间、地点、周期等。

③ 共同确定联合营销行动宣传的形式、力度、节奏、范围等。

④ 共同确定联合营销行动中各方的分工、推进计划、执行监察、考核责任等。

通过周密策划,联合营销各方形成了完整统一的联合营销策划实施方案,但这仅是成功的开始。要想获得最终的成功,还需要严格按照计划共同实施联合营销方案。

 拓展视野

电子商务联合营销案例

中国国际航空股份有限公司的机票促销信息在中国农业银行网站上挂出,上线 7 天,旅客通过农行网站个人网银登录界面链接到中国国际航空股份有限公司官方网站的访问次数达到 3000 次以上,共销售客票 8 张,计 7480 元。本次活动是电子商务通过品牌互换免费获得的宣传资源,是电子商务异业合作方面一次成功的突破。

 实训　制作联合营销销售页面

实训场景

某公司官方旗舰店计划开展有关 3C 配件类目互补型商品的联合营销,以此来吸引新顾客,提高老顾客的黏性度。

实训内容

(1) 寻找关联性店铺。

(2) 洽谈联合营销商品。

(3) 确定联合营销展现方式。

实训目的

(1) 掌握联合营销的类型。

(2) 掌握联合营销执行的要点。

成果形式

销售展示页面设计。

实训方法

任务驱动。

实训准备

联网计算机、淘宝账号、某公司官方淘宝旗舰店。

实训步骤

此处以金圣斯官方旗舰店为例。

步骤 1 使用淘宝账号登录淘宝指数网 http://shu.taobao.com（免费数据网页）。

步骤 2 输入关键字"移动电源"寻找出目标联合店铺。金圣斯公司主营产品为电脑包，联合营销网店可选择 3C 数码配件类目的其他商品，如苹果周边产品、相机包、移动电源等，如图 5.2.1 所示。

图 5.2.1 淘宝指数搜索

步骤 3 在淘宝网搜索销售该品牌的店铺，并与该店铺取得联系，如图 5.2.2 所示。

步骤 4 双方挑选合适的产品，制订联合营销计划。

步骤 5 以主题活动专区形式在双方店铺展现联合营销，并链接到各自的店铺。

实训评价

填写联合营销实训评价表，见表 5.2.2。

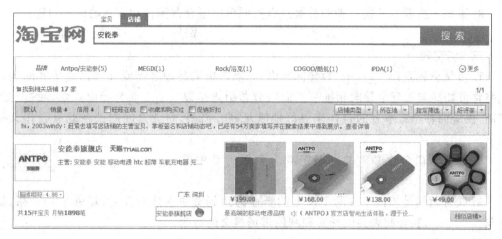

图 5.2.2　淘宝网搜索

表 5.2.2　联合营销实训评价表

评价项目	找出关联性店铺(25%)	挑选合适商品设计关联页面(50%)	职业素养(25%)
评价标准	A. 非常合理 B. 合理 C. 不合理	A. 逻辑强、详细、精准 B. 有一定逻辑,布局较合理 C. 逻辑混乱,无法联合	A. 大有提升 B. 略有提升 C. 没有提升
分项得分			
总分			

说明:
1. 表格内按百分制打分
2. 可以邀请合作企业专业人员、电商协会等机构专业人士担当第三方参与评分
3. 各标准对应的分数范围:A. 80～100 分　B. 60～79 分　C. 60 分以下

任务测评

一、判断题

1. 联合营销的企业不能是同行。　　　　　　　　　　　　　　　　　(　　)
2. 联合营销的核心是积极促进事物发展的伙伴关系。　　　　　　　　(　　)
3. 一个企业可以根据实际的需要同产业链甚至产业链以外的一家企业建立联合营销关系,但太多则不利于管理。　　　　　　　　　　　　　　　　　　(　　)

二、选择题

1. 联合营销的类型有(　　)。
　　A. 不同行业企业的联合营销　　　　B. 同一企业不同品牌的联合营销
　　C. 制造商与经销商之间的联合营销　D. 同行企业之间的联合营销
2. 联合营销过程中的合作并不是指合作各方在企业整体层面的共同运作,仅限于成员企业部分职能(如(　　)等)的跨组织合作,合作各方保持各自实体上的独立性。
　　A. 新产品开发　　B. 财务体系　　C. 市场　　D. 仓储

3. 策划一次联合营销行动的关键点有共同确定联合营销行动宣传的（   ）等。
   A. 形式　　　　　B. 力度　　　　　C. 节奏　　　　　D. 范围

三、填空题

1. 传统营销是以_____为导向观念，它既考虑满足顾客需要又考虑竞争者的经营战略将市场导向和竞争导向相统一。而联合营销则是以_____为导向观念，通过与经销商、供应商甚至竞争者的合作来更好地满足顾客需要，企业之间的关系既有合作又有竞争。

2. 联合营销企业必须共同确定联合营销行动中的_____、_____、_____、_____等。

3. 联合营销是指两个或两个以上的企业为达到资源的优势互补，增强市场开拓、渗透与_____，联合起来共同开发和利用市场机会的行为。

四、简答题

1. 联合营销有什么优势和缺点？
2. 找出两个国内使用联合营销整合的案例。
3. 就上述找出的两个案例进行分析，找到优劣点。

五、案例分析题

在网上找一个案例，分析它是以什么形式进行的联合营销，有什么优势和执行难点。

任务三　移动营销

能力标准

移动营销能力标准见表5.3.1。

表 5.3.1　移动营销能力标准

能 力 标 准		
技　　能	知　　识	职 业 素 养
1. 能准确判断采用何种移动营销手段 2. 能撰写移动营销活动计划书 3. 能灵活开展移动营销活动 4. 能口头汇报工作进度、营销效果	1. 理解移动营销的概念 2. 理解移动营销的利弊 3. 掌握移动营销的分类 4. 了解移动营销的应用领域 5. 掌握移动营销的工具 6. 了解移动营销的12R定律	1. 具备良好的学习能力 2. 具备快速的执行能力 3. 具有良好团队协作精神

工作流程

（1）分析企业自身的背景、定位、营销策略和需求。

（2）制订移动营销方案。

（3）开展移动营销活动。

（4）整理移动营销活动数据资料。

(5) 分析和评估移动营销活动结果。
(6) 撰写移动营销活动报告和优化策略。

  学习任务

(1) 结合日常生活中出现的移动营销活动,理解移动营销的概念。
(2) 联系实际生活,理解移动营销活动的应用领域。
(3) 根据移动营销采用的方式,掌握移动营销的分类。
(4) 掌握多种移动营销的常用工具。
(5) 掌握实施移动营销活动的方法和步骤。
(6) 学习移动营销活动结果的分析和评估。
(7) 能结合营销案例,充分了解移动营销的 12R 定律。

首先一起来看一组数据。据统计,全球有大约 76 亿人口,而使用牙刷的人口数量仅为 35 亿,可使用手机的人口数量却达到 50 多亿,每年平板电脑出货量约 1.5 亿台。从有力的数据中可见,手机、平板电脑等移动终端在人们心目中的地位及人们对其依赖程度之高。随着移动互联网 4G、5G、Wi-Fi 等技术的逐渐普及,针对移动终端设备(手机、平板电脑)应用人群而出现的移动营销活动也随即应运而生。

一、移动营销的概念

移动营销(mobile marketing)又称无线营销,是指依托于移动互联网,利用移动终端设备(手机、平板电脑)为信息接收载体,直接向目标用户传递或推送个性化信息或服务,并通过与消费者的信息互动达到"一对一"的营销目的。

二、移动营销的利弊

1. 移动营销的优势

移动营销在一定程度上影响着企业、用户的生活,为企业、用户带来了无法替代的好处。移动营销的优势见表 5.3.2。

表 5.3.2　移动营销的优势

对企业而言	对用户(受众)而言
1. 随时随地处理公司业务	1. 随时随地与外界保持联系
2. 随时随地与员工保持联系	2. 随时随地获得新闻和资讯
3. 随时随地掌握市场动态	3. 随时随地了解市场行情
4. 随时随地了解客户需求	4. 随时随地掌握新产品信息
5. 随时随地为客户提供服务	5. 随时随地得到相关的服务
6. 随时随地向客户销售	6. 随时随地购买所需产品

可见,移动营销使人们可以在任何时间、任何地点做任何事情。因此,移动营销填补

了其他营销方式在时间、空间、地域上的空隙。

2. 移动营销的劣势

（1）浏览不便：在没有鼠标、没有键盘的移动设备（手机、平板电脑）上，如何能让用户更便捷地阅读，产生更好的浏览呢？这一点是目前移动设备与人们常用的台式电脑无法比拟的。

（2）操作系统、设备屏幕尺寸多样，移动应用体验兼容性欠佳：目前主流的操作系统为iOS、安卓。同一网页在不同的系统、不同的屏幕尺寸上所展示内容和操作方法都是不一样的，所以要进行移动营销，必须测试不同应用系统在不同移动设备（手机、平板电脑）上的应用效果。

三、移动营销的分类

移动营销按形式可分为移动定向营销和移动互动营销两种。

1. 移动定向营销

移动定向营销一般应用于企业成立之初或者推出新产品时，需要提高消费者对企业的认知度、开拓新的消费市场、增强公司、新品的曝光率、吸引消费者眼球的时候。

2. "移动+互动"营销

"移动+互动"是移动互动营销最大的特色。移动是强调设备的可移动性和信息传播的移动性。互动即强调消费者的参与度。随着移动设备（手机、平板电脑等）的逐渐普及应用，铺天盖地的信息点对点进行传输和接收，要从真正意义上吸引消费者、留住消费者，就需与消费者实施有效互动，从而通过互动带动消费者形成购买行为。

四、移动营销的特点

移动营销离不开终端设备、移动媒体和用户。移动设备具备先天的随身性，实用有趣的收集应用服务让人们大量的碎片化时间得以有效的利用，吸引了越来越多的手机用户参与。与此同时，企业可低成本通过移动媒体如手机报刊、短信等方式，把大量资讯推送到用户眼前，实现提升企业竞争力、拓展销售渠道、增加用户规模的效果。要透彻理解移动营销特点，就必须从3个方面出发。移动营销的特点见表5.3.3。

表 5.3.3　移动营销的特点

移动终端设备特点	移动媒体特点	用 户 特 点
1. 随身性：移动设备的位置=用户的位置	1. 占据用户全界面	1. 易于接受新鲜事物
2. 个性化：不同的App安装组合不同的浏览行为	2. 互动性强	2. 时尚感强
3. 移动性：位置随时改变	3. 形式多样	3. 思想活跃，勇于尝试
4. 屏幕小：用户100%的关注		

五、移动营销的应用领域

随着5G时代的迅猛而至及移动智能终端的快速普及,移动营销逐渐延伸到各行业各领域。移动营销的应用领域见表5.3.4。

表5.3.4 移动营销的应用领域

应用领域	应用具体形式
1. 企业内部管理与沟通	员工生日、节日关怀、彩信通知、内刊、培训
2. 移动客服和客户关系管理	无线CRM、客户生日、节日关怀、客服信息发布、彩信会刊、彩信手机报、彩信邀请函
3. 移动营销与传播	节日营销、最新产品、服务信息发布、促销信息发布、市场调查、用户数据资料收集

六、移动营销的工具

随着移动设备的快速发展,从智能手机到平板电脑,大大小小的商家逐渐意识到,移动营销是目前营销的新沃土。那到底有哪些渠道可以实现移动营销呢?

1. 短信服务(SMS)

短信已被证实为成功的移动媒体工具。短信服务诸多好处不用说,相信读者都深有体会。

(1)无处不在:全球用户皆有文本编辑、阅读应用能力,SMS就是提供最简单、最有效的沟通方式。

(2)环保:纸质的通信方式逐渐被淘汰,短信大幅降低了纸质媒介使用的频率。

(3)实时性和互动性:短信是一对一或一对多的互动通信方式,可以准确、实时地进行互动沟通。利用其特性进行相关营销活动可以达到事半功倍的效果。

(4)兼容性强:无论你是移动用户还是联通用户,都能通过它来进行无缝沟通。

(5)成本低:与其他营销渠道相比,短信价格低廉,是实现精准的市场营销活动的更佳选择。

(6)保密性:通过短信可对用户资料进行验证,提高用户安全性,如银行转款、私密内容转载等。

据艾瑞数据统计,约有90%的手机用户会点击手机短信广告,其中成功转化率为20%。中国用户较于其他国家用户而言,更易接受手机广告。据调查报告统计,53%的调查人员还是比较接受手机广告的。可见,企业要开展移动营销活动,手机短信营销方式不容忽视,如企业有自身客户数据库,其营销效果会更佳。

2. 彩信服务(MMS)

彩信可以说是超级短信,不仅可以传送文本内容,还能传送声音、图像和视频。同时,还能通过彩信直接与电子邮箱对接,这都是彩信的魅力所在。

"中国好声音""超级女生"等众多商家举办活动都采用了移动营销策略,他们通过彩信投票赢取诱人的奖品或跟自己的偶像零距离接触的机会。通过这种移动营销渠道,他们取得了无可置疑的成功。

3. 近场通信(NFC)和蓝牙

目前,市场上的智能手机都内嵌了NFC和蓝牙技术,这种技术最大的好处在于可以近距离传输数据。蓝牙功能在手机上已经普遍应用,主要用于传输音乐和图片。虽说目前很多用户会用手机或平板电脑扫描二维码来获取相关促销或资讯,但NFC的独到之处在于,你不需要通过扫描,只需在你的手机或平板电脑内植入NFC芯片,在你想获得信息的海报、商品边轻轻挥一挥,相对应的信息就全部呈现在你眼前。因此,平板硬件、软件技术不断创新将带动新一轮的移动营销的突破。

4. 移动网站

移动网站,顾名思义就是借助移动终端设备(手机、平板电脑)为载体,在移动互联网上搭建网店进行运营,以实现移动网站产品和服务销售、品牌推广为目的的平台。

移动网站的搭建完毕,并不意味着移动营销就此结束。要想快速推动移动营销步伐,还需不断优化网站的用户体验。简单地认为适合PC端上的网站就符合移动平台的要求,那就大错特错。相同的网站信息在台式计算机21英寸屏幕显示跟在5.5英寸手机或8英寸平板电脑上显示的绝对不一样,再别说加入动态效果了。

如今通过移动终端了解产品和服务信息的人迅猛增长。因此,当你所在的企业要考虑搭建移动网站时,就需要考虑下面这些因素。

(1) 使用小页面,保证信息传输的流畅性和便捷性。

(2) 创建简单的页面布局,让用户一目了然。

(3) 创建移动浏览器的兼容性,以支持多个平台应用。

(4) 推送信息的方式迅速、简捷。

(5) 移动网站能自动识别不同移动终端设备尺寸,提供最优的显示效果。

5. 移动广告和付费搜索

用户随时随地移动,所以移动营销离不开即时信息的推送。谁能在第一时间把信息呈现在用户眼前,谁就占据说话的主动权,因此,移动显示广告和付费搜索方式成为商家进行移动营销的有力方式之一。

6. App 应用

App 应用又叫移动应用程序。目前市场知名的电子商务 App 应用,有京东、淘宝等。应用程序的成功关键在于用户价值,即能否给用户提供有用、重要的信息。任何一个 App,不需样样具备,只需精通一方,解决用户最迫切的需求,就能得到用户的青睐,从而更好地实现移动营销。

7. 二维码

二维码已经走红全国,在户外广告牌、宣传单、包装盒、各种商场小店、某市场等地方都能看到它小小的踪影。二维码是通过小小的空间提供最大限量信息的媒介。用户只需用手中的手机或平板电脑,启动扫描功能,用摄像头对准二维码轻轻一扫,就能获取二维码对应的信息。因此,目前很多企业的产品外包装、宣传物料、网站上都附有企业二维码,让用户随时随地进行扫描,实现订票、支付了解企业最新动态和促销快讯。

8．定位营销

定位营销是移动营销新的一轮高潮。人随时走动,外出旅游、办公、学习,往往每到一处陌生的地方都无所适从,哪里有餐馆,哪里有酒店……仅抓住这一需求,联合网络运营商就能把用户进行地域定位,然后有效地推送相关的信息,满足用户的迫切需求。平时人们一到新的旅游胜地,为什么当地的促销信息就接踵而来?这正是采用了定位营销这一营销工具。所以说,定位营销既是最新的移动营销工具,也将是最有效的移动营销方式之一。一般情况下,定位营销会结合短信、彩信、微信或移动广告的渠道推送到用户眼前。

七、移动营销的实施方法和步骤

1．进行背景规划

无论开展何种形式的营销活动,首先必须明确下面 5 点。

1)营销活动的目的

想通过这次移动营销活动达到什么目标?是推广品牌知名度和美誉度,还是提升产品的销量或服务的使用率,还是有其他的目标?必须要明确这次活动要达到的首要目标和次要目标。

2)谁是目标受众?

在确定好营销活动目标后,就应该明确主要目标受众。因为你的整个营销活动的所有行为都是针对这一批的受众而实施的。确定目标受众主要可依靠判断谁需要你推出的产品或服务?挖掘其中的刚性需求,一击即中。

3)营销活动的策略

将上述内容都确定好后,接下来就是要确定活动的策略。首先,明确宣传的媒介(文字、视频、音频还是移动网站);其次,需要明确你是采用单向对客户推送信息(即通过邮件向客户发送新的活动等),还是通过短信发送公司链接或 App 下载区等方式拉动营销。不同的行业适合不同的方式,需根据实际情况选择。

4)营销活动的持续时间

活动周期是整个营销活动不可或缺的部分。需要明确这次活动是一次性营销活动,还是一系列的营销活动。如果是一系列的营销活动,必须要不定期注入新的元素来延续活动"新生命"。

5)是否需联合其他媒体或渠道一同开展

要根据活动受众,选择适合的媒体和渠道相匹配,这样才能起到事半功倍的效果。

2．制订营销活动预算和进度安排

1)开展营销活动的时间

为营销活动设立开始时间,然后采用时间倒推的方式准备制作活动所需的所有物料。

2)评估的推广成本

推广成本是每一个营销活动不可或缺的部分。通过什么平台进行推广,通过何种手段进行宣传,发多少条短信,多少封邮件等,都需要进行一一细分,评估。

3．内容和制作

活动内容是以文字的形式呈现在客户眼前,还是希望以图片甚至 Flash 等形式呈现;

是否需要客户下载？需要考虑每种信息类型的优点和局限性，再综合评估到底采用哪种形式更适合这次营销活动。

4. 客户信息收集

通过客户信息的收集，形成自身的数据库，从而对其进行二次利用，这是很多营销活动的价值所在。一般可以通过引导客户进行网站注册或逐步通过客户浏览行为在不知不觉的操作中抓取客户的个人信息，以形成客户数据库。

5. 活动评估

进行活动成败评估对任何营销活动都非常重要，有些指标可以用来评估移动营销的效果，如发送的信息数量、交付的信息数量、"中止"的信息数量等。

八、移动营销的12R定律

(1) 查看(review)网站分析，确定使用移动设备登录的访客比例。平板电脑及其他智能手机逐渐成为登录网站的普遍设备。

(2) 相关(relewant)信息是移动营销的一个关键部分。如果你发送给客户的短信无法培养你和他们的关系，他们就可能会退订服务，甚至更糟的是，他们可能会停止购买你的产品。

(3) 请求(reguest)订阅者反馈意见，问问他们对移动营销活动的看法。你可以定期通过发送短信，请求他们访问网站填写调查表。

(4) 招聘(recruit)对移动营销活动感兴趣的顾客和潜在顾客。你可以通过竞赛或其他刺激形式吸引订阅者。一定要向顾客指出移动营销信息能够带给他们的附加价值。

(5) 注册(register)移动营销活动并不难，但是千万不要低估刊登隐私声明、如何使用订阅者信息的重要性。

(6) 评估(rate)移动营销活动对订阅者的用处。有没有为订阅者提供非移动营销活动的订阅者不知道的"内部信息"呢？

(7) 区域性(regional)或以位置为中心的信息对于顾客来说非常有价值，尤其是在鼓励他们前往当地公司和商铺参加特别促销活动的时候。

(8) 提醒(reminder)时效性信息或活动，这也是移动营销信息最有价值的方面，尤其是在特价活动即将结束的时候。

(9) 回应(respond)客户对客户服务或市场询问的所有回复，文本信息和电话、信件一样重要。

(10) 记录(record)顾客的关注点、投诉或其他反馈意见并存档，然后及时处理顾客抱怨。这么做有时候意味着活动策略的改变。

(11) 推荐(referral)活动是一个赢得新订阅者和新顾客的好办法。鼓励现有顾客传播消息，并采取鼓励措施提高顾客的积极性。

(12) 重视(respect)移动信息的应用频率。太多的短信或彩信会把订阅者变成退订者。如果你发送的信息过多，订阅者也会忽视它们。

拓展视野

1. 市场营销中强大的 14 个词

研究表明,消费者会对表 5.3.5 中的 14 个词迅速作出回应。因此,在制订移动营销内容时一定要适时、灵活地用上它们。

表 5.3.5　市场营销中常用的 14 个词

自由	健康	现在	结果	你	新的	节省
爱	金钱	发现	容易	经证明	保证	安全

2. 赢得忠诚的移动消费者

通常来说,人们更加喜欢在付出代价之后获得的东西。因此,要想提高移动消费者的品牌忠诚度,最好让他们付出一点小代价,然后获取企业的奖励。麦片公司多年来一直在使用这个策略。它鼓励孩子们收集盒子盖,然后将其邮寄给公司换取一些小玩意儿,或者找到访问在线游戏的"密码"。

这个策略同样能应用于移动营销中,让消费者注册获取某个应用或优惠券。如果用户发送某个数字或一星期持续登录移动网站,就给他们一些好处。或者,如果你有为手机设计的品牌游戏,可以在移动网站上给用户一定的分数或游戏特权。如果你只给顾客 8 折优惠券,他们可能会不在意错过使用新产品的机会。但是,如果他们是靠打游戏自己"挣"的,就会把它当成一个奖品,使用的概率也会提高不少。

3. 移动提示

移动营销正处于不断的进化之中。这里有 3 种电子通信会每天或每周提供内容非常可靠的移动营销提示。

(1)《移动营销者日报》

(2)《移动商报》

(3)《移动营销观察》

它们可以提供更为广泛的移动营销信息。

4. 某段时间热门 App 应用排行 TOP 10

某段时间热门 App 应用排行 TOP 10 如表 5.3.6 所示。

表 5.3.6　某段时间热门 App 应用排行 TOP 10

名　次	应用名称	名　次	应用名称
1	新浪微博	6	天天影音视频播放器
2	微信	7	360 手机卫士
3	谷歌地图	8	UC 浏览器
4	腾讯手机 QQ	9	金山词霸
5	PPTV 网络电视	10	百度手机输入法

5. 某段时间热门 App 游戏排行 TOP 10

某段时间热门 App 游戏排行 TOP 10 如表 5.3.7 所示。

表 5.3.7　某段时间热门 App 游戏排行 TOP 10

名　次	应 用 名 称	名　次	应 用 名 称
1	愤怒的小鸟	6	勇猛二人组
2	捕鱼达人	7	蜜糖
3	水果忍者	8	实况点球
4	割绳子	9	最后的防线
5	会说话的汤姆猫	10	三国塔防蜀传

6. 热门二维码生成器

部分热门二维码生成器如图 5.3.1 所示。

图 5.3.1　部分二维码生成器

实训　移动营销之短信营销

实训场景

　　阿霞就职于某公司,担任市场推广专员一职。为迎接国庆,公司官方旗舰店紧锣密鼓地筹备新一轮国庆促销活动。阿霞大胆地向公司提出在国庆期间采用新颖的移动营销手段——短信营销来吸引顾客,提高品牌关注度和市场占有率。最后,活动方案得到了公司领导的一致通过,阿霞与团队几个同事分工合作以推进国庆短信营销活动。

实训内容

　　(1) 撰写短信营销活动方案,包括营销目的、目标受众筛选、活动执行分工等。

　　(2) 开展移动营销活动,落实执行各营销环节工作。

　　(3) 从执行中,理解移动营销的概念,掌握短信营销活动的方法和步骤。

　　(4) 整理、评估短信营销活动的效果。

实训目的

　　(1) 理解移动营销的性质和特点。

　　(2) 掌握移动营销工具之一——短信营销的操作步骤和方法。

　　(3) 学习开展营销活动,培养团队沟通和协助能力。

成果形式

短信营销活动方案、活动成果汇总报告。

实训方法

任务驱动。

实训准备

联网计算机、手机/平板电脑、客户数据库(接收者客户手机号码)。

实训步骤

以下以某数码公司为例。

步骤 1 结合该数码公司国庆平板电脑促销活动,编写一条相关的活动促销短信(短信含序号,由公司派发)如"天下掉馅饼,动动手指回复 A"或"登录 phisunggz.tmall.com 赢百元红包,获丰厚数码礼品,转发还可获双倍积分机会(抽奖序号 0001)"等。

步骤 2 筛选发送目标,一般企业拥有自身庞大的用户数据库,根据活动性质,根据用户性别、年龄、月收入、地域、兴趣、爱好等特征筛选符合要求的受众。

例如,本次活动中选择受众人群为男性,年龄为 25～45 岁,月收入为 2500～8000 元,地域限于东北地区,在筛选完发送对象后,企业往往不会采用手机对受众逐一发送,而是利用与之合作的短信发送平台进行大批量发送,以节约人力、物力等成本。

短信发送的费用一般在 0.06 元/条。鉴于此实训,可将此操作过程简单化,利用自身手机通讯录,筛选发送对象,进行短信发送即可。

步骤 3 成本预算。计划发送多少条短信,如实训学生计划发送 10 条短信,每条费用为 0.06 元,即成本预算为 0.6 元。

步骤 4 选择发送时间,一般建议在早上 10:00—11:00、下午 2:00—4:00 期间发送,推送及用户接收、关注效果更佳。

步骤 5 在发送短信时,可以短信形式邀请好友进行转发。

步骤 6 简单统计短信发送、转发次数。

步骤 7 统计接收短信用户,领取红包数和使用红包数。

实训评价

对整个实训执行过程进行统一评价,特别是对实训过程中所取得的成果进行评价。移动营销的实训评价表见表 5.3.8。

表 5.3.8 移动营销的实训评价表

实训任务	移动营销:短信营销		
实训日期	课外实训		
任务内容	就某店铺(实体店或网店)促销活动而采取的移动营销策略——短信营销,制订实施计划并开展,最后分析、评估效果		
实训方法	任务驱动		
评价要素	知识	技能	职业素养
	1. 掌握移动营销的概念 2. 理解短信营销的性质 3. 借助实践,举一反三理解其他移动营销工具	1. 能制订实施计划 2. 能撰写促销短信 3. 能统计分析数据 4. 能调整优化策略	1. 培养良好的沟通协调能力 2. 培养快速的执行能力 3. 培养数据分析能力 4. 培养积极、主动、认真负责的工作态度

续表

任务重点	制订移动营销操作计划;选择发送目标人群、发送时间;数据统计和分析			
任务难点	计划实施节点;进度把控;预算;数据统计和分析			
工作内容	1. 撰写可行性的实施计划 2. 促销内容撰写 3. 营销活动执行,内容发送 4. 数据分析、统计 5. 撰写活动效果报告			
成果形式	活动结果评估报告			
评价项目	项目实施计划可操作性 (60%)	数据统计 (15%)	效果分析报告 (15%)	职业素养 (10%)
评价标准	A. 非常强 B. 一般 C. 弱	A. 完整 B. 一般 C. 不完整	A. 全面 B. 一般 C. 片面	A. 大有提升 B. 略有提升 C. 没有提升
分项得分				
总分				

说明:
1. 表格内按百分制打分
2. 可以请合作企业专业人员、电商协会等机构专业人士担当第三方参与评分
3. 各标准对应的分数范围:A. 80~100 分 B. 60~79 分 C. 60 分以下

任务测评

一、判断题

1. 移动营销又名有线营销。   (   )
2. 移动营销是一种新的营销模式。   (   )
3. 病毒营销为移动营销的一种方式。   (   )

二、选择题

1. 移动营销的分类为(   )。
   A. 移动定向营销   B. 移动互动营销   C. 移动单向营销   D. 移动全方位营销
2. 下面属于移动营销工具的有(   )。
   A. 短信、彩信   B. 近场通信(NFC)和蓝牙
   C. App 应用   D. 移动网站
3. 下面属于移动终端设备的有(   )。
   A. 手机   B. 电视机   C. 台式计算机   D. 平板电脑

三、填空题

1. 移动营销又称_____,指利用_____为信息接收载体,直接向目标用户传递或推送个性化信息或服务,通过与消费者的信息互动达到_____的营销目的。
2. _____和_____是移动互动营销最大的特色。

四、简答题

1. 移动营销对用户的优势有哪些？
2. 移动营销的 12R 定律是什么？
3. 移动营销有哪些应用领域？

五、案例分析题

列举某企业移动营销案例，判断它是否成功。并列举其在采取移动营销后，达到了哪些效果。

任务四　C2B 营销

能力标准

C2B 营销能力标准见表 5.4.1。

表 5.4.1　C2B 营销能力标准

能　力　标　准		
技　能	知　识	职业素养
1. 能灵活选择不同 C2B 营销 2. 能通过团队协助实施 C2B 营销活动 3. 能评估 C2B 营销效果 4. 能口头汇报工作进度情况	1. 掌握 C2B 营销与其他营销模式的区别 2. 理解 C2B 营销概念 3. 掌握 C2B 营销的特点 4. 掌握 C2B 营销的模式 5. 理解 C2B 营销的优劣势	1. 具有快速的执行能力和沟通能力 2. 具有良好的团队协作意识 3. 具有严谨的工作态度

工作流程

（1）制订 C2B 营销方案。
（2）开展 C2B 营销活动。
（3）整理 C2B 营销活动数据。
（4）分析和评估 C2B 营销活动结果。
（5）撰写 C2B 营销活动报告和优化策略。

学习任务

（1）C2B 营销的概念。
（2）C2B 营销的特点。
（3）C2B 营销的模式。
（4）C2B 营销的优劣势。
（5）C2B 营销活动的方法和步骤。
（6）分析和评估 C2B 营销活动结果。

从严格意义上来说,中国 C2B 行业起步至少可以追溯到 2000 年。中国最早出现团购是公司为了降低成本而集合所有子公司进行采购,而发展到现在的"个人层面",得归功于互联网。下面进一步认识 C2B 营销。

一、C2B 营销概述

1. C2B 营销的概念

电子商务以自身独特的方式经历了门户专卖、B2B、C2C、B2C 这 4 个阶段,其中 B2B、C2C 与 B2C 在目前国内电子商务网站中是最流行的。而 C2B 是一种新型的电子商务模式,C2B(consumer to business,消费到对企业)是指消费者聚集起来进行集体议价,把价格主导权从企业转移到自身,以便同企业进行讨价还价。这种商业模式等于是由公司提供产品或服务给予消费者的传统商业模式的 180°大逆转。

顾名思义,C2B 指的是由消费者发起,最终寻找到合适的商品来源并且最终完成交易的过程。与传统的电子商务相比,C2B 经历了完全不同的发展模式。在这之前,B2C、C2C 等商业发展模式早在电子商务出现之前就已经存在,并且经历了由店铺交易到电子商务的转变,而 C2B 则是完全建立在电子商务已经日益完善的基础上的。

2. C2B 营销的历程

1) 商场阶段

很早之前,许多大型连锁超市如沃尔玛等都推出了拼团购的活动,并承诺在达到团购人数后,人们可以享受批发价。这一阶段严格来说并不具有 C2B 性质,因为人们是前往商场购物,而非通过电子渠道实现消费。

2) 联合议价阶段

人们常认为批发价会比零售价便宜很多,所以自然而然地希望以批发价购买所需的消费品。然而每个人所接触的交际圈是有限的,因此从中找到很多有共同需要的人一起购买大宗商品是很困难的,而且有时就算是找到也很难联合很多人同时前往购买。随着消费需求的增多,大商场已经不能满足人们的消费需求,因此,很多人在论坛上发布购买信息,联系人们一起前往购买。

3) 网站拼团阶段

论坛上的消费信息促进了 IT 行业关注这一领域,因为他们知道有消费的地方就有利润。于是,很多网络公司开始进军这一领域。

4) 团购网站阶段

风险投资商们看中了这一领域,开始注资。团购网站迫于压力,不得不开始追求更高利润,于是开始充当中间客的角色,在收集消费者愿望的同时开始收集商家的信息并且主动向消费者提供商家信息。

5) 个性商品阶段

随着人们消费需求的进一步提升,人们对 C2B 的要求已经超越了仅是省钱的阶段,人们开始追求高标准的消费,并且开始要求商品符合自己的个性和全方位的需求,于是提供旅游、餐饮、KTV 等服务的网站也随即出现。

3. C2B 营销与 B2B 营销、B2C 营销、C2C 营销间的区别

(1) C2B 模式下,由客户选择自己需要的东西和要求的价格,然后由商家来决定是否

接受其要求。假如商家接受客户的要求,那么交易成功;假如商家不接受客户的要求,那么交易失败。

(2) B2B(business to business)是指商家与商家建立的商业关系。例如,在麦当劳中只能够买到可口可乐是因为麦当劳与可口可乐的商业伙伴关系。商家们建立商业伙伴关系是希望通过大家所提供的东西来形成一个互补的发展机会,让大家的生意都可以有利润。阿里巴巴、慧聪采取了这一营销模式。

(3) B2C(business to consumer)就是经常看到的供应商直接把商品卖给用户。例如,去麦当劳吃东西就是B2C,因为只是一个客户。

(4) C2C(customer to consumer)是指客户自己直接把东西放上网去卖,如淘宝、拍拍、易趣等。

二、C2B营销的特点

C2B模式具有革命性,它将商品的主导权和先发权由厂商身上交给了消费者。

传统的经济学概念认为,针对一个产品的需求越高,价格就会越高。但由消费者因议题或需要而形成社群,并通过社群进行集体议价或开发社群需求,只要越多消费者购买同一个商品,购买的效率就越高,价格就越低,这就是C2B的主要特征。

C2B模式强调用汇聚需求(demand aggregator)取代传统的汇聚供应商的购物中心形态,被视为是一种接近完美的交易形式。

总之,C2B模式充分利用Internet的特点,把分散的消费者及其购买需求聚合起来,形成类似于集团购买的大订单。在采购过程中,以数量优势同厂商进行价格谈判,争取最优惠的折扣。个体消费者可享受到以批发商价格购买单件商品的实际利益,从而增加了其参与感和成就感。

三、C2B营销的模式

1. 团购模式

团购是指通过聚合数量庞大的消费者形成一个强大的采购集团,以此来改变B2C模式中消费者一对一出价的弱势地位,使消费者享受到以大批发商的价格买单件商品的利益。团购模式又有两个发展阶段。

(1) 基于价格的团购。在基于Web 2.0技术的C2B电子商务模式下,通过互联网进行团购的消费者可以构成一个联盟,这对参与者双方都有好处。对消费者来说,获得消费的主导权,可以享受更多的选择机会和更低的价格;对企业而言,在目前原材料价格普遍上扬的情况下,利用互联网团购,不仅可以降低企业的成本,而且可以打通虚拟市场扩大交易份额,创造出较大的商业模式,另外通过团购也可以直接了解消费者的需求,开辟出一片"蓝海"。

(2) 基于产品的团购。这是C2B模式发展的第二阶段。随着国民经济的实力和人们消费水平的实质性提升,尤其是富人阶层和都市先锋人群的消费观念已经发生转变,部分高收入者和崇尚自我个性的人群并不很在乎过去所说的消费的最重要影响因素——价格,而是把产品的品质、特性、品位等方面的重要性放在价格之上。由此消费者通过 Web 2.0 聚合技术平台,促使企业按他们的需求进行设计和生产,甚至可能改变企业所提供的产品内容,例如材质、外观设计、组合方式等。

2．定制模式

个性化定制服务是 C2B 发展的更高阶段,此商业模式极具有创新性。对企业而言,需要在满足消费者个性化定制所需更高成本和群体采购所要求的低价格之间达到平衡;对消费者而言,则需要在满足个性化产品所需支付的高价格和群体采购可能出现的个性弱化之间寻求平衡。这对第三方的 C2B 电子商务平台是个巨大的挑战,既要找到可满足个性需求并具有强大的定制生产能力的企业,又要找到尽可能多同时又尽可能窄众的个性化用户群体。

四、C2B 营销的优势

1．C2B 营销的优势

1) 降低库存

大规模定制,让企业降低了盲目研发、盲目上市新品的风险,同时无须提前储备成品,对库存成本降低大有好处。

2) 市场导向,企业调整迅速

企业可以更直观、更敏锐地同市场潮流和趋势接轨,一旦发现浮现出来的市场需求,可以迅速跟进。

2．C2B 营销的劣势

1) 消费者需求量的变化难以把握

C2B 营销离不开后续的研发、采购、生产等环节,因消费者需求动态时刻在变,因此对研发、采购、生产、仓储、配送来讲,都无法准确预测和评估成本。

2) 传统大规模生产企业冲击

对于大规模流水线生产的企业,频繁更换流水线的产品型号,注定会对生产效率、产品质量产生不稳定性的影响。

五、C2B 营销的实施方法和步骤

下面以团购为例介绍 C2B 营销的实施方法和步骤。

第 1 步,根据自身营销目的,正确选择适合的团购合作平台。

筛选合适的团购平台,需要作下面几点分析。

(1) 平台定位分析：对于旅游、餐饮、零食、数码等营销,选择跟自身企业产品相匹配的团购平台,效果更佳。

(2) 平台用户分析：对注册用户的数量、年龄、性别、地域、职业进行分析。

(3) 平台消费水平分析：根据平台往期的团购信息,预估平台消费人群消费水平。

(4) 上架费分析：部分大型团购平台,因流量大,会额外收取一定的产品团购上线费和广告费,某些中小团购平台则免费进驻。因此,需结合营销目的,评估营销成本与营销

效果,即预估投入产出比。

第2步,基于第1步的分析,筛选出最佳的团购平台,并进行商务联系洽谈,确定合作关系。

第3步,与平台合作方沟通,共同挑选合适的团购产品,并确定产品供货价格和团购价格,而且要提供产品图片和功能参数给团购平台。

第4步,策划、制作团购产品上线内容,内容包括参与团购上线产品文字撰写、产品图片设计。

第5步,确定产品开购的时间。

第6步,根据团购平台提供的后台数据,确定参团实际人数、购买客户的收货资料,然后安排发货。

第7步,团购结算。

除部分大型团购平台将额外收取团购上线费外,一般团购平台只与商家进行产品分成,即商家以最优惠价格提供给团购平台,然后团购平台与商家协商,并决定最终的团购价格(一般会比商家供货价高50~200元),这中间的差额为团购平台利润。

消费者在进行团购时,将金额直接汇到团购平台中,然后团购平台将根据约定把销售额扣除自身利润后,返还给商家。

第8步,活动效果评估,撰写报告。

拓展视野

1. 团购导航网站

(1) 百度团购导航,http://tuan.baidu.com/。

(2) 360团购导航,http://tuan.360.cn/。

(3) 团800导航,http://www.tuan800.com/。

2. 团购营销的典型应用

应用1:门户利用网络媒体及时传递比赛结果的同时进行精准营销。2004年雅典奥运会刘翔夺得110米栏的冠军,1秒之后,新浪将这一喜讯传播了出去,并配合NIKE在体育、奥运频道投放配套广告。焦点性的新闻,加上营销整合,使NIKE品牌信息精准到达关注体育盛况的亿万受众当中。显而易见,C2B作为网络媒体的独特营销优势,正在营销效果和企业的信赖中得到验证。

应用2:银行与门户合作的"我记录财富人生"平台。招商银行通过对网民网络行为的分析,将"理财教育公益行"活动的网上推广落户在了新浪"我记录财富人生"平台,此举使招行理财教育的目标群体,与新浪"我记录财富人生"博主以及阅读博客的网民,在兴趣和行为方面达成了高度的吻合性,可以说是企业精准营销的一个典型案例。

实训　C2B营销实训之团购营销

实训场景

阿霞担任某公司推广组长一职,针对公司推出一系列的平板电脑产品,在9月开学季,面对市场电子书包应用逐步普及和学生开学购买平板电脑飙升的时机,阿霞组织团队开展一轮平板电脑团购促销活动,以此来提高产品知名度和市场占有率。

实训内容

(1) 寻找、筛选合适的团购平台,洽谈团购商务合作。

(2) 团购促销产品文字、图片的制作。

(3) 开展团购活动,密切留意团购活动数据变化等情况。

(4) 描述团购营销的特点和相对应的实施方法、步骤。

(5) 整理、评估团购活动数据结果。

实训目的

(1) 掌握C2B营销模式之一——团购营销。

(2) 掌握参与团购活动的实施操作。

(3) 培养对外商务沟通、洽谈,团队协作的能力。

成果形式

团购人数和实际产品销售量。

实训方法

结果驱动。

实训准备

联网计算机、某一团购平台、团购促销产品及产品资料、团购物料制作。

实训步骤

步骤1 结合该公司主推的平板电脑,挑选最具性价比的产品,确定最优的供货价格。

步骤2 打开IE浏览器,在地址栏输入某一团购导航,如百度团购导航网址为http://tuan.baidu.com/。在众多的团购平台中,搜集现阶段有数码产品进行团购的平台,如拉手。

步骤3 进入拉手网官方网站(www.lashou.com),一般情况下任何网站的底部都会设置网站联系方式一栏,点击进去,可通过电话或邮件发起合作申请,然后与团购平台进行合作洽谈,确定合作关系,并签订合同。

步骤4 制作团购物料(文字、图片),一般情况下,物料制作可分为企业自身制作和团购平台协作制作两种,应由双方协商完成,然后安排产品上线。

步骤5 在团购结束后,企业安排货物发送。产品库存和物流由企业负责。一般团购周期为2~5天,发货周期可根据双方协商而定,可选择当天发或在团购活动结束后一次性发送。

步骤6 根据合同约定收款。一般情况下在货物发货后,团购平台将向企业支付30%的销售额,并待客户签收产品后2~3天结算余下货款。货款结算周期根据团购平台合作方式和协商结果而定,一般为10~30天。

步骤7 收集、分析数据,撰写团购营销活动报告。收集团购客户的信息,并分析客户团购的时间、地域、性别、年龄等特征,以便后期更好地开展团购营销活动。

实训评价

对整个实训过程进行统一评价,尤其对团购平台筛选、洽谈、实施团购营销活动的进度进行把控,并填写 C2B 营销的实训评价表,见表 5.4.2。

表 5.4.2　C2B 营销的实训评价表

实训任务	C2B 营销之团购营销			
实训日期	课外实训			
任务内容	结合自身企业促销策略,挑选明星产品实施团购营销,分析评估团购营销效果			
实训方法	结果驱动			
评价要素	知　　识	技　　能		职业素养
	1. 掌握 B2C 营销中的团购模式 2. 掌握团购模式的具体操作步骤	1. 能制订实施计划 2. 能收集、筛选合适平台合作伙伴 3. 能沟通安排团购物料制作 4. 能统计分析数据,撰写报告		1. 培养良好的沟通协调能力 2. 培养快速的执行能力 3. 培养数据分析能力 4. 培养积极、主动、认真负责的工作态度
任务重点	筛选合作平台;洽谈沟通,确定合作关系;数据统计和分析			
任务难点	沟通合作,确立合作关系;分析统计评估团购活动效果			
工作内容	1. 撰写可行性的实施计划 2. 收集平台,筛选,沟通,确立合作关系 3. 活动物料制作,协商安排上线 4. 数据分析、统计 5. 撰写活动效果报告			
成果形式	活动结果评估报告			
评价项目	项目实施计划可操作性 (10%)	平台筛选和业务沟通能力 (60%)	效果分析报告 (20%)	职业素养 (10%)
评价标准	A. 非常强 B. 一般 C. 弱	A. 优秀 B. 一般 C. 弱	A. 全面 B. 一般 C. 片面	A. 大有提升 B. 略有提升 C. 没有提升
分项得分				
总分				

说明:
1. 表格内按百分制打分
2. 可以请合作企业专业人员、电商协会等机构专业人士担当第三方参与评分
3. 各标准对应的分数范围:A. 80~100 分　B. 60~79 分　C. 60 分以下

任务测评

一、判断题

1. C2B 营销是最早的营销模式。　　　　　　　　　　　　　　　　　(　　)
2. C2B 营销比 B2C 营销好。　　　　　　　　　　　　　　　　　　(　　)
3. C2B 营销模式就是团购模式。　　　　　　　　　　　　　　　　　(　　)

二、选择题

1. C2B 营销的特点有(　　)。

A. 汇聚需求　　　B. 价格低　　　C. 成本高　　　D. 汇聚供应商

2. 下面属于C2B营销模式的有(　　)。

A. 团购模式　　　B. 定制模式　　　C. 特价模式　　　D. 强购模式

3. 下面不属于C2B营销模式的有(　　)。

A. 淘宝　　　B. 拍拍网　　　C. 阿里巴巴　　　D. 当当网

三、填空题

1. 电子商务以自己独特的方式经历了＿＿＿＿、＿＿＿＿、＿＿＿＿和＿＿＿＿这4个阶段。

2. C2B模式具有革命性,它将商品的＿＿＿＿和＿＿＿＿,由厂商身上交给了消费者。

四、简答题

1. 简要说明C2B营销的优势。
2. 简述C2B营销的5个阶段历程。
3. C2B营销与B2B营销、B2C营销、C2C营销之间有什么区别？

五、案例分析题

分析"七格格"网店的C2B营销思路(1500字以内)。

任务五　微信营销

能力标准

微信营销能力标准如表5.5.1所示。

表5.5.1　微信营销能力标准

能力标准		
技能	知识	职业素养
1. 能开通微信个人号、公众号 2. 能使用微信指数获取关键词动态数据 3. 能添加微信好友 4. 能发朋友圈"吸粉" 5. 能编辑与推送公众号文章 6. 能开微信小店、微信小商店 7. 能策划视频号脚本	1. 熟悉微信的概念及功能 2. 了解微信个人号、公众号、企业微信、视频号等的区别 3. 了解基本术语：微信红包、微信转账、赞赏、刷量、微信指数 4. 了解微信朋友圈营销逻辑 5. 掌握公众号类型及功能 6. 熟悉微信公众号营销策略 7. 了解微信视频号特点及优势	1. 具有网络安全意识、客户隐私保密的职业道德 2. 树立诚信、谦虚、实事求是的个人品质 3. 培养良好的创新创业意识 4. 具有良好的在线沟通与友好的客户服务态度 5. 具有务实、肯干的职业精神

工作流程

1. 开通微信号(个人号、公众号、视频号)。
2. 加好友、建群扩粉,发朋友圈"吸粉"。

216

3. 根据营销策略发公众号,进行数据分析。
4. 开微信小店、微信小商店。
5. 策划编写视频号小脚本。

学习任务

1. 微信营销概述。
2. 微信个人号营销。
3. 微信公众号营销。
4. 开微信小商店销售。
5. 开发微信小程序获得客源。
6. 微信视频号销售带货。

一、微信营销概述

1. 微信的概念

微信是由腾讯公司于2011年1月上线的一款为智能终端提供即时通信服务的免费应用程序。微信官方发布《微信春节数据报告》中显示,2019年春节超8.23亿人次选择使用微信红包传递新年祝福,同比2018年增加7.2%;2020年微信春节红包收发数超过460亿个,同比增长43.3%。微信已经覆盖全国94%以上的智能手机用户,2019年小程序日活跃用户数量超过3亿,累计创造8000多亿元的交易额,同比增长160%;2020年上半年微信月活跃用户数量达到12.03亿,同比增长8.2%,创了新高;小程序直播电商日活跃用户数量突破4亿,用户覆盖200多个国家和地区。

从微信用户角度看,微信是可以通过手机、平板电脑、网页等跨通信运营商,采用跨操作系统平台的方式,快速发送免费语音短信、图文声像等的即时通信服务工具。微信用户可以通过使用"摇一摇""朋友圈""面对面建群"等基于位置的社交服务插件实现资源的分享,还可以通过"红包""转账""提现"等功能快速完成交易。微信已改变了用户的生活方式。

从企业的角度看,微信是企业可以通过"公众号""视频号""微信小程序"等多样化的互动分享功能,开展创意活动的营销推广、产品销售、粉丝群体构建和维护等活动,实现强化客户关系管理、吸引用户参与体验的新媒体营销平台。对企业来说,微信在本质上是企业目标消费人群的聚集地。

讨论: 假如你要约朋友周末去看电影,你会如何使用微信邀约与点评?深入地谈一谈微信给你的生活带来的改变,请以小组为单位展开讨论。

2. 微信功能

1)基本功能

(1)聊天。聊天是微信最基础的功能,支持发送语音短信、视频、图片、文字和表情。

(2)添加好友。微信支持查找微信号、通过手机通信录和分享微信号、摇一摇、二维码查找和漂流瓶等方式添加好友。

(3)实时对讲机。用户可以通过语音聊天室和一群人语音对讲,但与在群里发语音不同的是,聊天室的消息几乎是实时的,不会留下任何记录,在手机屏幕关闭的情况下进行实时聊天。

(4) 微信小程序。小程序不需要下载安装即可使用,体现了"触手可及"的特性。用户扫一扫或搜一下即可打开应用,还可以长按识别二维码进入小程序。

2) 支付功能

(1) 微信支付。微信支付是集成在微信客户端的支付功能,微信以绑定银行卡的快捷支付为基础,向用户提供安全、快捷、高效的支付服务,用户可以通过手机微信公众平台支付App(第三方应用商城)支付、二维码扫描支付、刷卡支付等方式,快速完成支付。

(2) 微信提现。微信支付对转账功能免收手续费,对提现功能收取手续费:每位用户终身享受1000元免费提现额度,超出部分按银行费率收取手续费,目前费率均为0.1%,每笔最少收0.1元。微信红包、面对面收付款、AA收款等功能不受影响,免收手续费。

3) 其他功能

(1) 朋友圈。用户可以通过朋友圈发表文字和图片,也可以把其他软件的文章或音乐分享到朋友圈,用户可以对好友新发的照片进行"评论"或"点赞",用户能看共同好友的评论或赞。

(2) 漂流瓶。用户可以通过扔瓶子和捞瓶子来匿名交友。

(3) 查看附近的人。微信会根据用户的地理位置,找到用户附近同样开启本功能的人。

(4) 微信摇一摇。通过摇晃手机或模拟摇一摇,可以匹配到同一时段触发该功能的微信用户,同时还有参与歌曲、节目互动的功能。

(5) 游戏中心。用户可以进入微信玩游戏,如《滚动的天空》等。

此外,微信还有语音记事本、语音提醒、QQ邮箱提醒等功能;私信助手、微博阅读、群发助手等互动功能;通信录安全助手、流量查询等附加功能。

4) 个人微信与微信公众号的功能

个人微信号是通过手机发布,基于个人熟悉的生活圈,通过面对面的方式,服务于个人生活的;微信公众号是通过PC端发布,基于开放的商业社交圈,整合线上线下资源进行推广的,商业用途明显。公众号是腾讯公司在微信基础平台上增加的功能模块,个人和企业可以在公众号上实现与特定群体的全方位互动。

3. 微信与其他社交平台的区别

1) 微信与QQ的区别

(1) 从功能上看,手机微信没有"在线"这个概念,一直处于在线;而QQ有在线、隐身、离开、离线等多种状态。

(2) 从信息分享上看,微信朋友圈分享的内容主要是碎片化的场景,分享的图片张数和视频时长受限,而QQ空间分享的内容比较丰富,包括日志、说说、相册等,还有较强的访客访问数据管理功能。

(3) 从隐私限制上看,微信的朋友圈基于更为私密的关系链,其隐私权限限制更为严格,微信朋友圈只能看到互为好友产生的评论或回复;而QQ空间则开放许多,在QQ空间可以看到任何人对自己好友的评论和回复。

2）微信与微博的区别

（1）从平台属性上看，微信构建的是社会化关系网络，用户关系是构建微信社群网络的纽带；而微博构建的是社会化信息网络，信息是构建微博社群网络的纽带。

（2）从用户关系上看，微信是对等的双向关系；微博是非对等的多向度错落关系。在微信上，用户之间是对话关系；在微博上，用户之间是关注关系。微信普通用户之间需要互加好友构成对等关系，微信群虽然是多对多关系，但仍然是对等的；而微博普通用户之间则不需要互加好友，双方的关系并非对等，而是多向度错落、一对多的关系。

（3）从信息内容上看，微信是私密空间内的闭环交流，而微博是开放的扩散传播。一个向内，一个向外；一个私密，一个公开；一个注重交流，一个注重传播。

（4）从时间同步性上看，微信用户主要是双方同时在线聊天，从某种程度而言，可以把它理解为移动QQ增强版；而微博则是差时浏览信息，用户各自发布微博，"粉丝"查看信息并非同步，而是刷新查看所关注的对象此前发布的信息。这种"同时"与"差时"决定了微信与微博的功能与内容的区别。

4. 微信营销的概念及价值

微信营销是网络经济时代企业或个人营销模式的一种，是随着微信的火热而兴起的一种网络营销方式，是社会化媒体营销中运用非常广泛的手段之一。微信不存在距离的限制，用户注册微信后，可与周围同样注册微信的"朋友"形成一种联系。用户订阅自己所需的信息，商家通过提供用户需要的信息，推广自己的产品，从而实现点对点的营销，已经形成了一种主流的线上线下微信互动营销方式。

微信营销是一个系统的营销过程，对于企业而言，利用微信提供的所有模块和功能，将员工和客户的个人号、订阅号及企业公众服务号进行合理优化组合，建立有效的微信矩阵，从而形成一套精准的营销体系。

微信营销的价值体现在输出个人品牌、刺激产品销售和维护客户关系等方面。

1）输出个人品牌

美国管理学者汤姆·彼得斯（Tom Peters）提出，21世纪的工作生存法则是建立个人品牌，不只是企业、产品需要建立品牌，个人也需要在职场、生活中建立个人品牌。个人品牌的建立是一个长期的过程，人们希望塑造的个人形象可以被周围大众广泛接受并长期认同，而以微信为代表的社交软件的出现，让个人可以成为自媒体，人们能够在社交软件上展示自己的鲜明个性和情感特征，在符合大众的消费心理或审美需求下，成为可转化为商业价值的资源。

2）刺激产品销售

刺激产品销售是微信营销最基本的价值。不论是基于熟人经济的微商，还是基于个人品牌效应的微店，"人"都成了新的商业入口。通过个人微信的朋友圈发布产品信息，用微信聊天为买家提供咨询沟通服务，用微信支付功能完成付款——"社交电商"就这样实现了。

3）维护客户关系

微信是人与人之间便捷沟通的一种渠道。如果由于业务关系添加了很多客户的微信好友,通过聊天联系或朋友圈互动,就有了与客户加深情感连接、让客户进一步了解你的机会。

5. 基本术语

1) 微信红包

微信红包是腾讯旗下的一款应用,可以实现写祝福语、发红包、查收发记录和提现功能。微信派发红包的形式分为两种,第一种是普通等额红包,一对一或一对多发送;第二种是"拼手气群红包",用户设定好总金额及红包个数,可以生成不同金额的红包。两种红包的接收方在打开后获得相应收益,只需要将储蓄卡与微信关联,就可以提现。微信红包除了在特殊的日子里面最大额度会提到 520 元外,其余的时间最大额度都是 200 元。微信红包如果没有领取,24 小时会自动退回给对方。

2) 微信转账

微信转账是针对微信好友的一项辅助功能,微信中绑定微信本人银行卡便可以实现转账功能,收到的存在零钱内,好友需要绑定银行卡,才能把钱提现到银行卡中。如果在微信中收到微信转账却不想收款,可以通过"立即退还"功能直接退还给对方;若不收款,24 小时以后即自动退还给对方。

3) 微信提现

微信提现收费的具体方案是:每位用户(按身份证)终身享受 1000 元免费提现额度,超出部分按银行费率收取手续费,目前费率均为 0.1%,每笔最少收 0.1 元。

4) 赞赏

赞赏功能是随着原创保护功能而出现,旨在在保护原创者的隐形版权利益的同时,为大家创造经济收益,进一步鼓励发布优质的微信公众号文章。需要设置赞赏账户才可以群发有赞赏的原创内容。同一个作者发表 3 篇原创文章之后就可邀请创建 1 名赞赏账户,目前一个公众号最多可以邀请创建 3 个赞赏账户。一个身份证只能创建 1 个赞赏账户。

在微信公众平台推送原创文章,当用户看文章时,可以通过"赞赏"功能进行打赏。

5) App 刷量

推广刷量,本质上就是刷假数据。App 刷量,就是把 App 的产品数据在很短的时间内刷上去,让其在应用市场中被更多人关注,以达到需要的效果。

为了保障应用的下载和使用数量,App 厂商通常会通过第三方渠道来进行宣传推广,吸纳更多的用户,而在这个过程中,"内鬼""羊毛党"和刷量中介则会乘虚而入,成为推广刷量数据造假的主力群体。据相关数据统计,国内目前各类刷量平台已超过 1000 家,刷量产业的人员规模累计达到 900 多万人。虚假流量已经侵入互联网行业的深层,并危害整个互联网行业。

6) 微信刷量

公众号刷阅读量、刷点赞数已经成为一条较为成熟的黑色产业链,刷量平台使用的工具也不是某种机器,而是微信模拟器与多台手机,微信模拟器就是一种可以在计算机上模拟微信客户端登录状态的模拟 App。

根据客户需求及"刷量"成本,刷量的价格也会有所不同。转发量分"模拟器刷"和真人刷两种,真人刷量的价格会高于模拟器刷量的价格,一家店铺给出的"模拟器刷"的价格是 6 元 1000 转发量,而真人转发至朋友圈的价格则为 1.5 元/个转发。粉丝数量也会根据"真人活粉"与"僵尸粉"来进行价格区分,普通"僵尸粉"的价格为 0.075 元/个,有头像昵称的"僵尸粉"价格则为 0.08 元/个。

通过公众号后台图文分析中"历史消息"阅读的比例可以判别是否为刷量,如果是全部为真粉,阅读量上涨比较快,如果是刷的"僵尸粉",那么文章发出后的某个时间点阅读量呈直线上升状态。

7) 微信指数

微信指数是微信官方提供的基于微信大数据分析的移动端指数,计算范围包含且只包含微信搜索、公众号文章及朋友圈公开转发的文章,整合了微信上的搜索和浏览行为数据,基于对海量云数据的分析,从而形成当日、7 日内、30 日内及 90 日内的"关键词"的动态指数变化情况,方便人们看到某个词语在一段时间内的热度趋势和最新指数动态,能提供社会舆情的监测,实时了解互联网用户当前最为关注的社会问题、热点事件、舆论焦点等;能提供关键词的热度变化,洞察用户兴趣,为精准营销和投放形成决策依据。

二、微信个人号营销

1. 基本设置

微信个人号正如网络名片,别人可以通过对微信个人号的号码、头像、签名和背景图片来判断微信主人是一位怎样的人,提升进一步接触的可能性,所以微信个人号的装修很必要。个人号装修由微信号码、微信头像、个人签名、背景图片 4 个细节组成。

1) 微信号码

在注册微信时,"个人微信号码"选项只能设置以字母开头的字母或字母和数字组合的号码。对于开展微信营销来说,多数人都把微信号码设置为以字母加 QQ 号码或字母加手机号码的模式,这样更方便地从微信平台向其他平台转化,实现沟通的多样化。还可以将微信号码设置为名字的拼音或以姓名及产品拼音的简拼。

2) 微信头像

微信头像最好设置为个人真实头像,给微信好友树立可信任第一印象。头像比较明亮或色彩较暗会给人比较高调或阴暗的感觉,容易造成反感情绪,建议采用适中的色调,不要过于个性化。当然,有些行业需要比较高调的展示,可以选用稍微夸张的头像。尽量不要以微信标识、风景图片、二维码图片、产品图片或其他类图片作为头像。

3) 个人签名

个人签名限在 30 个字以内,一句有深度的介绍可以俘获无数好友的心。个人签名的内容可以是励志、淡薄、优雅的,也可以是个人介绍,尽量不要直接写产品广告,微信是以社交为基础进行运营的,尽可能在语言上淡化商业性。

4) 背景图片

背景图片在微信的展示中也比较重要,多以"养眼"图片为主。很多微信号都是以个人照片为背景,也可以是美丽的风景。不要把背景图片广告化,以免给人产生抵触情绪。

2. 添加更多的微信好友

1) 多社交平台引流,添加好友

用户可以在所有活跃的社交平台上留下自己的微信号,比如微博、QQ、知乎及头条文章等,只要善于分享、乐于互动,便会吸引更多的人来认识,通过搜索微信号添加为好友。

2) 通过社群添加微信好友

微信群是一个非常便捷且省事的加好友的入口。不过应该注意,平时应保持在群里的活跃度、展示自己,让群员产生深刻印象、培养起好感,这样添加群里的成员为好友就会容易被通过。微信群内大多数群员都因某种共同兴趣、关系和特征而聚集到一起,所以添加的好友会相对精准,比如健身群、妈妈群等。

那么,怎样找到或建立起有价值的微信群呢?常用的方式是通过举办线下活动,为了方便高效地开展活动建立微信群,或者在活动时利用面对面建群功能建群;或者自建微信群,就某一方面将相关的朋友拉在一起,吸引其他人主动加入。

3) 软文推广添加好友

写原创文章或引用有价值的文章,例如,分享自己的故事、生活、知识,并在这些文章中巧妙地嵌入微信号或微信二维码,然后把文章发到微信公众号、微博、论坛及贴吧,这种因认同、受益、期待而主动添加好友的情况高效、精准、黏性度高。另外,这类文章更容易被搜索相关关键词的用户看到。

4) 线下引流添加好友

参加同行聚会、行业交流会、线下论坛、展览会等线下活动,在活动过程中与其他参加者主动交流沟通,建立关系,添加好友。对于实体店铺,更应抓紧机会让客户进店消费时留下微信,举办节庆促销活动时,通过添加微信领取礼品优惠券等。

3. 微信朋友圈的营销特点

微信朋友圈已经成为微营销的一种代表方式,微信逾10亿用户表明了这种营销方式行之有效。企业多以公众号与用户增强互动。个体户及创业者多以在微信朋友圈分享进行微信营销。微信的朋友圈营销技术含量低,门槛低,只要有足够数量的粉丝,便可实现轻松营销,快乐营销,简单营销。

首先,营销成本低,获得盈利高。微信作为一款社交聊天软件,其本身就是免费的,各种功能也是免费的,从硬件上来讲,利用朋友圈营销相当于零成本。

其次,面向受众精准度高。例如,女性比较青睐服装、护肤品的微信号,一位叫阿梅的女士她通常发朋友圈的内容多以服装、护肤品方面的知识、搭配和使用方法等图文信息为主,提供给好友浏览,阿梅朋友圈里的很多好友都是因为有需求,想从阿梅的朋友圈中获取感兴趣的款式、新品、套装,所以阿梅的朋友圈信息受众的精准度非常高。

4. 微信朋友圈的营销逻辑

许多人都听说了通过微信朋友圈营销取得了好效果,那么朋友圈的营销逻辑是怎样的呢?

朋友圈营销,很多人看到的是表面,每天发发早安晚安"鸡汤",发发生活场景,发发产品款式,发发用户案例,以为这就是营销。这种对朋友圈营销的理解,不能说错,但不知道究竟为什么要发这些,只知道,大家都这么发,所以也这么发。

朋友圈营销,营销的不是产品,而是你自己。在朋友圈把自己营销出去了,生意就会源源不断,变得轻松。正如销售一样,客户为什么买你的产品,不买别人的产品,一定是先认可你这个人,相信你,才会选择买你的产品。

传统的销售,更多的是通过面谈,电话沟通等,客户通过这种沟通,对卖家产生信任。而朋友圈营销呢,客户只能通过微信朋友圈,或者通过微信聊天方式,对卖家产生了解。所以卖家要做的,就是通过微信平台,不管是发朋友圈也好,还是微信聊天也好,利用每一次跟客户产生链接的机会,让客户对身为卖家的你产生好的印象。

当把自己成功地推销出去了,那么卖什么都可以。因为这个时候,客户对卖家这个人很认可、很信任,所以不管卖爱是卖化妆品也好,卖美食也好,卖课程也好,只要客户有这方面的需求,肯定会找这位微信卖家购买。

5. 如何在朋友圈发内容

朋友圈到底应该怎么发才能吸引人,才能让别人不屏蔽,并且还愿意看朋友圈的广告? 甚至看完了广告,还愿意主动购买产品。

1) 满足用户需求,用户才会关注

微信朋友圈内容的发布要紧紧抓住用户的需求和痛点,才能吸引他们的目光,所以在发朋友圈之前要先了解用户的需求,并尽量满足他们的需求。

(1) 站在用户的角度考虑问题。在策划朋友圈内容时,要将用户需求和所销售的产品类型和服务特点结合到一起,这样创作出来的内容才能抓住用户的需求,让大家喜欢看,喜欢读。一位做尚品宅配的客户经理经常在朋友圈分享一些尚品宅配产品的用法(见图 5.5.1),站在用户的角度将产品用到极致,从而吸引更多的人选择。

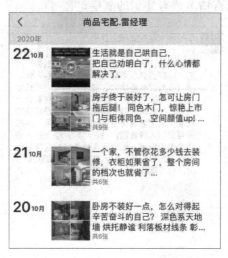

图 5.5.1 站在用户的角度考虑问题

(2) 用原创内容感染用户。朋友圈内容看似丰富多彩,其实细细考量就会发现,很多朋友圈的内容都是从众号转发而来的,这些内容往往令用户感觉重复累赘,而原创内容却能吸引用户关注。在朋友圈发布原创内容的时候要有目的性,把内容和产品相结合,如

图 5.5.2 所示。因为朋友圈里都是朋友，所以晒生活点滴的时候不用太刻意，要不露声色。

图 5.5.2　用原创内容发朋友圈

（3）故事让内容更有吸引力。故事向来受人欢迎，在朋友圈也不例外，发布在朋友圈里的内容如果有故事，更会提升用户的阅读兴趣。想让自己发布在朋友圈的内容获得较高的关注，可以利用用户对故事的兴趣引发其对朋友圈内容的关注，如图 5.5.3 所示，在宣传产品的时候讲一个或有情节或有知识的故事。

图 5.5.3　用知识性故事发朋友圈

(4)让图片替你说话。相对于阅读文字,用户的潜意识里更喜欢观看图片,因为相对于文字,图片的色彩更丰富直观,更容易带给用户赏心悦目的美好体验。发布图片时,图片真实,图文契合,用图片满足用户的某种需求,以吸引用户眼球,如图 5.5.4 所示。

图 5.5.4　让图片替你说话

(5)紧跟时事热点事件。时事热点事件作为大众普遍关注的话题,在朋友圈中也会成为大家聚集的焦点,要想提升朋友圈的黏性,拉近自己和用户的距离,不妨将自己朋友圈的内容和时事热点事件"捆绑销售",用时事热点事件带动话题的人气,如图 5.5.5 所示。

图 5.5.5　紧跟时事热点事件

2) 明确写作目的

要明确发布朋友圈的目的。不同的目的,写作的方法和思路也不同。如果是为了品牌传播,则整体的内容创作需要思考如何让内容符合品牌风格、引起用户的共鸣;如果是为了销售,那么内容创作要思考如何挖掘用户痛点,使其产生信任,并且能够立即付诸购买行动;如果进行推广活动,就要思考如何让人觉得这个活动有吸引力,很值得参与,而且参与的门槛不高。

3) 建立内容素材库

朋友圈发布的内容一般分两种情况:第一种情况是就时事热点话题借势发挥;第二种情况是结合自身定位坚持更新与完善。基于朋友圈的营销属于内容营销,提供优质、积极有意义的内容,需要建立内容素材库,留心观察身边的各种事件、网上的热点事件、阅读各种资料和图片,收集起来,作知识储备,以至于达到"信手拈来"的高效。常用的素材搜集网站有中国互联网信息中心、知乎、微博、百科、知网和万方数据知识服务平台等,还可以到一些流量平台上搜集一些"热搜"热点。

三、微信公众号营销

1. 区分公众号类型

微信公众号是开发者或商家在微信公众平台上申请的应用账号,该账号与QQ账号互通,平台上实现和特定群体的图、文、声、像的全方位沟通互动,形成了一种主流的线上线下微信互动营销方式。微信公众号有服务号、订阅号两种账号类型,在使用方式和功能等方面有许多区别,如表5.5.2所示。

表 5.5.2 服务号、订阅号的功能对比

比较项目	服务号	订阅号
面向人群	面向企业(个体户)、政府或组织,用于对用户进行服务	任何组织和个人都可以申请,提供一种信息传播方式
注册账号个数	1~2个/企业	1个/个人 1~2个/企业
认证收费	300元/年	300元/年
消息显示方式	出现在好友会话列表首层	折叠在订阅号目录中
消息次数限制	每月主动发送消息不超过4条	每天群发一条
验证关注者身份	任何微信用户扫码即可关注	任何微信用户扫码即可关注
消息保密	消息可转发、分享	消息可转发、分享
高级接口权限	支持,自带自定义菜单	不支持,不能用开发模式
定制应用	不支持,新增服务号需要重新关注	不支持,新增服务号需要重新关注
开微店	有	无

订阅号、服务号在通信录中被归类,用户可以在订阅号的列表中找到已关注订阅号推送的信息,但是不会主动在列表中提醒有新消息,需要用户自己去查看。服务号、订阅号均为免费使用,但若要认证均需300元/年。

微信服务号是腾讯公司提供给企业用户,用于向"粉丝"提供服务的一种公众号,它比订阅号的功能更全面。例如,尚品宅配服务号将个人宅配订单与该服务号绑定后,在宅配安装各个阶段完成时,尚品宅配的服务号都会发送消息,及时与客户产生互动,服务效率非常高。客户服务需求高的企业可以考虑在开通订阅号的同时开通服务号。

微信订阅号为媒体和个人提供一种新的信息传播方式,主要功能是向用户传达信息,

展示自己的特色、文化、理念,功能上类似于报纸杂志,提供新闻信息或娱乐趣事。个人、媒体、企业、政府或其他组织,订阅号(认证用户、非认证用户)1天内可群发1条消息,每天1条地发送有很多传播利用空间,所以大部分企业和媒体(自媒体)都选择开通订阅号。

微信公众号还为企业提供了"企业号",类似于企业内部的管理系统,面向企业内部的员工或企业运营流程上、下游客户,能够有效地简化管理流程、提高信息沟通和协同效率、提升对一线员工的服务及管理能力。对于管理运营不复杂的中小微企业,不必开通企业号。

综上所述,对于使用公众号发送消息、做宣传推广服务,建议选择订阅号;对于想通过公众号进行产品销售、优化客户服务,建议选择服务号;对于用于管理内部员工,建议开通企业微信号。

2. 申请微信公众号

1)申请前材料准备

申请公众号之前,根据账号主体类型,准备申请主体和运营者这两方面的材料,如表5.5.3所示。

表 5.5.3　公众号注册需要准备的材料

	政府类	媒体类	企业类	其他组织类	个人
申请主体信息	政府全称 授权运营书	组织名称 组织机构代码扫描件	企业名称 营业执照注册号 营业执照扫描件	组织名称 组织机构代码 组织机构代码证扫描件	身份证姓名 身份证号码
运营者信息	身份证姓名 身份证号码 手持身份证件照	身份证姓名 身份证号码 手持身份证件照 手机号码	身份证姓名 身份证号码 手持身份证件照 手机号码	身份证姓名 身份证号码 手持身份证件照 手机号码	手机号码 手持身份证件照

2)申请流程

(1)访问微信公众号官网:http://mp.weixin.qq.com/,单击"立即注册"进入公众号申请流程,如图5.5.6所示。

图 5.5.6　进入注册流程

(2)填写基本信息。填写完成之后,选中"我同意并遵守"复选框,然后单击"注册"按钮,如图5.5.7所示。

图 5.5.7 填写基本信息

填写基本信息时要注意以下方面：确认邮箱能正常使用，防止邮箱无法登录；为了提高密码的安全性，建议使用6位以上密码，包含大小写字母、数字；成功开通公众号后，登录邮箱可以修改密码，但每月只允许修改一次。

（3）选择账号的类型。在账号类型里面有订阅号、服务号和企业微信（原企业号）。例如，选择订阅号后直接单击"继续"，如图 5.5.8 所示。

图 5.5.8 选择公众号类型

单击"选择并继续"后，会弹出一个对话，提示账号类型只有一次选择机会，选择后是不能更改的。直接单击"确定"就可以了。

(4) 选择主体类型,按要求提交相关信息。在"信息登记"页面列出的账号主体类型包括政府、媒体、企业、其他组织和个人。选择主体类型,此处选择"个人",则出现相应的主体信息登记,包括身份证姓名、身份证号码、管理员身份验证等,用绑定了管理员本人银行卡的微信扫描二维码,这种验证方式不扣除任何费用。注册后,扫码的微信号将成为该账号的管理员微信号,如图 5.5.9 所示。

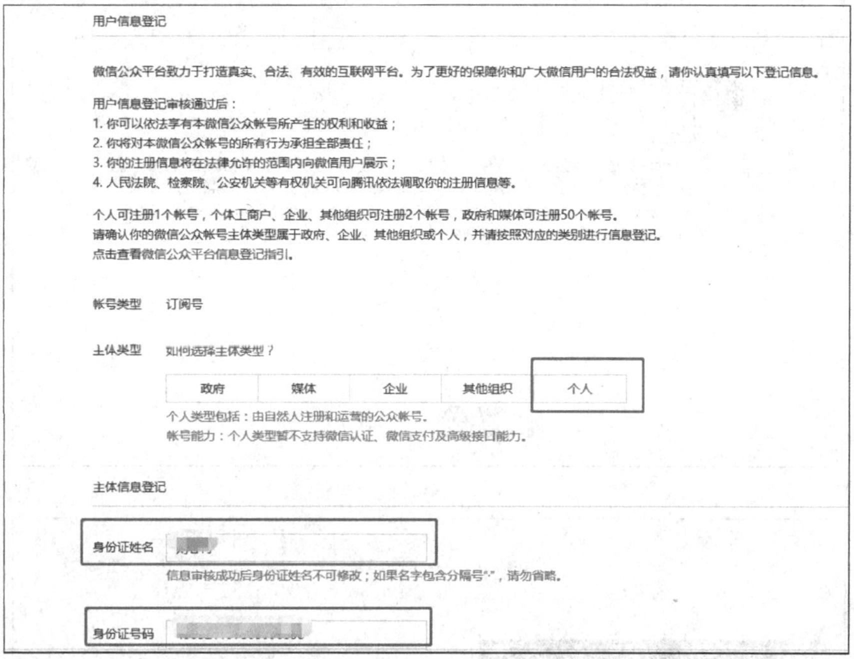

图 5.5.9 选择主体类型

填写公众号信息,包括账号名称和功能介绍,账号名称提交后不能修改;功能介绍提交后,一个月可以修改一次。填写完成后,单击"完成"按钮,即可完成注册,如图 5.5.10 所示。

(a)

(b)

图 5.5.10　填写公众号信息

在填完账号名称、功能介绍、运营地区后,单击"完成"按钮即可提交审核,审核通过后即可开始使用。需要注意的是,公众号名称不需要和公司组织名称一致,但是不能与已是注册成功的公众号名称重复;信息提交后会在 7 个工作日内被审核,在未通过审核前无法申请认证,也无法使用公众平台的群发功能和高级功能;目前公众号没有改名功能,仅在微认证过程中有一次重新提交名称的机会。

3. 微信公众号营销

1) 微信公众号营销的价值

(1) 为用户提供有价值的信息,培养有忠诚度与活跃度的用户。微信从未发布过公众账号订阅数排行榜,其原因是用户数量并不重要,而用户质量才重要,真正的忠诚度与活跃度才有价值。公众号信息推送量适可而止,不为发内容而发内容,若为了发内容而推送一大堆没有太大价值的信息效果会适得其反。据微信数据显示,公众号发送内容越频繁,导致用户被过度骚扰,失去用户便越快。

企业必须为用户提供价值,才能让用户持续关注,微信公众号不在于大小,而在于价值体现。例如,微信公众号必须提供服务,而服务就是即刻响应,哪怕用户一个月甚至是半年才使用一次,只要在用户使用的时候,公众号提供的信息有价值,用户就会对该企业公众号产生依赖,形成忠诚度高的用户。

(2) 挖掘微信多向交流和用户管理功能,助力品牌营销。微信平台给手机网民提供了快速发布和传递信息的渠道,微信上每个用户拥有一个二维码,把二维码附在签名档、微博、短信、名片、餐馆、前台、宣传墙板上,任何人随手一扫,即可在微信上受人关注。微信把虚拟与现实的界限变得越来越模糊,距离越来越近。利用微信二维码,实现交友、购物、办公、下载音乐和应用、参与活动等"多向"互动。基于微信公众号建立起营销环境,能够快速吸引关注,形成用户数据库,分组归类查看,供账号运营提供决策,推送优质消息,助力公共关系维护、开展主题营销,起到如虎添翼的作用。微信公众号是品牌营销的有力武器,每个微信号的背后都是一个潜在消费者,越是只言片语,越是最真实的用户体验。

2) 微信公众号营销策略

微信营公众号营销价值体现在"以人为本",基于微信公众号的营销策略,也一样需要从"心"开始。

(1) 关注用户所关注的。对于公众号,用户为什么关注?为什么信任?关注它的价值是什么?得知它的主要渠道是什么?据调查,用户关注公众号的原因多集中在出于娱乐、学习、办公、兴趣、朋友的推荐,或公众号本身的知名度,关注公众号的目的是为了获取更多感兴趣的信息。

(2) 与用户有效沟通。运营者要注重与用户的沟通,就像商品有售后服务一样,微信公众号的营销也应注重与用户的互动、交流、沟通,例如设置问候语与提示,以及关键字的回复,或者线上有奖游戏和其他优惠活动。

(3) 想方设法利用企业的产品或卖点提高曝光率,吸引眼球。

(4) 创造有意义的体验和互动,消费者更愿意参与深度交流,成为忠实"粉丝",对发布的消息进行持续关注。

(5) 组建和加入一定数量的微信群,有针对性地推送或转发能够扩大浏览者接触营销内容,也能够提高粉丝量。

(6) 主动搜索和创造主题或话题,主动与用户互动,不断发展新的"粉丝",保持与"老粉丝"交流,提高"粉丝"的忠诚度。

(7) 善用大众热门话题,借助时下的热门事件或话题,进行主动式营销,增加微信公众号的社会时事参与度,贴近每一位微信号客户的生活。

(8) 有规律地对微信公众号进行更新,每天发布,保证微信公众号的信息不被其他信息忽略掉,但要避免信息泛滥而得不到目标客户的重视或关注。

(9) 把握发布时机:根据客户人群定位,进行基本画像,上班或上学时、午休、下午5点后、晚上8点和临睡等时段,通过这些微信号使用高峰时间,增加阅读量、转发量及曝光率。

(10) 微信公众号内容要连续,这样会显著提高粉丝的活跃度。例如,按营销产品的系列发布,或是按内容变换新颖,增加"粉丝"对该系列的营销的关注度和敏感度,从而留意并产生消费。

(11) 定期举办活动,能够带来快速的粉丝增长,通过组建微信粉丝群聊天模式就某个产品展开营销,亲近"粉丝"增加其忠诚度。

3) 微信公众号营销实施中应注意的事项

(1) 注重用户价值。为用户提供价值是一切营销手段的基础,在微信公众号营销中体现得更为明显,如果用户觉得所提供的内容与他们息息相关,就会主动点赞甚至转发,从而扩大内容的阅读量。

(2) 内容简单明了。大多数用户在各大平台(包括公众号)的阅读以手机碎片化阅读模式为主,对于长篇大论的文章,他们可能截取其中一小段进行阅读,或者直接跳过,更不谈点赞、转发与打赏了。每次都推送一条跟微博一样信息量小、内容简单、信息关键的消息,不仅不会影响用户的生活,又能让他们学到新知识,这样的公众账号更受欢迎。

(3) 内容注重灵活。微信公众号的内容不只是一些企业的信息或营销手段,它所涉及的内容可是一些时尚、旅游、饮食等方面的文章,内容相对灵活,这与上一条原则相结合,更能满足用户的阅读需求。

(4) 内容可信度高。不做"标题党",内容的可信度是微信营销的基础,如果只有标题对用户的诱惑力很大,但是内容却空洞而缺乏可信度,用户持续关注的可能性就变小了。

(5) 微信公众号刚开通"粉丝"的数量有限,被关注的概率不高,此时不要灰心,要充满希望,一丝不苟地打造产品,提高信息质量,稳定人气值。

(6) 提高"粉丝"的忠诚度。组织微信"粉丝"营销群,多在群里互动交流沟通,积累"粉丝"数量,循序渐进地发展微信营销。

(7) 注意发布的时间段,最好集中在微信号用户在线的高峰期,增加曝光率。

(8) 微信营销是一种需要长期投入大量精力和时间的营销方式,不能松懈,每天坚持不懈,坚定信念,有必胜决心。自媒体时代,一部手机就可以打造独立IP。

4. 微信服务号开店

微店是微信兴起后的产物,是通过微信规则和机制的电子商务。很多个人或公司都想在微信上开店,但是目前的做法都是挂靠在第三方平台,收费贵,而且基于第三方平台,存在不安全性。那么,如何免费开通使用微信官方的店铺呢?

目前,在微信官方平台开店,是指在微信服务号开店,想要免费在微信上开店,首先必须注册开通一个微信服务号,通过企业认证,缴纳认证费用,以及微信支付接口的押金,如

图 5.5.11 所示。

图 5.5.11 微信服务号具开店功能

开通过微信小店的步骤：进入微信服务号→功能→添加功能插件→微信小店→申请。微信小店目前仅对开通微信支付商户功能的用户开放。如果商户号的主体和申请小店的公众号主体为同一个，则可以在申请之后直接进行绑定。

开通服务号以后，在页面左侧单击"添加功能插件"，在右侧页面找到"微信小店"并开通，如图 5.5.12 所示。此时，要确认开通了微信支付功能，只有开通微信支付才能收钱销售。

图 5.5.12 开通"微信小店"插件

微信小店开通成功以后，单击页面左侧的微信小店，即可添加商品，如图 5.5.13 所示。商品根据实际情况添加上架，不上架无法进行销售，如图 5.5.14 所示。

商品添加成功以后，就可以摆在货架上，如图 5.5.15 所示，单击"货架管理"，对货架进行排版设置，这里所说的货架，我们把它理解成店铺首页。

货架设置完成后，单击 按钮（见图 5.5.16），复制链接网店首页，就可以把它放在公众号上宣传。如果是想打印成海报进行宣传，直接单击二维码按钮下载二维码并存成图片文件。

图 5.5.13　微信小店开设成功

图 5.5.14　添加商品

图 5.5.15　货架管理

复制好链接后,单击"自定义菜单",编辑并保存选项即可。使用微信官方店铺销售产品的操作便已完成。要注意,不能编辑已上架的商品,如果需要编辑只能下架后再去编辑。

四、开微信小商店销售

微信小商店是微信小程序团队推出的一项新功能,适合首次开店的商家,无须自己开发,零成本开店,一键生成微信小商店,商家无须另外申请微信支付商户号,也不用请技术团队,如图 5.5.17 所示。

目前小商店包含商品信息发布、商品交易、订单和物流管理、营销、资金结算、客服与售后等电商经营基础功能模块,并内嵌直播功能,如图 5.5.18 所示。

微信小商店支持企业、个体工商户、个人三类主体开店,目前仅向企业、个体工商户两种资质的商家开放内测申请,后续将逐步放开个人开店功能。无论是小区里开生鲜小超市的"60 后"阿姨,还是创立了自己品牌的"90 后"独立设计师,只需要提供相关身份及资质证明,就可以把实体店开到月活跃度12亿用户数的微信生态里。

图 5.5.16　复制链接

图 5.5.17　微信小商店

图 5.5.18　微信小商店直播室

　　同一主体下,企业最多可以支持开通50个小商店,个体工商户最多可以开通5个,1个微信号只可支持注册一次。

　　目前,小商店支持售卖的商品类目超过1500个,主要包括:宠物生活、家用电器、手机通信、数码、计算机、办公、服饰内衣等。为了规范小商店品牌与商标的使用,商家需要按品牌开通规则开通对应品牌的使用权,目前,小商店可开通自有品牌、代理品牌和无品牌三种类型。

资料

微店、微信小店和微信小商店的区别

微信小商店、微信小店和微店的名字很接近,容易混淆,其主要区别如下。

(1) 微信小商店为商家提供商品信息发布、商品交易、小程序直播等电商经营场景的基础功能,全方位支持商家自主开店经营,同时也支持直播带货、优惠券等营销功能,有更多能力释放,帮助商家在微信生态内发展电商业务。

(2) 微信小店是微信公众号打造的一套电商模式,是微信公众账号在申请微信认证、微信支付后,使用的高级功能。商家可以通过微信小店,在微信上通过公众号开店,通过售卖商品完成用户与商家之间的交易。

(3) 微店是非腾讯官方的产品,是第三方SAAS服务产品,致力于打造"口碑小店+回头客"的生意模式,为消费者提供一个基于社交关系的电商购物平台。如淘宝小店、拍拍小店、京东微店、V店、美丽微店、云集微店、微店宝宝、妙店、微店网等。微店是适合大学生、白领、上班族的兼职创业平台。

试一试:开微店

(1) 下载微店App并注册。注册时要求输入手机号码,注册过程很快,注册完成后登录微店。

(2) 进入主界面后进入"我的微店",修改微店的名称(容易让人记住)。刚开的微店是没有货物的,需要自己添加。

(3) 添加货物,可以加入货物图片、货物详情等描述,还可以设置商品价格、库存等,设置完成后表示货物上架。

(4) 如果没有货物来源,可以在主页面第二页卖家市场里找到批发市场,或者可以用转发分成来推广赢利,当然也可以"逛店"购买商品。微店还具有商品的促销活动管理功能,把需要推广的商品推广出去。

五、微信视频号营销

1. 认识微信视频号

随着5G时代的到来,通过短视频和直播获取流量在业界已经蔚然成风。微信累计了逾12亿用户,形成亿级流量池,独占社交领域首席地位。

一个微信号可以注册一个视频号,并且可以与企业公众号对接,进行认证。认证后的微信视频号,在右侧顶部会有蓝"V"标示。微信视频号不同于订阅号、服务号,是一个全新的内容记录与创作平台,是了解他人、了解世界的窗口。视频号的位置在微信的发现页

内,位于朋友圈入口的下方。

视频号内容以图片和视频为主,可以发布长度不超过 1 分钟的视频,或者不超过 9 张的图片,还能带上文字和公众号文章链接,而且不需要 PC 端后台,可以直接在手机上发布。

视频号首页分为"关注""好友点赞""热门"和"附近"4 个入口,分别对应的是兴趣、社交分发、算法和地理位置推荐,支持点赞、评论和转发,进行互动,与好友分享,如图 5.5.19 所示。

图 5.5.19　视频号首页

微信的用户和视频号的用户并不共享互通,这是两个不同的平台,微信朋友圈属于私域流量,微信视频号属于公共域流量。这就类似于字节跳动旗下的今日头条和抖音是两个平台一样。

讨论:企业参与微信视频号的机会。

2. 视频号获取流量

每打开视频号时,就可以看到里边的视频,对于微信视频号,可以通过微信视频号推荐、朋友圈分享、评论和点赞等方式获取"粉丝"流量。

通过视频号内容播放把公域流量积累起来,积累几万人甚至几十万人,其作用如下。

第一,很直接地导流到自身的微信号好友,留意微信号好友数、微信群人数均有限制;第二,毋庸置疑,直接导流到公众号,提高公众号的信息打开率,提高微信公众号的商城用户转化率;第三,在小程序社交电商加上微信视频号的导流,更是"如虎添翼",保持商品交易额 GMV 进一步扩大提升。

辩论:微信视频号不会以娱乐为主,而一定会立足于 C2B 和社交电商。

讨论:在抖音、快手已经占据短视频市场大多数市场份额的情况下,任何一个短视频参与者想要破局都不容易,微信视频号究竟会不会成为下一个风口,微信视频号能不能顺利突围,就行业现状谈谈你的看法。

3. 微信视频号特点和优势

微信视频号相对于抖音、快手等短视频平台有其独特之处。

1）差异化的横屏短视频

微信视频号采用 16∶9 或 1∶1 的横屏模式,一次可下拉的作品数也是有限的,这与抖音、快手 9∶16 的竖屏模式及沉浸式体验形成区隔,长期来看可以培养新的浏览习惯。而且横屏模式也顺应了当今日流行的视频日志（VLog）趋势,是一个很应景的设计。

2）更凸显作品内容本身

视频号中,主页面都是视频作品,"关注的好友""互动的视频"（点赞或评论）的界面没有设计在一级页面,而是置于点开右上角"我"（头像图标）的二级页面。这种设计更多的是凸显作品本身的地位。

从内容形式来看,知识类、商业类视频在视频号上更容易获得高点赞率,在其他短视频平台的浏览多为休闲场景,对于颜值、娱乐、搞笑和猎奇类的视频最受欢迎。而微信的用户习惯了在公众号获得知识、了解商业信息,因此用户浏览视频号的动机,既有休闲放松,更多的是认知与成长。

3）打通社交和内容闭环

视频号可以分享给微信好友、微信群和朋友圈,也可以收藏。好友点赞或评论后,可以获得更多的推荐。视频号可以设置同城地址,同时微信好友又有较明显的地域性聚集倾向,这样使"同城"推荐效应更明显。

视频号尤其具有优势的一点是,可以通过"扩展链接"关联公众号文章,直接形成引流或变现路径,构成了运营的闭环。短视频生动直观、创作和浏览门槛低,公众号可以深度呈现,同时又打通了微信群,视频号、公众号和微信群三者互相配合,形成闭环,有利于形成矩阵式的社群效应。

4. 微信视频号销售带货商业模式

视频号的商业模式还在不断地挖掘,目前相对比较容易变现的商业模式包括销售、带货、好物植入、招商、融资、企业实地展示、媒体公关等。

视频号不能直接进行销售带货。一般地,大家放松身心观看短视频,期待的是浏览有趣的内容。由此,避免粉丝产生抵触心理,视频号中不能打硬广告,而应该采用软性方式,加入创意,很巧妙地将广告信息变成观看性强的内容。比如推介某个餐厅,不要直接吹捧这间餐厅菜品有多好吃、服务多么好,而可以说"闺蜜周末小聚晒照的打卡地"。

提示：产品种草带货技巧。随着视频号被越来越多的人使用,很多企业会找 100 个甚至更多的 KOC（关键意见消费者）来发布相关内容,并带上公众号链接（公众号链接里是企业公众号文章）,再通过企业微信的二维码或小程序商城二维码,进行一个私域流量的获客和直播转化,因为短视频更多是形成传播力,而直播更多是形成销售转化力,这是产品种草的技巧。

（1）评测,选有公信力的人做评测,能够把卖点讲得很清楚。

（2）进行产品的介绍。

（3）刺激客户晒单,也可以拍各种系列的内容。

（4）公众号里面可以插入企业微信或小程序,导成私域流量,最终通过直播转化。

案例 卖翡翠的视频号

卖翡翠的视频号叫"不可思懿",认证为搞笑幽默自媒体,她的视频号每个视频动辄上千甚至几千的点赞,但内容非常简单。例如:

【画外音】 思懿思懿,有粉丝想看你跳舞。

【思懿】 我很累不想跳舞。

【画外音】 如果跳舞,粉丝就买翡翠。

结果这个思懿老板娘就出去跳舞,跳得非常好看,传播度也很高。

案例中,在缅甸边境做翡翠的店老板思懿是一位漂亮的小姑娘,系大学生在中缅边境珠宝创业,孵化自己的翡翠直播。她每天展示缅甸的日常生活,展示她的翡翠柜台,让人们对她形成很强的信任感,并且扮演各种生活段子形成自传播。

所有转化的基本路径一样,最终都是通过电商的方式进行成交,通过短视频扩散传播进入公域流量让更多人知道,沉淀在私域流量池内达成交易;比如直播,通过那一刹那的诱因,马上下单、马上抢购、马上去支付。万变不离其宗,最后都是怎么样导到私域流量进行获客的问题。

KOC 英文全称为 key opinion consumer,即关键意见消费者,对应 KOL(key opinion leader,关键意见领袖)。一般指能影响自己的朋友、粉丝,产生消费行为的消费者。相比于 KOL,KOC 的粉丝更少,影响力更小,优势是更垂直、更便宜。

六、微信小程序

微信小程序是一种不需要下载安装即可使用的应用,它实现了应用"触手可及"的梦想,用户使用扫一扫或者搜一下即可打开应用,体现了"用完即走"的理念。小程序能够实现消息通知、线下扫码、公众号关联等七大功能。

传统企业过去的营销模式一直很单一,但是微信小程序的出现却必将使其丰富起来,就目前形式来看"微信小程序+公众号"营销模式,已经被各大企业开始采用,所以传统行业也需尽快开发小程序,将这种营销模式和自己的企业结合起来,以获取到更多利益。

对于传统行业,开发微信小程序代表着将获取更多流量,获取更多客户。微信小程序可以加强与公众号的联系,通过公众号下放小程序给"粉丝",更重要的是小程序支持"长按二维码"来使用,这些对于传统企业推广小程序有着更重要的意义。流量入口还包括微信群推荐、线下扫码、好友推荐和附近的小程序等,这些入口足以给传统企业带来足够的用户群体和客户。

微信小程序的主体类型为企业、政府、媒体、其他组织或个人的开发者,均可申请注册小程序。微信小程序、微信订阅号、微信服务号、微信企业号、微信视频号是并行的五大功能体系。

思考：微信小程序和现有的App可以打通吗？

> **拓展视野**

星巴克与时俱进的营销妙招——猫爪杯

曾经，国内的瑞幸、连咖啡等本土品牌，通过社交裂变、新媒体传播加外卖的互联网打法，以新零售概念、潮流文化为号召，在一线城市大举扩张，导致星巴克在中国的日子并不好过，销量首次出现下滑。

百年老店星巴克面对咄咄逼人的新起之秀，显露出中年大叔的特征，稳健而略显保守，但这种沉闷的印象被一款超萌的星巴克猫爪杯完全颠覆了。

星巴克每个季度例行推出一些限量款杯子。这次配合春季的到来，推出一款有樱花图案的双层玻璃杯，杯体内壁是一只胖乎乎的猫爪造型，倒入牛奶、奶茶之类的饮料，杯体呈现出粉红色的猫爪悬空起来。

这款高颜值、高创意的杯子，有人在抖音上晒出来，并"吐槽"一句："星巴克这只即将上市的杯子也太好看了吧。"于是引来30万点赞，并持续在其他社交网络及新媒体蔓延开来。

紧接着，"黄牛党"嗅觉出商机，将星巴克的猫爪杯一抢而空，原价199元的杯子，加价至几百甚至上千元，在淘宝、咸鱼、拼多多售卖，如图5.5.20所示。

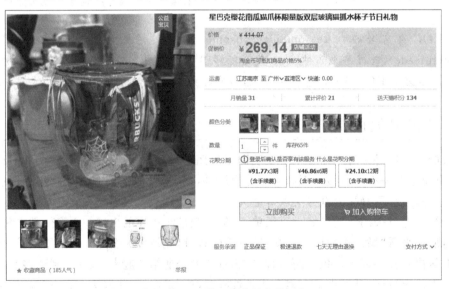

图 5.5.20　天猫上高价销售猫爪杯

猫爪杯彻底火了！星巴克杯子本质上是围绕主业衍生出来的周边产品，看上去挺有趣的话题，周边产品究竟对企业有哪些作用呢？一是促进品牌传播，有助于打造IP文化；二是能提升用户黏性，增加品牌与用户的连接，最终带来复购或二次传播。

并不是只有像星巴克这种拥有广泛知名度的大IP企业才适合做周边产品。做周边产品不是跨界去做另一个行业,而是通过外部合作的方式。周边的首要意义原本不在于销售收益本身,而是肩负传播品牌形象,连接受众,打造IP的大任务。

通过细致观察与分析,星巴克杯子的共同特点是高颜值、高质量,具有时代文化内涵,而且限量,这些要素凑在一起,再加上产品本身应景,时机一触发,更容易产生巨资广告费都买不来的传播效果。比如猫爪杯,樱花应对当下时节,猫爪造型反映的萌文化,符合当前萌宠经济大爆发的时代背景,在中国千亿市场的宠物经济中,越来越多的人养猫,尤其是女性。星巴克敏锐地把握市场热点,推出这款粉色的樱花猫爪杯,精准地定位核心用户群:一群年轻、爱美、爱猫的感性女生。

思考:在新媒体营销时代,百年老店星巴克何以在营销界突出重围。

实训 微信营销——个人微信设置

实训场景

公司加紧筹建线上线下营销整合工作,具体由阿霞来负责此项工作。阿霞根据项目的需求,对微信营销项目进行布局与任务安排。

任务内容

注册并设置个人对公微信,包括名称、头像、个人签名、朋友圈等。

实训目的

掌握个人微信号头像、签名等基本设置,以及基于通信录联系人等方式加好友,关注相关行业公众号及转发有价值的文章信息等。

成果形式

展示个人微信头像及好友、关注的公众号及朋友圈。

实训准备

智能手机、流量支持(热点网络)、互联网。

实训步骤

步骤1 注册微信账号。

步骤2 根据组内确定的产品及营销思路,设置微信头像、名称、个人签名、二维码名片和微信号。完善自己的朋友圈,设置朋友圈的封面。通过扫码二维码,添加指导老师为好友,并注明自己的真实姓名。

步骤3 通过手机通信录和QQ联系人,或通过微信扫一扫,雷达加好友等方式增加微信好友,至少加50个好友,并建立分组标签,进行归类(小组组长负责检查,将微信通信录拉到底端,查看微信联系人总数,组长在评分表上确认给分,老师随机抽查)。

步骤4 关注至少5个与本组所选行业相关的微信公众号(添加朋友→公众号→输入关键词搜公众号→关注公众号)。

步骤5 查看所关注的微信公众账号,浏览有价值的信息("通讯录"→"公众号"→点开一个微信公众号→点右上角人头标志→查看历史信息),分享有价值的信息到朋友圈。

实训评价

填写个人微信设置实训评价如表5.5.4所示。

表5.5.4 个人微信设置实训评价

评价项目	个人号装修形象与营销思路(25%)	好友分组与数量(25%)	关注公众号及转发朋友圈数量(25%)	职业素养(25%)
评价标准	A. 非常符合 B. 符合 C. 不符合	A. 分组明确、数量达标 B. 分组与数量基本到位 C. 分组与数量不达标	A. 数量达标,内容相符 B. 数量与内容有一样达标 C. 数量与内容都不达标	A. 大有体现 B. 略有体现 C. 难以体现
分项得分				
总分				

说明:
1. 表格内按百分制打分,综合打分。
2. 可以邀请合作企业专业人员、电商协会等机构专业人士担当第三方参与综合评分。
3. 各标准对应的分数范围:A. 80~100分 B. 60~79分 C. 60分以下

任务测评

一、判断题

1. 微信的月活跃用户数已经超过(　　)亿。
   A. 8　　　　　B. 10　　　　　C. 12　　　　　D. 14

2. 微信有一项功能能提供社会舆情监测,实时了解互联网用户当前最为关注的社会问题、热点事件、舆论焦点等,这项功能是(　　)。
   A. 微信转账　　　　　　　　　　B. 微信指数
   C. 微信公众号　　　　　　　　　D. 微信视频号

3. 微信上可以"个人身份"申请的是(　　)。
   A. 服务号　　　B. 视频号　　　C. 企业号　　　D. 订阅号

4. 微信营公众号营销价值体现在(　　)。
   A. 以人为本　　　　　　　　　　B. 以产品为中心
   C. 以社交为王　　　　　　　　　D. 因营销而营销

5. 微信每位用户终身享受1000元免费提现额度,超出部分收取手续费,提现费率为(　　)。
   A. 0.1%　　　B. 0.5%　　　C. 1%　　　D. 5%

6. 微信订阅号适用于个人、媒体、企业、政府或其他组织,无论是认证用户还是非认证用户1天内可群发(　　)条消息。
   A. 12　　　　　B. 6　　　　　C. 3　　　　　D. 1

二、多项选择题

1. 以下属于微信号的有(　　)。
   A. 个人号　　　B. 抖音号　　　C. 服务号　　　D. 视频号

2. 在注册微信时,在"个人微信号码"选项,微信号可以是( )的号码。
   A. 纯字母　　　　　　　　　　　　B. 字母和数字组合
   C. 以字母开头的字母和数字组合　　D. 汉字
3. 关于微信个人签名说法正确的有( )。
   A. 字限在 30 个以内　　　　　　　B. 签名可以是励志、淡薄、优雅的内容
   C. 可以是个人介绍　　　　　　　　D. 融入商业性语句,或附上产品广告
4. 关于微信视频号的说法正确的有( )。
   A. 微信的用户和视频号的用户共享互通
   B. 微信朋友圈属于私地域流量,微信视频号属于公共域流量
   C. 一个微信号可以注册多个视频号,一个大号,一个小号
   D. 微信视频号可以发布长度不超过 1 分钟的视频,还能带上公众号文章链接
5. 以下说法正确的有( )。
   A. 微店不是微信小店
   B. 微店就是微信小店
   C. 微信小店是指企业在微信服务号开店
   D. 微信小商店不同于微信小店,微信小商店支持企业、个体工商户、个人三类主体开店

三、问答题

1. 微信有哪些功能?
2. 微信有哪些类型的账号?
3. 微信服务号和订阅号功能有哪些区别?
4. 朋友圈应该怎样发才能吸引人?
5. 微信公众号有哪些营销策略?
6. 微信视频号销售带货商业模式是怎样的?
7. 如何开设微信小商店?
8. 微划编写一段视频小脚本。

四、讨论题

"微信公众号刷量工具崩溃了",这个消息让"大号"们很焦急,但早已于事无补。一些平日轻松可达数万阅读量的大号,瞬间大幅缩水被打回数百、数千的原形。真相尽是如此残酷。在微信刷量已然成为黑色产业链之际,腾讯科技亮剑作出回应:

随着平台的壮大,刷阅读量、刷点赞数已经成为一条较为成熟的黑色产业链,平台与黑色产业链之间的技术对抗一直存在,并且在不断升级。

但是,我们看到,这样的技术对抗很难一次性解决所有问题,"猫鼠斗"的游戏一定会在相当一段时间内持续,我们也会继续加强技术手段,确保平台的真实、公正和公平。

我们坚持认为:任何虚假的数据,对那些尊重游戏规则的运营者都是极大的伤害,平台也不欢迎任何虚假的繁荣。同时,我们相信,一个平台的健康发展,除了游戏规则的健全及坚决执行外,也包括所有生态上的运营者的共同自律,希望大家共同维护微信公众平台的健康发展。"公众号刷量工具崩溃了。"此消息在刷单产业链上快速流传。人们似乎

并没有意识到事情的重要性——直到今早,一众所谓"微信大号"将文章推送后,才被告知,点击数已无法优化。

对此,对公众号"刷量"事件及该黑色产业链谈谈你的看法。

项目小结

O2O营销就是服务类产品版(非实物版)的电子商务,用户使用O2O平台的场景通常是在电脑或手机之类的电子产品前。通过优惠信息、点评信息的传递,把用户吸引到一些线下商户的模式。

扬长避短、灵活创新、相互信任、协调一致是联合营销取得成功的关键。善用联合营销模式,小则可使企业以极低的成本获得极高的回报,大则可使企业获得竞争对手无法复制的核心竞争力,从而一举超越竞争对手。

移动营销是当下企业采取各种营销方式的新蓝海,能否助企业品牌脱颖而出,提高关注度和市场份额,实现新的飞跃,关键在于能否瞄准时机,主动出击,一击即中。要重视移动营销这个新型的模式,它不仅是一项进化的新技术,更是一项革命性营销模式。要紧随时代发展,与时俱进,密切关注移动营销发展趋势。

在电子商务方兴未艾的今天,人们的创造力又一次把它推向了更高的高潮——C2B营销。C2B营销模式本身有着其他商务模式不可比拟的优势,而且是一种特别适合中小企业或者商家的发展模式,原因是它具备其他模式所没有的"以销定产"的魔力,但它同时也蕴藏着难以预料的风险。学习本节内容的同时,要灵活应用,根据实际情况,适时调整C2B策略,才能最大限度地把C2B营销模式的魅力发挥出来。

微信是网络经济时代企业或个人营销模式的一种,是社会化媒体营销中运用非常广泛的手段之一。微信营销是一个系统的营销过程,无论是企业还是个人,都可以利用微信提供的所有功能模块推广自己的产品,从而实现点对点的营销。

参 考 文 献

[1] 刘青青,甘志兰.网络零售实名[M].北京:科学出版社,2016.
[2] 张成威.电子商务基础与实务[M].北京:科学出版社,2017.
[3] 刘春青.电子商务技能实训教程[M].北京:科学出版社,2012.
[4] 张劲珊.网络营销操作实务[M].2版.北京:电子工业出版社,2010.
[5] 孟韬,毕克贵.营销策划[M].2版.北京:机械工业出版社,2012.
[6] 彭纯宪.网络营销[M].2版.北京:高等教育出版社,2012.
[7] 淘宝大学.网店推广[M].北京:电子工业出版,2012.
[8] 江礼坤.网络营销推广实战宝典[M].北京:电子工业出版社,2012.
[9] 冯英健.网络营销基础与实践[M].北京:清华大学出版社,2008.
[10] 陈亮途.社会化营销:人人参与的营销力量[M].沈阳:万卷出版公司,2011.
[11] 昝辉.SEO实战密码:60天网站流量提高20倍[M].北京:电子工业出版社,2010.
[12] 王榗楠,王洪波.SEO网站营销推广全程实例[M].北京:清华大学出版社,2013.
[13] 淘宝大学.数据化营销[M].北京:电子工业出版社,2012.